ARJEN
VAN
VEELEN

ROTTERDAM

EEN ODE AAN INEFFICIËNTIE

de Correspondent

FSC
www.fsc.org
MIX
Papier | Ondersteunt verantwoord bosbeheer
FSC® C004472

Eerste druk oktober 2022
Tweede druk december 2022
Derde druk januari 2023
Vierde druk mei 2023
Vijfde druk augustus 2023

Art direction: Harald Dunnink
Omslagontwerp: Leon Postma en Martijn van Dam
Kaarten: Sharon Coone
Redactie: Harminke Medendorp
Eindredactie: Andreas Jonkers
Correctie: Annelieke Tillema
Zetten: Frank August
Drukken en binden: Tim Beijer Producties

ISBN 9789493254183
NUR 320

Nederlands letterenfonds
dutch foundation for literature

Dit boek is mogelijk gemaakt met een subsidie van het Letterenfonds.

Voor alle sta-in-de-wegs, in het bijzonder W. & F.

'To see what is in front of one's nose
needs a constant struggle.'

GEORGE ORWELL

INHOUD

1

WAKKER WORDEN IN EEN WOLKEN-KRABBER

Wolkenkrabbers zijn net bergtoppen, ze gloeien al op terwijl het dal nog in duisternis is gehuld. Het scheelt misschien weinig – een paar minuten per dag – maar wat telt is het idee: wie in een wolkenkrabber woont, leeft net iets langer.

De vraag is natuurlijk wat je met die extra tijd doet.

Op een zaterdagochtend in mei verscheen de zon om precies 05.33 uur aan de horizon, maar boven het kingsize bed waar twee gestalten lagen te slapen, likten de eerste zonnestralen al iets eerder aan het plafond. Hun bed bevond zich op honderd meter hoogte, op de vijfentwintigste verdieping van een glazen woontoren aan de oever van de Nieuwe Maas.

De mensen in dit appartement sliepen uit. Ze sliepen de droomslaap der onschuldigen, hun ademhaling deinde zorgeloos, alsof ze gewiegd werden door de kalme rivier beneden hen. Soms verscheen er vanonder het dekbed even een bloot stuk van een arm of been, om zich dan weer gauw onder het eendendons terug te trekken.

Het Sunrise Appartement heette het verblijf. Aan die naam was weinig gelogen. De ramen liepen van vloer tot plafond, de keuken en de woonkamer waren gescheiden door een glazen wand: het zonlicht kon hier ongehinderd binnenvallen. De stralen gleden over de strakke, witte muren, trippelden over de blauwgroene verfrimpels van een abstract schilderij, om uiteen te spatten in het koper van een bolvormige designlamp.

Het appartement telde 95 vierkante meter. De mensen die er eerder verbleven, gaven de ruimte een bijna volmaakte beoordeling van gemiddeld 4,96 sterren. '*Very cool design apartment, very luxurious, in the hippest area of Rotterdam, the capital of cool*', had iemand geschreven in het gastenboek van Airbnb. En: 'Top appartement. Top locatie. Top uitzicht. Perfect geregeld.'

Het torencomplex was een kunststuk op zich. Een muur van torens, opgebouwd uit verspringende blokken: in totaal honderd meter breed en honderdvijftig meter hoog. De

Nederlandse architect Rem Koolhaas had het gebouw ontworpen; het was een toonbeeld van wat hij '*bigness*' noemde: zo groot dat het de omgeving niet langer nodig had. Het gebouw was een wereld op zich, een 'verticale stad' met kantoren, hotels, cocktailbars, restaurants, fitnesszalen en honderden woningen van glas. In theorie kon je hier een heel mensenleven verblijven zonder iets tekort te komen, zonder je om de rest van de stad te hoeven bekommeren.

En toch paste de kolos hier goed, in het centrum van de grootste haven van de westerse wereld. De grootte leek een ode aan die wereldschaal, de blokken met hun ribbelige gevelbekleding leken te knipogen naar de containers die beneden voorbijtrokken op de binnenvaartschepen.

De zon verdreef de laatste nevel boven het water. Een rolkoffertje ratelde naar een taxi aan de voet van de toren. Een tram dreunde door de wissels, een veegwagentje wiste de sporen van de vrijdagavond. Meeuwen krijsten boven de markten van de stad, waar kooplieden kratten op kratten stapelden en hun keel schraapten om straks hun waren aan te prijzen.

Maar het lied van de ochtendstad bereikte het appartement niet.

Om binnen te komen moest je langs een betaalmuur, langs de security in de glanzende hal beneden. Eenmaal boven had de buitenwereld slechts de functie van een magnifiek uitzicht, een digitaal scherm zonder geluid, zodat je er je aandacht volledig kon richten op je eigen leven.

Het was precies wat we zochten. Het was mijn voet die daarnet aanstalten leek te maken om het tapijt te betreden. En het was haar hand die net even op het nachtkastje naar een mobiel tastte. Al 07.00 uur geweest. Normaal waren we al lang wakker gemaakt door ons zoontje, maar we hadden hem de dag ervoor bij zijn opa en oma gebracht. Daarna waren we in onze oude Saab met achter ons het vreemd stille kinderzitje de Erasmusbrug over gereden. Naast de brug zagen we de wolkenkrabber oprijzen als een abstracte rotswand, niet zozeer mooi of lelijk, maar vooral ontzagwekkend. Een zilveren liftcapsule had ons naar onze bubbel gebracht. Twee nachten hadden we er geboekt, voor 352 euro.

Dat was vijf jaar geleden, 27 mei 2017. Nu is het opnieuw voorjaar, ik zit achter mijn laptop en zoek op hoe laat de zon die dag opkwam. Ik probeer zo nauwkeurig mogelijk te reconstrueren wat er in de tussentijd gebeurd is, wat deze stad met me heeft gedaan. Ik lees de recensie terug die ik achterliet op Airbnb. Ik blader door de foto's die ik dat weekend maakte: van het uitzicht, van de lunches, van elkaar. Rosanne droeg haar favoriete rode zomerjurkje, ik een vederlichte blauwe blouse.

Maar het voelt alsof ik naar twee onbekende mensen kijk, op citytrip, in een mij onbekende stad.

Het verhaal begon in elk geval met een verliefdheid. Een liefde die opbloeide tijdens dit weekend in een wolkenkrabber, toen we een volmaakte stad zagen, op dagen van volmaakt licht.

En het liefst zou ik het daarbij laten. Het makkelijkst zou het zijn als ik nu de lakens wat verder over de twee gestalten heen zou trekken, alsnog de dikke gordijnen zou sluiten die ze de nacht ervoor, toen ze met wijn in hun bloed het appartement binnen waren gedanst, vergeten waren dicht te doen. Ik weet als geen ander hoe belangrijk slaap in die tijd voor hen was. Hun dagen waren te vol, hun nachten werden te vaak onderbroken door kindergehuil. Ze waren jong en afgemat.

Dus ik gun ze nog even dat zoete geschenk van de slaap, in hun verblijf dat aanvoelde als een eersteklas scheepshut op een cruiseschip.

En het was ook een soort schip. De blokkenmuur heette De Rotterdam, en was vernoemd naar een oud stoomschip van de Holland-Amerika Lijn: het ss Rotterdam, dat jaren had gependeld tussen de kade waar het gebouw nu stond en de haven van New York. Vanuit Rotterdam hadden honderdduizenden Europeanen hun heil gezocht in de Verenigde Staten: berooide economische vluchtelingen, Joden op de vlucht voor de nazi's, boeren op zoek naar grond, boeven en gelukszoekers.

Na de oorlog lag Nederland in puin. Er bestond de vrees dat er op eigen bodem niet genoeg huizen, banen en landbouwgrond zouden zijn voor iedereen. In die jaren gaf onze overheid geld aan wie vertrok. Een duizelingwekkend aantal van bijna een half miljoen Nederlanders – één op de twintig inwoners – vertrok in de jaren vijftig en zestig.

Wonderlijk genoeg arriveerden hier in diezelfde periode ook schepen en treinen met gastarbeiders: eerst Italianen, Spanjaarden, Portugezen; daarna Marokkanen en Turken. Vaak op uitnodiging van de Nederlandse overheid en het bedrijfsleven: er was juist veel te veel werk. Veel van die nieuwe migranten streken neer in de wijken achter de wolkenkrabber, aan de zuidzijde, waar ons appartement op uitkeek. Hun kleinkinderen woonden er nog. Sommigen prezen nu hun koopwaar aan op de Afrikaandermarkt. Eentje was burgemeester van de stad. En er kwamen nog steeds migranten aan, bijvoorbeeld uit Syrië, Somalië of Bulgarije.

Dit was een plek van komen en gaan. En wij waren ook een soort migranten. Kort geleden keerden we terug uit de Verenigde Staten. Daar hadden we een kleine twee jaar in St. Louis, Missouri gewoond, een vervallen metropool, een van de armste en gewelddadigste steden van het land. Zij werkte er als onderzoeker aan de universiteit, ik als schrijver en als correspondent. Het waren jaren van ontluikende volksopstanden. Ik maakte straatrellen mee van jonge, zwarte Amerikanen die boos waren over politiegeweld en segregatie, ik zag hoe menigten van ontwortelden zich lieten opruien door de giftige taal van Donald Trump – en de woede van beide groepen had me begrijpelijk geleken, gezien de toestand van het land: de wegen waren net zo stuk als de democratie.

Net terug in Nederland kon het contrast niet groter. We huurden een tijdelijke bovenwoning in Den Haag, niet ver van de zee. Alles was er kalm en gerieflijk, op straat werd nooit geschoten en de stoepen waren spic en span. Nu zochten we een koophuis, een plek om wortel te schieten, liefst met tuin. We waren beiden freelancers, we voelden ons kosmopolieten die overal konden aarden, zolang er maar wifi en koffie was.

Hoewel, Den Haag vonden we wat saai. Eerder hadden we met veel plezier in Amsterdam gewoond, maar die stad was te duur geworden – en misschien daardoor ook wel saaier. Intussen las ik het ene na het andere krantenstuk over hoe tof Rotterdam wel niet geworden was, zelfs in *The New York Times*. En dus bedachten we dat we deze stad een kans wilden geven, de stad waar we allebei geboren waren – de stad waar ik nooit eerder naar terug wilde keren.

Ik was er niet voor niets uit vertrokken.

Mijn geboortehuis lag op een halfuur fietsen van De Rotterdam, in de wijk Overschie. Een bakstenen arbeiderswoninkje uit de jaren dertig, met maar één verdieping en een zolder, oranje pannen op het dak. De oppervlakte was net iets groter dan die van het Sunrise Appartement, maar hier woonden we uiteindelijk met acht mensen: twee volwassenen, zes kinderen. Een kabouterhuisje.

Er was geen centrale verwarming. ’s Winters verschenen er soms ijsvarens op het enkelglas, met nerven van doorschijnend goud als de zon erop scheen. Met de mouw van mijn pyjama wreef ik ze weg tot ik naar buiten kon kijken. Aan de overkant bevond zich een groene jungle, een verlaten fabrieksterrein. Mijn broers en ik bouwden er hutten en stookten vuurtjes. Behalve op zondag, dan gingen we in nette kleren ’s ochtends en ’s middags naar de kerk.

Wie ouder wordt, krijgt andere verlangens dan fikkie stoken. Op mijn zeventiende ging ik in Leiden op kamers; ik studeerde er Grieks en Latijn. Ik kwam nog weleens in Rotterdam. Maar steeds als ik er het treinstation uit liep, de stad in, voelde ik koude rillingen.

Het zal wel met het bombardement te maken hebben, dacht ik dan. De binnenstad was tijdens de oorlog verwoest en daarna herbouwd tot een winkelhart. Grijze tegels, beton, vierkante architectuur. Veel schoenenwinkels, weinig boekhandels. Onbehaaglijk. Alsof de pijn van het bombardement er nog altijd tussen de tegels omhoogkroop.

De bevolking van de stad was ook conservatiever dan in andere steden. De Bijbelgordel scheerde langs Rotterdam. Een groot deel van de inwoners had boeren als voorouders. Niet alleen de nazaten van de Zeeuwen en Brabanders die een eeuw eerder naar de stad getrokken waren om in de haven te werken, maar ook de latere migranten, Marokkanen of Turken, kwamen vaak van het boerenland en brachten conservatieve denkbeelden mee.

Toen ik studeerde was Rotterdam een van de eerste grote steden in Europa waar rechts-populisten aan de macht kwamen, die al even boertig waren. In diezelfde periode werd hier de kapsalon uitgevonden: het eenpansgerecht van friet met een laag shoarma waarover kaas, afgetopt met wat schaamgroen.

Op cultureel vlak bracht de stad weinig groots voort, dacht ik, of het moest zijn dat de gabberhouse hier werd uitgevonden: razendsnelle technomuziek op het ritme van 180 heipaalslagen per minuut. Daar hoorde een scene bij van jonge mannen met kale koppen op Nikes en in trainingspakken – een gebroederlijke dionysische cultus, daar niet van, maar zelf voelde ik me er niet bij thuis.

Rotterdam was nog steeds een bonkende havenstad, geen stad voor tere zielen, niet voor de schrijver die ik wilde zijn. Hier ging men prat op anti-intellectualisme, hier zei men trots: geen woorden maar daden. Schrijvers leken er alleen te kunnen overleven als ze hun taal aanpasten, als ze uitblonken in korte, vierkante, economische zinnen: alsof zelfs zij zich voor woorden waren gaan schamen.

De enige mens die hier onbeschaamd boeken las, was een man van brons: het standbeeld van Desiderius Erasmus bij de Laurenskerk. Maar hij was als kleuter al uit de stad vertrokken en nooit teruggekomen. En het bronzen boek dat hij las, was de Bijbel. Een goed boek; maar ik kende het al, ik had als kind hele passages uit het hoofd geleerd.

Vanuit Leiden verhuisde ik naar Amsterdam, daarna naar Amerika. Ik keerde terug, schreef verschillende boeken, en kon me een luxe weekend in De Rotterdam veroorloven. Vanuit het jetsetappartement had ik tussen de nieuwe woontorens door nog net het puntdak kunnen zien van de basisschool in de Tarwewijk waar ik had leren schrijven.

En als ik daar niet zo heerlijk lag te slapen, dan had ik kunnen zien hoe de zon opkwam boven een stad die totaal was veranderd.

Pal voor het raam stond nu een pas opgeleverde zandstenen art-decowolkenkrabber. Ernaast een groene hijskraan die al aan de volgende toren bouwde. Er groeide een woud van wolkenkrabbers rond de havenbekkens en de rivier: Rijnkastelen van de eenentwintigste eeuw. Schepen lagen er nauwelijks nog aangemeerd. De haven van Rotterdam was weggetrokken uit de stad, naar de zee. Aan de horizon zag je de silhouetten van de laatste operationele havenkranen, wegsjokkende giraffen van de voorbije tijd.

Langs de kades aan de voet van de toren waren musea, theaters en foodhallen verschenen, onderling verbonden door wandelpromenades en loopbruggen. Aan de Maashaven stond nog wel de honderd jaar oude Maassilo: ooit de grootste graanopslag ter wereld; nu een hippe discotheek. En op de kade waar vroeger de landverhuizers inscheepten, lag nu een blinkend cruiseschip: er stroomden Amerikaanse toeristen uit alsof Rotterdam de troonopvolger van Venetië was.

Alsof niet alleen ik, maar ook de stad een klassenmigrant was geworden, waardoor we opeens wonderwel bij elkaar pasten.

Ik zou niet durven om nu de lakens weg te trekken. Ze sliepen daar zo argeloos. Bovendien: ik zou die twee niet wakker kunnen maken zonder ze te vertellen wat ik sindsdien heb gezien, de afgelopen jaren, toen ik door de stad zwierf.

Ik bezocht gebedshuizen en *sky lounges*, liftte mee met vrachtwagens, ging aan boord van zeeschepen, wandelde over de afvalstort, sprak honderden inwoners – ik dacht dat ik de hele rivier kon leegdrinken. Maar ergens onderweg moeten mijn ogen stuk zijn gegaan: ik kan niet meer op dezelfde manier uit hetzelfde raam kijken.

Mijn blik zou nu tussen de torens door zoeken naar de gevels van de volksbuurt die er toen nog stond maar nu is verdwenen. Ik zou gekletter horen van ruiten die werden ingeslagen, het razen van politiehelikopters. Ik zou die twee vertellen dat hun raam riant uitzicht bood op de recentste migratiestroom: een interne volksverhuizing waarbij de minderbedeelde inwoners de poorten uit trekken, om plaats te maken voor welgestelde mensen met rolkoffers – mensen zoals ikzelf nu, die gemiddeld bijna acht jaar langer zouden leven dan de mensen in het dal.

Zou ik de graansilo zien, dan zou ik denken aan de nacht die ik daar doorbracht tussen de havelozen van de stad. Zou ik de gouden windvaan van Hotel New York zien schitteren in de zon, dan zou ik inzoomen op het logo van een voc-schip dat daarop prijkt. Zou ik de cruiseschepen zien, zou ik denken aan de Filipijnse bemanningen die nog altijd onderdeks… maar stop.

Ik zou echt een strontvervelende gids worden. Zo iemand die zelfs bij het wonder van de piramides van Gizeh alleen maar kan beginnen over de tot slaaf gemaakten die ze hebben gebouwd. Wat waar is. Maar er zijn altijd meer waarheden. Zoals die van de glasheldere recensie die ik destijds zelf schreef over het verblijf in de Airbnb: '*Superb location, magnificent views, great host.*'

En uiteindelijk wordt iedereen vanzelf toch wel wakker. We vielen honderd meter naar beneden in de zoevende lift en kuierden de straat op. Dat rode zomerjurkje, die vederlichte blauwe blouse.

We wandelden over de kade, stapten in een zwart-gele watertaxi. De aluminium speedbootjes spetterden sinds de jaren negentig over de Nieuwe Maas, ze waren oorspronkelijk bedoeld als een tijdelijke oeververbinding, in afwachting van een nieuwe brug die Noord en Zuid zou verbinden. Maar toen de Erasmusbrug er eenmaal was, bleven de bootjes varen. Ze werden vaak bestuurd door voormalige zeelieden en havenwerkers, die er vrede mee schenen te hebben dat de haven uit de stad verdwenen was, zolang zij de hendels mochten openschuiven om toeristen over het water te laten stuiteren. De rondschietende waterkevers belichaamden de metamorfose van de stad: Venetië was een gondel, Rotterdam een speedboot.

En zo stuiterden we onze toekomst in. We proefden het water: lichtzout. De tong van de Noordzee likte hier aan het bronwater uit de Zwitserse Alpen. De wind trok aan onze haren (vooral die van haar). We zwegen, keken, hielden elkaar vast; we voelden de energie van de rivier in onze buik.

En die deining bleef in ons lichaam toen we op de andere oever stonden. Misschien kwam de glans van het extatisch mooie weer, maar alles leek nieuw in de verf gezet, ook de mensen. We wandelden langs parken met picknickende gezinnen, keken verlekkerd naar kunst in galeries, en steeds plopte er op precies het goede moment een terras tevoorschijn. We slenterden het Oude Westen van de stad in, een van de weinige oude stadsdelen die het bombardement hadden overleefd, en zagen een klein, uitbundig groen park met een fontein en een kinderboerderij. Op de West-Kruiskade kregen we in nog geen halve kilometer de geuren van tientallen backpackreizen in onze neus. Surinaamse broodjes. Kantonese vis. Marokkaanse waterpijpen. Hindoestaanse spirituele geurkaarsen.

Syrische delicatessen. Nederwiet en vegan streetfood. Marokkaanse jochies zwierden op stepjes langs een schaafijswagen. Een Surinaamse vader manoeuvreerde zijn bakfiets langs een BMW-cabrio waar hiphop uit bonkte. Voor de deur van een verzorgingshuis zaten oudjes uit alle landen tezamen op bankjes te knikkebollen. En ook wij zagen ons wel oud worden op deze plek, die tegelijk zo vertrouwd voelde en zo nieuw.

Maar eerst werden we juist jonger. Ons bloed stroomde hier sneller, de avond schoof over de stad, maar de temperatuur wilde niet zakken, het geroezemoes bleef, het ronken en knallen en het geklater van gelach. We wandelden terug over de brug. Lichtjes van de torens pinkelden, de eerste sterren verschenen al aan de hemel. Verstrengeld kuierden we over de kasseien, het water klotste hol tussen kade en cruiseschip.

Daarom groeien steden omhoog, dacht ik: ze willen niet slapen, ze zoeken de plek waar de zon nooit ondergaat, ze koesteren en verlengen de kostbare dagen die ons gegeven zijn. Wolkenkrabbers zijn als bergtoppen, maar nog mooier: als de zon onder is, gloeien ze van binnenuit op, als geschenk voor wie overdag in hun slagschaduw leeft.

We schoten in de lift omhoog naar onze premium scheepshut, knipten het gloeilicht aan en lieten ons vallen op nieuwe lakens. Even later tuurden we samen naar een laptopscherm met het woningaanbod en duizelden van de huizenprijzen.

2

HET DUIVEN-PLEINTJE

‘355.000 euro’, zei ik een jaar later aan de telefoon tegen de makelaar. Een paar dagen eerder had hij ons rondgeleid door een dubbele benedenwoning uit 1906 van ongeveer 120 vierkante meter. Het huis had een kleine tegeltuin, met wat perkjes waar een rozenstruikje, een klimhortensia en een passiebloem groeiden. Het tuintje grensde aan enkele verwilderde achtertuinen van sociale huurwoningen, de makelaar wees gauw op het prachtige glas in lood in de tussendeuren. En op de voorkamer, die zicht bood op de, inderdaad, prachtige art-nouveaugevels, stokrozen naast de deuren. Het huis lag in de wijk Middelland, in Rotterdam-West, op loopafstand van de West-Kruiskade, waar we tijdens dat weekend zo verliefd op waren geworden.

Om de hoek was een klein plein met wat banken en een plukje groen waar lege bierblikjes in lagen. Er zat een kapperszaak op de hoek, Studio Carmen, gespecialiseerd in *black hair*. Een pleintje van niets, verder, maar we zagen onze oudste er al rondsteppen.

We waren rijkelijk laat op het feestje. In Rotterdam waren de huizenprijzen in de vijf jaar ervoor met ruim 60 procent gestegen: van gemiddeld 193.000 euro naar 318.000 euro. Nergens in het land was de grafiek zo steil omhooggegaan. Als freelancers kregen we geen lening van de bank, maar we konden geld lenen bij familie. Duizend weekendjes in De Rotterdam. Voor wie toegang heeft tot kapitaal, verschilt het kopen van een huis niet wezenlijk met het boeken van een appartement via Airbnb.

Een jaar na ons weekend in de wolkenkrabber draaiden we de sleutel in het slot van onze nieuwe woning. Op het pleintje om de hoek hadden we net een man in de weer gezien met een aansteker en zilverpapier. Ik wist niet dat ze nog bestonden, de heroïnejunkies.

Rosanne was zwanger van de tweede en ging in de woonkamer op de grond zitten met haar rug tegen de muur. ‘Wat de fuck hebben we gedaan’, dacht ze hardop. Voor hetzelfde geld was de fundering aan het rotten. Straks waren onze buren drugsdealers. Straks...

Ik dwaalde wat door het huis met een meetlint. Klopte op muren alsof ik een kenner was. De slaapkamer beneden gaf toegang tot het tegeltuintje. Het was wintertijd, de roos was in slaap, de varens hingen erbij als dode spinnen.

In de hoek naast de regenpijp stond een zinken vuilnisemmer. Op het deksel stond in reliëfletters 'Rotterdam'. Even werd ik bevangen door een warme golf van herinneringen. Aan het kabouterhuisje, de ijsbloemen, de groene jungle. Ik durfde het deksel nauwelijks op te lichten, alsof zich daarachter een duizelingwekkende diepte zou openen, een tunnel naar de velden van geluk.

'Zo'n emmer hadden wij vroeger ook thuis', vertelde ik toen ik weer bovenkwam.

Toen we eenmaal verhuisd waren, bleek er inderdaad een drugspand naast het huis te zitten. In een van de sociale huurwoningen aan het pleintje woonde een man van rond de dertig, een Rotterdammer met Kaapverdische roots, die in deze wijk was opgegroeid. Zijn achtertuin grensde aan die van ons en soms zat hij op de tuintrap te roken. Af en toe kletsten we wat, over de schutting. Andere buren vertelden over de nachtelijke overlast die de dealer in het verleden veroorzaakte. Maar hij had een waarschuwing gekregen, we hadden geen last van hem.

En even verderop in de straat zat een vervallen bordeel. Ons souterrain zou na een hevige stortbui overstromen. Het nam allemaal niet weg dat we een goede investering hadden gedaan. Eén derde van de woonvoorraad van Rotterdam bestond uit koopwoningen. Wij behoorden nu tot de minderheidsklasse van huiseigenaren voor wie de stad, dankzij de hypotheekrenteaftrek, een belastingparadijs was.

En het huis was een dag nadat we de sleutel voor het eerst in het slot draaiden al honderdvijftig euro meer waard. Een jaar later al een halve ton meer. De grafiek bleef stijgen. We waren winnaars zonder dat we dat goed en wel beseften.

In de weken die volgden, zouden onze opgewonden stemmen echoën in de ruimte: hier konden we een muur weghalen, de wanden van het souterrain konden we impregneren, hier zouden we art-nouveautegels plaatsen, daar kwam een schrijfkamertje – maar waar dan de kinderkamer? En er moest sowieso nog een ligbad komen.

Klussen is een ritueel om spoken te verjagen.

Terwijl de klussers ons huis mooier maakten, werd ook de buurt opgekalefaterd. De winkels om de hoek kregen nieuwe gevels van gelakt tropisch hardhout. Her en der werden groenstroken en perken aangelegd. Zelfs het bordeel kreeg een complete make-over: de entree kreeg wanden van donker glas, paars belicht, met gouden letters die welkom heetten in de 'vijfsterrenprivélounge'.

Aan het pleintje verscheen een hippe koffiezaak met een speelhoek voor de kinderen. De kapperszaak Carmen had geen upgrade nodig: die bleek al vijfentwintig jaar een begrip, met klanten uit heel Nederland. De drugsdealer verdween nog voor we last van hem hadden gehad: op een dag hing er een plakkaat op zijn voordeur met de boodschap dat de burgemeester het pand had gesloten op last van een nieuw wetsartikel, artikel 13b van de Opiumwet. De politie had een inval gedaan na een zoveelste melding van drugshandel. In zijn kledingkast waren zakjes cocaïne aangetroffen, bij elkaar ongeveer drie suikerklontjes, maar genoeg om hem uit huis te plaatsen.

Het voelde alsof de stad met ons mee kluste. Rotterdam was het lelijke eendje geweest onder de grote steden en haalde die achterstand nu met reuzensprongen in. Nog steeds liepen er veel verslaafden en verwarden rond in de buurt. Maar dat hoorde bij een huis midden in het stadsgedruis, vonden we. We hadden ook weinig last van ze, vonden 's ochtends hooguit wat blikjes op de stoep als restant van de offers die ze brachten aan de goden van de nacht. We hadden bijna extra geld neergelegd voor dat rauwe randje: het betekende dat we niet burgerlijk waren.

Ook onze kat, Amy, voelde zich meteen thuis in de nieuwe buurt. Ze had in Amsterdam gewoond en in St. Louis, maar in Rotterdam ging ze het vaakst naar buiten.

Als we een oppas konden vinden, wandelden ook wij 's avonds de stad in: over de 2e Middellandstraat richting de West-Kruiskade. Eerst passeerden we dan allerlei winkeltjes, zoals een Somalische belwinkel en een Surinaamse toko. In dit gedeelte van de straat waren ook veel kroegen, voor bijna elke subcultuur was er wel een café of restaurant in de buurt: Irakezen, Antillianen, Eritreeërs. Veel van die uitgaansgelegenheden waren voormalige oud-Hollandse bruine kroegen waar ooit tapijtjes op de tafels hadden gelegen. Er hingen briefjes op de deur dat je geen drugs mocht gebruiken op de stoep. Een stuk verder, aan het Tiendplein bij de West-Kruiskade, ontdekten we een restaurant waar wij ons thuis voelden: Holy Smoke heette het. Ze serveerden er BBQ-ribs, burgers en craftbeer. Het deed denken aan onze tijd in Amerika. Mijn favoriete drankje was Elvis Juice, een IPA met tinten van grapefruit en sinaasappel. Op de gevel boven het restaurant was een gedicht aangebracht van Rien Vroegindeweij:

> Als iedereen ergens anders
> vandaan komt is
> niemand een vreemde

En ook wij voelden ons thuis. Er liepen hier allerlei sporen van de familiegeschiedenis. Mijn vader was vijf minuten verderop opgegroeid in een bovenwoning aan de Beukelsdijk. Mijn moeder op tien minuten fietsen in een bovenwoning aan de Bilderdijkstraat. Mijn vader kwam uit een gezin van tien, mijn moeder uit een gezin van veertien. In de huizen waar ze gewoond hadden, leefden nog steeds grote gezinnen, en vaak waren ze ook gelovig.

Sommige familiesporen ontdekten we pas nadat we hier een tijdje hadden gewoond. Mijn schoonmoeder had hier als kind in de buurt op school gezeten. Mijn opa had vlak om de hoek een kledingzaakje bestierd.

Ik ging er eens kijken, in het pand zat nu een winkel die Afroshop Cosmetica heette. Je kon er nog steeds kleding kopen: felgekleurde bloezen uit Congo. En er huisde een uitzendbureau genaamd Flex Services Care B.V., met veel vacatures voor *pracownik magazynu* (magazijnmedewerker).

Ik wandelde verder en kwam langs een reisbureau voor reizen naar Mekka, een Marokkaanse belwinkel, een Chinese massagesalon. Aan het einde van de straat was een plein waar een voormalig kerkgebouw stond: mijn ouders hadden hier in hun jeugd psalmen gezongen. Er liepen nog steeds gelovigen naar binnen, alleen baden ze tot een andere god, op net een andere dag, en trokken ze hun schoenen erbij uit.

Het duurde nog maanden voor ik me realiseerde dat ik als kind bijna dagelijks vlak langs mijn nieuwe huis fietste. Vanuit het kabouterhuisje in Overschie reed ik dan langs de wirwar van snelwegen van het Kleinpolderplein, over de 's-Gravendijkwal – toen een straat vol bordelen – door de Maastunnel naar de Tarwewijk op Zuid. Omdat daar een speciale school was voor orthodox gereformeerden, zoals er nu islamitische basisscholen zijn.

Ik stelde me voor dat onze kinderen straks ook naar school zouden fietsen, in de sporen van hun ouders en grootouders. De keuze van ons huis moest haast wel geleid zijn door de onzichtbare bedrading van de geschiedenis.

Ons zoontje fietste intussen vooral op een driewieler, op het pleintje om de hoek, een driehoek met aan alle kanten wegen.

Ooit had er een benzinestation gezeten, vertelde een buurman, wat de vorm verklaarde. Nu was er alleen een verpieterd plantsoentje. Er scharrelden duiven rond die de pitjes aten die oudere mannen voor de bankjes achterlieten. Ons zoontje jaagde de vogels graag uiteen. 'Het duivenpleintje', noemden we het algauw.

Soms haalden we ijsjes aan de overkant van de straat, om die op het pleintje op te eten. Het was een goede plek om mensen te kijken. Er was een populaire feestwinkel, Zin el Afrah, waar je parafernalia kon kopen voor katholieke of islamitische feesten, maar ook carnaval- of halloweenkostuums. Er liepen voortdurend vrolijke mensen naar buiten met bossen heliumballonnen in de vorm van rode of gouden harten, cijfers, groene dino's of roze taarten. Een bellenblaasmachine van liefde.

Ik had in een grimmige Amerikaanse stad gewoond en was me rot geschrokken van wat ik er op straat had aangetroffen: schietpartijen, plunderingen; rassenhaat en kapotte stoepen. Terwijl mijn zoon op zijn driewieler de duiven uiteenjoeg en ballonnen voorbijfietste, wist ik waar mijn volgende boek over zou moeten gaan: over een stad waar het wél was gelukt. Waar de mensen wél konden samenleven, progressief en conservatief, rijk en arm, alle kleuren. In deze stad zou het aangenamer wandelen zijn, zonder zorgen over al dat schieten. En de stoepen waren hier breder geworden, viel me op.

Door Rotterdam zou ik kunnen gaan flaneren. Een beetje zoals de dichter Baudelaire door negentiende-eeuws Parijs banjerde: als een stadsslenteraar die zich lukraak en onopvallend in het gedruis van de massa begaf, met zijn lichaam als meetinstrument, zonder baan, zonder baas, zonder missie. Of nu ja: de missie om je te onttrekken aan alle voortrazende doelmatigheid en juist zo de ziel te betrappen.

Dat wilde ik: al slenterend zien hoe de stad was veranderd tussen mijn geboortejaar 1980 en nu.

Ik kreeg een schrijfbeurs van het Letterenfonds. Als ik zuinig leefde, als ik af en toe een stuk schreef voor de krant, zou ik het lang kunnen uitzingen.

Ongeveer een jaar nadat we het huis kochten, verscheen op het duivenpleintje een groot reclamebord met daarop een artist's impression: vrolijke, mooie mensen in allerlei kleuren en van allerlei leeftijden flaneerden er langs volle terrassen en bloemrijke perken, een beetje zoals de gelukzaligen rondhuppelen in de folders van de Jehova's getuigen. Er stond:

EEN NIEUW MIDDELLANDPLEIN!

En daaronder: 'In mooi, mooier, Middelland werken bewoners, ondernemers, eigenaren en de gemeente Rotterdam in cocreatie aan de wijk.'

Na het bord kwamen de graafmachines. Er kwamen nieuwe klinkers, aan één zijde van de driehoek verdween een straat, parkeerplaatsen werden opgeheven. Er kwamen donkergroene, gietijzeren lantaarnpalen die niet zouden misstaan in Parijs. Er kwamen bloembakken en hardhouten zitjes. Er verscheen een eettent waar je natuurwijn uit Georgië kon drinken voor 7,50 euro per glas. Het pleintje, waar een kwarteeuw geleden nog de dampen hingen van gelode benzine en diesel, werd een klein paradijs.

Alles om ons heen werd mooier en mooier, het leek alsof dit allemaal speciaal voor ons gebeurde – en dat was ook zo, maar dat ontdekte ik veel later pas.

Op een avond, Rosanne was nu hoogzwanger, zaten we met zijn drieën samen te eten in Holy Smoke toen de weeën begonnen. Ik bracht de oudste gauw naar de Palestijnse gastouder, die als een moeder voor hem zorgde. Terug uit het ziekenhuis waren we een modelgezin. Twee kinderen en een kat.

En tussen het luiers verschonen door begon ik te slenteren.

3

HET DUURSTE HUIS VAN NEDERLAND

Zoals het pleintje mooier werd, zo veranderde de hele stad. Overal verschenen borden voor nieuwe bouwprojecten. Steeds dezelfde zwart-witte borden met kreten in grote hoofdletters. 'CHOOSE THE LOFT THAT FITS YOUR LIFE', stond er bijvoorbeeld op een bouwschutting. Of: 'DON'T SPEND YOUR LIFE WAITING TO START LIVING!' Soms waren de teksten gewoon in het Nederlands: 'Welkom in de beste binnenstad van Nederland', of: 'Welkom in Cool. De coolste wijk van Rotterdam. Hier wordt de kunst van het leven verstaan.' Als handtekening stond er steeds de marketingslogan van de stad onder: 'ROTTERDAM. MAKE IT HAPPEN.'

Ik stoorde me aan dat expat-Engels en die trumpiaanse superlatieven. Ze pasten niet bij de nuchtere, volkse stad die ik van vroeger kende. Groeistuipen misschien, dacht ik.

Op een dag las ik in de krant over de bouw van het 'duurste huis van Nederland'. The Box, heette de woning. Een soort glazen doos met een woonoppervlak van duizend vierkante meter. De elf meter hoge wanden boden uitzicht over de skyline van Rotterdam. Het moest tussen de 15 en 20 miljoen euro kosten. 'The Box is voor wie exclusiviteit in de overtreffende trap verlangt', stond in de digitale brochure.

De glazen doos zou het hart vormen van een nieuw appartementencomplex genaamd Bay House. De bewoners zouden in de watten worden gelegd als in een vijfsterrenhotel. De officiele term: 'Concierge Residential Living'. Bewoners kregen hun eigen garage met privélift naar boven. Als ze dat te veel gedoe vonden, konden ze ook gebruikmaken van *valet parking*.

Rondom het complex kwamen luxe winkels, zoals GASSAN Diamonds, en ook een vestiging van horlogefabrikant Rolex. 'Wonen in Bay House is leven in internationale luxe zoals we dat in Nederland nauwelijks kennen', aldus de brochure.

Jeetje, dacht ik. En dat aan de Rijnhaven. Als kind kwam ik er bijna elke dag langs, op weg naar de gereformeerde basisschool in Rotterdam-Zuid. De Rijnhaven was toen vol havenbedrijvigheid. Rotterdam oogde grauw van het roet. Op weg naar school fietste ik er soms over de heroïnespuiten.

De wijken rond de Rijnhaven waren nog steeds de armste van de stad, maar nu kwam er dus het duurste huis van het land. En dat niet alleen, zag ik: er waren ook plannen om van de Rijnhaven een *marina* te maken, bestemd voor luxe jachten, met in plaats van de kade een 'stadsstrand'.

Misschien zat er een verhaal in, dacht ik. Dus ik stapte op de fiets en volgde grofweg de route die ik vroeger fietste naar de basisschool. Over de 's-Gravendijkwal naar de fietsersingang van de Maastunnel. Als kind dacht ik in die koele tunnel vaak aan de vissen in de rivier boven me, en aan hoe het volk Israël volgens het Bijbelverhaal door een wonder over een droog pad dwars door de zee aan de slavernij was ontsnapt.

Die tunnel, een rijksmonument, was misschien wel mooier dan de Erasmusbrug, vond ik nu. De lange roltrappen van berkenhout, de honderdduizenden beige tegeltjes waarmee de wanden waren bekleed. Bij de toegangspoort was een mozaïek te zien met vissen, zeemeerminnen en Neptunus. De tunnel als doopritueel: even kopje-onder en als gelovige kom je boven.

Veel leek er nog niet veranderd toen ik weer opdook in Rotterdam-Zuid. Naast de bouwput bij de Rijnhaven stond een reusachtig wit bord: '*Something beautiful is on the horizon*'. De Jumbo naast het metrostation was al half gesloopt om plaats te maken voor The Box. Op de bouwschuttingen stonden artist's impressions van de nieuwe Rijnhaven met de jachten en het strand. En weer die Engelstalige kreten:

THE HARBOUR IS OUR JOY, OUR HOME

THE NEXT GREAT CHAPTER OF ROTTERDAM

UNDERSTAND THE PAST AND YOU CAN SHAPE THE FUTURE

Maar van al dat moois was voorlopig nog niets te zien. Ik liep de aanpalende Afrikaanderwijk in en ging op de bonnefooi naar binnen bij een fonkelnieuw Marokkaans restaurant aan de Pretorialaan. Ik bestelde verse muntthee en maakte een praatje met de uitbater. Hij was hier geboren en getogen, zei dat de wijk flink vooruitgegaan was. Veiliger, gemengder, je had er nu ook veganistische eettentjes en hippe kunstgaleries. Er kwamen weer 'Nederlanders'. Hij bedoelde: witte mensen. Dat naast 'zijn' wijk nu een soort Dubai verrees, maakte hem trots. Zolang de bewoners maar een graantje konden meepikken.

Een paar dagen later zat ik in Brielle op het hoofdkantoor van de toenmalige vastgoedontwikkelaar achter The Box. Boven me een gouden kroonluchter, damasten behang op de muren, voor m'n neus een glanzend koffietafelboek getiteld *The Next Great Chapter of Rotterdam*. Tegenover me zat de directeur Wonen. Ze had een paar dagen eerder nog in een helikopter boven de Rijnhaven gevlogen, met geïnteresseerde kopers uit Milaan.

'Ik voel me de vertegenwoordiger van de mensen die nog niet in Rotterdam wonen', zei ze. 'Er bestaat altijd wat schroom om over het meest luxe marktsegment te praten, maar ik vind het zelf ook wel tof om te zien dat Rotterdam-Zuid kennelijk zo aantrekkelijk is geworden dat kopers grote bedragen willen neertellen voor een huis naast een wijk die tot voor kort als tweederangs werd gezien.'

Fair point, dacht ik. Zelf had ik per slot van rekening ook net 355.000 euro neergelegd voor een huis in een straat die twintig jaar geleden door velen als een *no-go area* werd beschouwd.

Ik kreeg een virtualrealitybril op waarmee ik alvast een kijkje kon nemen in The Box, het huis van glas. Toen ik de toverbril opzette, bleek ik me te bevinden op een superjacht in de Rijnhaven, jacuzzi aan boord. Achter me lag Bay House, voor me de skyline van Rotterdam.

'Het is wel *impressive* wat je ziet, hè?' hoorde ik nog, terwijl ik bedwelmd raakte door de hypnose. Waar ik ook keek, zag ik woontorens. En terwijl ik boven Dubai aan de Rijn zweefde, dacht ik aan de tekening die ik als kind had gemaakt van de skyline van Rotterdam. Met de toenmalige prestigeprojecten: de Willemsbrug, de Euromast en daartussen basisschool Het Kompas. Ik had een gevoel van eigendom ervaren. Hetzelfde thuisgevoel als wanneer ik tegenwoordig vanaf de heuvel van de Van Brienenoordbrug de stad binnenreed en het bos aan torens zag: dit is van ons allemaal. Dat gevoel, daar ging het om.

En nee, niet iedereen kon een woontoren of een jacht betalen. Maar als er dan ook een strand kwam waar je kon zonnebaden, ook als je een kleine beurs had – wie had dat gedacht, van die oude, vieze Rijnhaven. Hier kon iets groeien dat veel mooier was dan Dubai: sociale huurwoningen op A-locaties pal naast luxe woontorens. Arm en rijk gebroederlijk naast elkaar. Mengen leek me beter dan scheiden, investeren beter dan verwaarlozen.

Dus ja, het duurste huis in de armste wijk, waarom niet?

4

WAT DE POSTBODE ZIET

Op een steenworp afstand van de bouwput van het duurste huis van Nederland lag de Tweebosbuurt, die bestond uit een zestal straten in een hoek van de Afrikaanderwijk. De ruim honderd jaar oude huizen waren gebouwd voor de havenarbeiders die een eeuw geleden naar de stad kwamen.

Maar het leek alsof ik een negentiende-eeuwse sloppenbuurt binnenwandelde. Dichtgetimmerde panden. Rottende raamkozijnen. Kinderen die speelden tussen het vuilnis op straat. Hier geen Engelse slogans, maar graffiti van bewoners: 'Sloop ons niet', 'Vestia is harteloos'.

Ook over de Tweebosbuurt had ik in de krant gelezen. De bewoners van de sociale huurwoningen hadden een brief gekregen waarin werd aangekondigd dat hun huizen zouden worden gesloopt. Mooiere, ruimere, nieuwere woningen zouden ervoor in de plaats komen.

En gezien de dicht opeengepakte troosteloosheid kon ik me daar wel wat bij voorstellen. De bewoners kregen bovendien een alternatief huis aangeboden, dat soms zelfs groter was. Een aantal wilde kennelijk niet vrijwillig verkassen, getuige de slogans.

Een paar maanden later wilden ze dat kennelijk nog steeds niet. Woningcorporatie Vestia, eigenaar van de huizen, had een aantal 'weigerverhuizers' uit de Tweebosbuurt voor de rechter gedaagd. En toen hun zaak diende, ging ik kijken.

Ik fietste over de Erasmusbrug en zag de rechtbank liggen: een grote, grijze kubus. Ook de Tweebosbewoners kon ik al zien, de meesten waren in een stoet vanuit hun wijk komen lopen, een kilometer verderop. Er was een oudere witte vrouw van in de tachtig. Een witte man van in de vijftig met een verbleekt Feyenoordpetje. Er waren jonge vrouwen met hoofddoeken die kwamen tolken voor hun ouders. Er was een zwarte man met een ringbaardje. Het zaaltje zat uiteindelijk zo vol bewoners, familie en sympathisanten dat sommigen op de gang moesten toekijken via schermen.

Vestia wilde de huurovereenkomsten beëindigen op grond van 'dringend eigen gebruik'. Namelijk: sloop van de woningen, om het gebied op te knappen. Er zouden huurwoningen komen in het hoge segment (vanaf 1.200 euro), koopwoningen in het topsegment, en ook een aantal sociale huurwoningen, maar niet genoeg om alle huidige bewoners te huisvesten.

De advocaat van de woningcorporatie vertelde dat alle bewoners een alternatief huis aangeboden hadden gekregen en bovendien de wettelijke verhuisvergoeding van 6.000 euro. Het slooplan was precies wat de politiek van de woningcorporaties verlangde, betoogde hij: zorgen voor betere huizen, zodat de stad ook mensen met wat meer geld kon huisvesten. De sloop was in lijn met een democratisch besluit.

De advocaat van de bewoners vertelde waarom zijn cliënten zo graag in hun wijk wilden blijven. Omdat ze er geboren waren, omdat ze er al tientallen jaren woonden. Ze waren gehecht aan de plek. Of ze waren mantelzorger en wilden in de buurt van hun dierbaren wonen. Volgens hem was er juist sprake van bevolkingspolitiek. Armen eruit, rijken erin.

De rechter hoorde alles aan; hij zou die dag nog geen uitspraak doen. Na afloop sprak de man met het ringbaardje me aan en stelde zich voor als Ahmed Abdillahi. Hij woonde ook in de Tweebosbuurt, al een jaar of acht – langer dan hij ooit in een huis had gewoond. Hij had me herkend van enkele artikelen die ik had geschreven toen ik in de Verenigde Staten woonde. Het ware felle, soms zelfs verontwaardigde stukken geweest, herinnerde hij zich, over economische ongelijkheid en racisme.

Ik voelde me gevleid, maar de man had me niet aangesproken om complimenten uit te delen. Hij nodigde me uit om eens langs te komen, dan zou hij me *the big picture* laten zien. Hij zei dat ik over Rotterdam evengoed zulke felle stukken kon schrijven als over de VS.

Dus een paar dagen later zat ik bij Ahmed thuis op de bank in de Tweebosbuurt. Vanuit zijn huis kon je de lichtmasten van voetbalstadion De Kuip zien en de minaretten van de Essalam-moskee. Naast het raam stond een boekenkast, ik zag namen als Vergilius, W.G. Sebald, V.S. Naipaul, Pim Fortuyn. Aan de muur een beroemde foto van Muhammad Ali, gebogen over Sonny Liston. Even verderop hing een ingelijste Korantekst. Die Ahmed zelf niet kon lezen, trouwens; een vroom moslim was hij evenmin. Hij deed aan de ramadan mee, vertelde hij, maar hij ging zelden naar de Somalische moskee hier om de hoek.

Overdag werkte hij als postbode voor PostNL. Als hij terugkwam van zijn werk, keek hij graag documentaires op Arte, de Frans-Duitse cultuurzender. Of hij las boeken en artikelen. 'Ik ben een ongeneeslijke lezer', zei hij. 'Ik heb een brede interesse – uit noodzaak.'

Die noodzaak werd me algauw duidelijk. Ahmed was al een leven lang aan het overleven. Op zijn elfde vluchtte hij voor een burgeroorlog: met een oom, tante en hun kinderen van Mogadishu naar Duitsland, per vliegtuig. Zijn vader en moeder bleven achter. Via dorpen in Duitsland kwam hij in Friesland terecht. En twintig jaar geleden zette hij de stap naar Rotterdam.

Toen hij in Nederland aankwam, las hij alles wat los en vast zat om de taal te leren. Inmiddels strooide hij met uitdrukkingen als 'je pappenheimers kennen' of 'elke dag een draadje is een hemdsmouw in het jaar'. De laatste tijd las hij vooral boeken die hem hielpen te begrijpen wat er met zijn stad aan de hand was.

Beter gezegd: waarom het huis onder zijn voeten verdween.

Hij liep naar de boekenkast en pakte het boek *Urban Outcasts*, een studie van de Franse socioloog Loïc Wacquant. Het ging over verschoppelingen in Chicago en Parijs. Maar Ahmed zag zijn eigen leven beschreven. Hij citeerde uit een interview met

Wacquant: 'Overal in Europa gaat sociale woningbouw tegen de grond, om plaats te maken voor appartementencomplexen. Dergelijke "vernieuwingsprojecten" worden verkocht als voordelig voor de arme bevolking, maar leiden voor hen tot een drastische vermindering van het aantal beschikbare woningen. Je verplaatst het probleem.'

Het is exact wat Rotterdam nu doet, zei Ahmed. Dit ging over hem. Ik durfde nauwelijks te zeggen dat ik me wel kon voorstellen dat zijn buurt werd gesloopt. De huizen oogden zo vervallen. De buurt kon er alleen maar mooier op worden. Los daarvan, Rotterdam had een enorme sociale woningvoorraad. Zo veel armoede op elkaar, dat was toch niet goed?

Natuurlijk wordt de buurt straks veel mooier, zei Ahmed. De huizen waren hier jarenlang verwaarloosd. En het werd inderdaad tijd dat er hier geïnvesteerd werd! Maar was het niet wrang dat de bewoners die al die jaren hier doorstaan hadden, die opgeknapte buurt niet meer zouden meemaken? Die moesten weg. Dus ja, de stad werd ontegenzeggelijk mooier. Maar de vraag was: voor wie?

Van de zeshonderd woningen die verdwenen, kwam ongeveer de helft terug. De oude bewoners zouden over de stad verspreid worden, of moeten vertrekken naar buiten de stad. 'Onder het mom van stedelijke vernieuwing jagen ze mensen weg', zei Ahmed. 'Voor "een betere balans" of voor de "vermenging". Maar ze bedoelen gewoon: deze stad is niet langer voor buitenlanders en paupers.'

Woningcorporaties waren ooit opgericht om mensen van goede huizen te voorzien. Maar in het Rotterdam waar ik was komen wonen, vertelde hij me, waren corporaties bezig om huizen te slopen. En als de bewoners daar niet aan mee wensten te werken, werden ze voor de rechter gesleept.

De gemeente vond dat er te veel arme mensen in Rotterdam woonden. Dat was ook waar: Rotterdam was de armste der grote steden. Maar pak dan de armoede aan, ging Ahmed verder, zorg voor betaalbare huizen, goed onderwijs en banen waar je van kunt leven.

En inderdaad: er waren relatief veel betaalbare huizen in Rotterdam. Maar waren het er té veel? Er waren ook relatief veel arme mensen. Rotterdam had intussen doodleuk de definitie van 'betaalbaar huis' omhoog bijgesteld van 140.000 euro naar 220.000 euro, had hij in *Trouw* gelezen. Zo léék het alsof er opeens riant veel betaalbare huizen bij waren gekomen, en had de gemeente een extra reden om te slopen.

De overheid bestreed hier niet langer de armoede, maar de armen zelf, vatte Ahmed de toestand samen. Verheffen was nu: vervangen door andere inwoners. En dan léék het probleem opgelost.

En ja, enkele honderden bewoners waren al uit de buurt vertrokken. Sommigen hadden inderdaad een beter huis gekregen. Maar veel bewoners waren laaggeletterd en niet mondig genoeg om zich te verzetten. Of ze waren gewoon door schade en schande bang geworden voor brieven van de overheid. Vestia had hen onder druk gezet: als ze niet vrijwillig vertrokken, zouden ze gedagvaard worden. Gedagvaard: dat klonk alsof ze crimineel waren. Veel bewoners kozen eieren voor hun geld. Niet Ahmed en de anderen in de rechtszaal.

Het ging hem niet eens zozeer om zijn eigen huis, hij redde zich wel. En het ging hem zelfs niet eens om Vestia, hoe harteloos die organisatie ook met haar bewoners omsprong. De corporatie verkeerde in grote geldnood vanwege een financieel schandaal van acht jaar eerder. De bestuurders hadden sociale huurwoningen gebruikt als onderpand voor risicovolle beleggingen en hadden zo bijna 3 miljard euro vergokt. Schandalig, ja, de corporaties waren ver afgedwaald van hun kerntaak.

Maar het was de politiek geweest die wilde dat volkshuisvesters bedrijven werden en de markt op gingen. Daarom had het kabinet-Rutte II in 2013 de verhuurderheffing ingevoerd: een hoge belasting op huizen die voor minder dan 752 euro verhuurd werden. Anders gezegd: er stond een boete op het aanbieden van betaalbare huizen.

Ik zocht het later op en inderdaad: als de eigenaar van een betaalbaar huis de prijs verhoogde naar zeg duizend euro, dan hoefde hij die verhuurderheffing niet meer te betalen. De heffing was bedacht door de VVD, als 'een prikkel voor woningcorporaties om sociale huurwoningen te verkopen en om efficiënter te werken', las ik in het boek *Uitgewoond* van stadsgeograaf Cody Hochstenbach. De boete op betaalbare huizen werd verkocht als crisismaatregel ('iedereen moet de broekriem aanhalen'), kreeg steun van linkse partijen als PvdA en GroenLinks, maar verdween niet toen de crisis voorbij was. Het was volgens Hochstenbach onderdeel van een 'langlopend ideologisch project gericht op het uithollen van de volkshuisvesting en het bevorderen van de markt'.

Geen ander land ter wereld had zo'n belasting. Maar wat nu de Tweebosbuurt overkwam, gebeurde overal in Nederland, vertelde Ahmed. Hij kwam als postbode in bijna alle wijken van de stad en overal werden buurten gesloopt. Het hele weefsel van de stad werd uit elkaar getrokken. En dat moest ik zien, vond hij.

Dus jakkerden we later op de fiets door Rotterdam-Zuid, langs huizenblokken die zouden verdwijnen, langs het stof en gruis van reeds gesloopte straten. En ook langs prachtig gerenoveerde arbeiderswoningen: het zand lag nog op de nieuwe straatklinkers, de verf glansde. Dit waren vroeger sociale huurwoningen, vertelde Ahmed, maar nu behoorden ze tot de vrije sector. Voorheen woonde je hier voor vijf-, zeshonderd euro per maand, nu bedroeg de huur bijna het dubbele.

Verderop wees hij op een oud huizenblok dat maar aan één zijde was opgekalefaterd. 'Raadsel: waarom maar aan één kant?' Toen wees hij naar de overzijde: daar verrees een nieuwbouwcomplex. Die nieuwe bewoners moesten niet tegen iets lelijks aankijken. Vanbinnen was het oude huizenblok trouwens nog even slecht onderhouden, had hij gezien toen hij er post bezorgde.

We fietsten verder, langs buurten waar bibliotheken en buurthuizen gesloten waren, waar tegelijkertijd drankzaakjes als paddenstoelen uit de grond schoten, whiskey kon je er per tien liter kopen – het verband tussen die twee mocht ik zelf bedenken, zei Ahmed.

We reden ook door straten die juist mooier werden, zoals de Beijerlandselaan. Hier moest een hoger segment winkels komen, legde Ahmed uit: winkels die te duur zouden zijn voor de mensen die er nu woonden.

Onderweg werd Ahmed regelmatig begroet. Misschien omdat hij postbode was, dacht ik. Om de haverklap stopte hij om een praatje te maken. Bijvoorbeeld met de Pakistaanse eigenaar van een buurtsuper die al een paar keer was overvallen. Terwijl ze stonden te kletsen, kwam de ene na de andere jongeman de winkel uit met plastic tassen vol bierblikken.

Toen hij in Rotterdam aankwam was hij jong, achttien jaar. Dat was in een tijd dat Somaliërs haast bij voorbaat verdacht waren. Van terrorisme, van fraude, van van alles. Toen ik vertelde waar ik woonde, vertelde hij over de Somalische belwinkel naast mijn huis. Daar was de politie destijds nog binnengevallen met veel bombarie, maar het bleek later toch gewoon een belwinkel, die er dus nog altijd zat.

Ahmed had een weg moeten vinden, als jonge man in de stad. Dat was eerst flink misgegaan. Werk vinden was lastig, hij was nooit in de criminaliteit beland, maar jarenlang verslaafd geweest. Aan drank en aan qat, een soort sterke pruimtabak. Beide verslavingen had hij tien jaar geleden afgezworen. Hoe? Door te gaan hardlopen. Twee keer liep hij de marathon van Rotterdam uit. Hardlopen was nu zijn verslaving. Naast lezen.

Hij nam me mee naar een particuliere voedselbank. Je kon er gratis oud brood krijgen en soep of snoep kopen tegen bodemprijzen. Rotterdammers in allerlei kleuren en smaken trotseerden er in de rij hun schaamte. Liefst één op de vijf kinderen in Rotterdam groeide op in armoede, wist ik dat? 'Veel mensen kunnen nauwelijks brood kopen, en dan vindt de gemeente dat het winkelaanbod hier deftiger moet worden!'

Even later stopten we bij een leeszaal die op vrijwilligers draaide. In plaats van gratis brood kreeg je hier gratis boeken. Hij liep langs de kasten en trok er een boek uit over de sociaaldemocratie in Rotterdam. 'Hier, neem mee.'

Ahmed was stamgast in de leeszaal, het was voor hem een oase in de woestijn. Tegelijkertijd was het wrang, vond hij: vrijwilligers probeerden hier de gaten te dichten die de overheid liet vallen, want intussen werden bibliotheken gesloten.

En zo werd alles van waarde ontmanteld: de huizen, de voorzieningen en ook de banen, zoals hij me wilde laten zien.

We gingen naar een depot van PostNL op Katendrecht. De loods oogde als een kraakpand. Dit was Ahmeds uitvalsbasis als postbezorger. Hier haalde hij de gesorteerde post op en startte hij de ronde door zijn wijk. Hij scheen met zijn mobiel in een hok. 'Daar is ons toilet', zei hij. Op de grond was het een ravage, een wc-pot lag los op de vloer. 'De fontein van de eeuwige jeugd', had iemand op de muur gekalkt, met een pijltje naar beneden.

Vroeger kon hij op zijn werk naar de wc. Maar de managers hadden bedacht dat postbodes net zo goed onderweg hun blaas konden legen. Bijvoorbeeld in een café of een winkel of een bibliotheek. En het was natuurlijk waar, zei Ahmed: als je echt nodig moest, kon je heus wel in een café terecht. Maar niet iedere keer, daar zaten ze bij zo'n café ook niet op te wachten, was zijn ervaring. Dus voelde hij zich op den duur verplicht om een koffie te kopen om zijn blaas te kunnen legen.

Postbode was ooit een beroep waar je van kon leven. Maar het werk was opgesplitst: je had nu postvoorbereiders, die 's ochtends in een soort sorteerfabriek de poststukken klaarmaakten. En je had de bezorgers, die 's middags de post rondbrachten. Die mensen hadden dus halve banen, waar je niet van kon leven. Dan zou je zeggen: neem twee banen, eentje als voorbereider en eentje als bezorger. Maar zo simpel was dat niet. Want de banen waren niet alleen in tweeën gehakt; ze waren ook nog eens flexibel gemaakt.

Ahmed zelf had, tot voor kort, ook een tijdelijk contract als postvoorbereider. Maar dat contract was vorige maand opgezegd. Ondanks drieëntwintig maanden trouwe dienst door weer en wind, geen dag ziek. Waarom moest hij weg? Omdat PostNL hem, als hij langer dan twee jaar zou werken, een vast contract zou moeten aanbieden. Zijn ontslagbrief was automatisch gegenereerd: over een halfjaar mocht hij pas weer solliciteren.

En zo ging het al acht jaar. Al acht jaar werd hij automatisch ontslagen om daarna weer te worden aangenomen. Zo ging het ook bij zijn collega's. Sommigen gingen een poosje in de bijstand om daarna weer te gaan werken. De maatschappij draaide zo op voor de kosten, net als bij die kapotte wc.

Dat de baan stuk was, kwam niet door het internet, niet omdat er minder post was – er was meer werk dan ooit tevoren. In het sorteercentrum was het zo druk dat ze soms te horen kregen dat ze niet meer met elkaar mochten praten. De meeste van zijn collega's legden zich bij zulke oekazes neer. Die waren murw. Ze deden hun sorteerwerk tussen muren van kratten, konden elkaar toch niet zien.

En waarom bleef hij dat werk dan doen? Omdat er voor hem, met alleen een mavodiploma, niet zo heel veel beters te vinden was. 'Ik ben een man die moet rondkomen van wat mijn lichaam opbrengt', zei Ahmed. Hij had een indrukwekkend lang cv opgebouwd: orderpicker in een distributiecentrum, magazijnmedewerker op de bloemenveiling, schoonmaker van havenkranen, nachtwaker in een ggz-instelling, schoonmaker van treinlocomotieven, medewerker bij de afvalverwerking, spoelkeukenmedewerker in de skyboxen van voetbalclub Sparta, productiemedewerker in een huzarensaladefabriek, productiemedewerker in een hommelkwekerij.

We fietsten verder. Nog geen honderd meter van de kapotte wc glansde de hippe wereld van Katendrecht. De terrassen keken uit over de skyline van de nieuwe stad. De blokkentoren van De Rotterdam blonk in de zon. We passeerden een standbeeld van een kromgebogen arbeider met een zak graan op de rug.

Ahmed wees op de terrassen vol jonge mensen in een decor van postindustriële rauwheid. 'Wat denk je dat dat met me doet?' vroeg hij retorisch.

Bij het afscheid vroeg hij of ik niet eens met hem wilde gaan hardlopen. Net als Haruki Murakami, zei hij: die was pas een goede schrijver geworden toen hij was gaan rennen.

Kort daarna deed de rechter uitspraak in de Tweeboszaak. De bewoners kregen nul op het rekest: de sloop van hun huizen verliep keurig volgens de regels. Er was niets illegaals aan, alles verliep volgens het boekje.

Maar was het daarom een goed idee?

In Amerika had ik geleerd dat er een groot verschil kan zijn tussen legaal en rechtvaardig. In de jaren vijftig was het scheiden van rassen daar nog legaal. Die wet was pas veranderd toen mensen er massaal tegen in opstand kwamen.

Dat was misschien een wat harde vergelijking, leek me. Tot ik hoorde dat er in Rotterdam een wet van kracht was die zelfs de meest rechtse Amerikaan de wenkbrauwen zou doen fronsen.

5

DE HOOFDSTAD VAN HET HOKJESDENKEN

In Rotterdam was het discrimineren van arme mensen wettelijk toegestaan. In sommige buurten en straten werd de zogenoemde Rotterdamwet toegepast, ofwel de Wet bijzondere maatregelen grootstedelijke problematiek uit 2005. Volgens die wet mag de gemeente mensen met een bijstandsuitkering weigeren als ze een huis willen huren in een bepaalde straat.

De wet kende een lange voorgeschiedenis, die begon om de hoek van de Tweebosbuurt, in de Afrikaanderwijk. In de zomer van 1972 braken daar rellen uit. De toen nog overwegend witte bewoners keerden zich tegen Turkse gastarbeiders. Het volksoproer zou de geschiedenis ingaan als de eerste rassenrellen, de 'Turkenrellen'. Maar je zou het ook een woningnoodoproer kunnen noemen.

Het broeide al jaren in de wijk. Er was een huizentekort en groeiende werkloosheid, las ik in het boek *Afri. Leven in een migrantenwijk* van Jutta Chorus. Intussen streken veel gastarbeiders neer in de wijk. De Nederlandse overheid en het bedrijfsleven hadden hen hierheen gehaald: vaak jonge mannen van het verarmde Turkse platteland. Ze waren bereid om voor een habbekrats in de haven te werken. Ze tilden zakken zwavel of vismeel, soms zeven dagen per week. Ze waren geen lid van de voor het bedrijfsleven zo hinderlijke vakbond. Ze huurden voor twintig euro een slaapplek in een stapelbed in een pension, vaak gewoon een verkamerd woonhuis. Bijna vijftig van die volgepropte pensions waren er in de wijk, las ik, de illegale huisvesting niet eens meegeteld. De volgepropte pensions zorgden voor veel overlast.

Al een jaar voor de rellen had het wijkorgaan vergeefs aan de bel getrokken bij het gemeentebestuur: controleer de pensions, eis dat bedrijven hun verantwoordelijkheid nemen.

Er viel een vonk in het kruitvat toen op 10 augustus 1972 een Nederlandse vrouw bedreigd werd door haar Turkse huisbaas. Een week van rellen volgde. 'Het was geen hetze tegen de Turken, maar tegen de Turkse huisjesmelkers', aldus een ooggetuige in het boek.

Vrijwel meteen daarna nam de gemeenteraad een ferm besluit: niet om de huisjesmelkers aan te pakken of de bedrijven ter verantwoording te roepen; maar om buitenlanders te weren uit bepaalde wijken en ze te spreiden over de stad. Er moest een quotum komen: maximaal 5 procent buitenlanders per wijk. Het plan kwam van een gemeenteraad waar sociaaldemocraten de scepter zwaaiden. De VVD was er uit liberale principes juist op tegen. Dat het buitenlanderquotum na twee jaar toch van tafel verdween, was om de eenvoudige reden dat je niet op afkomst mocht discrimineren: de Raad van State vernietigde het besluit.

Jaren later probeerde de stad het opnieuw, nu via een omweg. Dat was kort nadat de rechtse politicus Pim Fortuyn was vermoord, in mei 2002. Zijn partij, Leefbaar Rotterdam, kwam toen in Rotterdam alsnog in het college terecht, met het CDA en de VVD. Dat stadsbestuur kwam met een plan, in de geest van Fortuyn, om 'kansarmen' te weren en 'kansrijke' bewoners aan te trekken.

Wie er kansarm was en wie er kansrijk was, kon je raden. 'De kleur is niet het probleem, maar het probleem heeft wel een kleur', las ik in de beleidsnota *Rotterdam zet door. Op weg naar een stad in balans* uit 2003. 'Voor een evenwichtige beschouwing van de probleemstelling is het van belang dat onderscheid nadrukkelijk te blijven maken.'

Niet alle mensen met een kleur waren het probleem, 'we [moeten] niet vergeten dat veel vluchtelingen (zeer) hoog zijn opgeleid, wat het proces van integratie bespoedigt'. Maar hoe weerde je de rest? Mensen op huidskleur discrimineren mocht dan taboe zijn, je kon misschien wel selecteren met het toelatingscriterium 'inkomen uit werk'?

Dus stelde het college voor dat de Huisvestingswet zou worden aangepast. En zo geschiedde: dat inkomenscriterium werd in 2005 toegevoegd aan de wet. Voortaan konden Rotterdammers op basis van hun inkomen worden geweerd uit de stad.

Het doel: kansarmen weren, kansrijken aantrekken en zo de 'leefbaarheid' vergroten.

De wet was controversieel. Uit niets bleek later dat hij bijdroeg aan de leefbaarheid of veiligheid van wijken. De Rotterdamwet was officieel niet gericht op buitenlanders, maar inderdaad waren het in praktijk vooral jongeren met een migratieachtergrond die geweigerd werden, zoals de Rotterdamse journalist Hasna El Maroudi uitzocht.

Om te bepalen in welke straten de Rotterdamwet moest worden toegepast, hanteerde de gemeente een computermodel, de zogenoemde Leefbaarometer. Alle postcodegebieden kregen een 'leefbaarheidsscore' aan de hand van bepaalde criteria. Bijvoorbeeld de misdaadcijfers. Of het inkomen van de mensen die er woonden. Er rolden kaarten uit met straten die rood of groen waren gearceerd. Groen betekende dat alles goed ging, rood betekende dat het slecht ging. Dieprood: heel slecht.

Nu kwam het wonderlijke: een straat werd roder als er bijvoorbeeld meer Nederlanders met wortels in Marokko of Kaapverdië woonden. Als er vooral witte Nederlanders woonden, kleurde de straat groen. Want het percentage mensen met niet-westerse wortels was ook een criterium voor het bepalen van de 'leefbaarheid', concludeerde stadsgeograaf Cody Hochstenbach.

Het racisme van de Rotterdamwet was verstopt in neutraal ogende, ingewikkelde algoritmen en in beleidsteksten die omfloerst spraken over 'balans', 'mengen', 'kansrijk' en 'kansarm'. Vroeger zou men zeggen: 'Rot toch op, er wonen al te veel buitenlanders.' Dat was in elk geval eerlijk.

Je zou denken dat geen enkele andere stad zou willen werken met een discriminerende wet die de veiligheid niet verbeterde. Toch namen verschillende steden de Rotterdamse methode juist over, zoals Tilburg, Den Bosch en Zaanstad. Rotterdam was gidsstad.

Rotterdam was ook de stad waar het zogeheten 'preventief fouilleren' was uitgevonden. Een eerste experiment vond plaats in de Millinxbuurt, vlak naast mijn oude basisschool in de Tarwewijk. Daar was in de jaren negentig steeds vaker sprake van ernstig wapengeweld, las ik in de *Criminologische stadswandeling Rotterdam* van socioloog Gwen van Eijk. In 1999 was de gemeente het geweld zo zat dat de hele Millinxbuurt twee dagen lang werd afgesloten. In totaal honderdvijftig agenten stonden als een ring om de buurt en fouilleerden iedereen die zich op straat begaf. Twee verdachten werden aangehouden.

Fouilleren zonder individuele verdenking mocht toen niet van de wet. Maar de wet werd een paar jaar later zo aangepast dat burgemeesters voortaan delen van een stad konden uitroepen tot 'veiligheidsrisicogebied'. Tegenwoordig is bijna heel Rotterdam-Zuid, maar ook bijvoorbeeld het centrum van Rotterdam en grote delen van Amsterdam, zo'n veiligheidsrisicogebied: de politie mag er zomaar je kleding of auto doorzoeken.

Niet ver van de Millinxbuurt liggen de wijken Bloemhof en Hillesluis, die eveneens tot de armste buurten van Nederland behoren. Hier experimenteerde Rotterdam een tijdlang met een digitale versie van preventief fouilleren: het SyRI, ofwel het Systeem Risico Indicatie. Dat was een computermodel dat verdachte patronen zocht in privé-informatie van burgers, van hun watergebruik tot hun huurtoeslag. De computer wees één op de tien huishoudens in die twee wijken aan als mogelijke fraudeurs, ze kwamen op een zwarte lijst, het register risicomeldingen. Bewoners kregen niet te weten waarom, het algoritme achter de verdachtmakingen bleef geheim. Een 'sinister gedrocht', zo typeerde Tommy Wieringa het digitale surveillance-instrument in *NRC*. De rechter verbood het gebruik later vanwege mensenrechtenschendingen.

En al lezend dacht ik: Rotterdam leek wel de hoofdstad van het hokjesdenken. Ik kon het niet rijmen met de vrolijke mengelmoes die ik op straat zag, als ik over de West-Kruiskade dwaalde of als ik een ijsje at op het Middellandplein.

Maar ook op dat pleintje gold de Rotterdamwet, wist ik nu. En zonder het te weten was ik zelf ook in een hokje geplaatst, ontdekte ik: ik viel namelijk precies in de definitie van gewenst persoon.

Twee jaar voor onze verhuizing had het gemeentebestuur het beleidsprogramma 'Kansrijke wijken' gepresenteerd. Het doel was om 'kansrijke gezinnen' te verleiden om in Rotterdam te komen wonen. De definitie van kansrijk gezin: 'gezinnen met hoogopgeleide (HBO of hoger), werkende óf werkzoekende ouders, die geen bijstandsuitkering ontvangen en een duurdere huur- of koopwoning (willen) bewonen (WOZ-waarde vanaf 160.000 euro)'. In de beleidsdocumenten werden de gezinnen ook wel 'sterke schouders' genoemd, hun buurten 'bakfietswijken'.

Deze modelgezinnen moesten verleid worden door de aanleg van parkjes en extra brede stoepen voor de bakfietsen. Ook moesten er sociale huurwoningen worden gesloopt, om daar duurdere koopwoningen voor in de plaats te zetten. Winkelstraten werden opgeknapt met gemeentesubsidies, zodat ze aantrekkelijker werden voor investeerders en beleggers.

Het 'collegetarget' was om '10% meer kansrijke gezinnen' aan te trekken in de wijken rondom het centrum. Het gemeentebestuur wees een aantal wijken aan waar de kansrijke gezinnen naartoe gelokt moesten worden. Deze wijken kregen miljoenensubsidies om de buurt netjes in de verf te zetten. Een van die wijken was Middelland – onze wijk.

Een bakfiets hadden we dan niet, wel een oude Saab, maar dat kwam op hetzelfde neer. Dat ik naar de stad was verhuisd, had niet alleen te maken met een verliefd gevoel tijdens een weekend in een wolkenkrabber, het kwam ook niet zozeer door de onzichtbare draden van mijn familiegeschiedenis;

we waren gelokt door de plukjes groen, we waren gecast als Kansrijk Gezin en we kregen cadeaus toe. Parken, koffietenten, brede stoepen om over te flaneren.

Je zou zeggen dat juist mensen die het zwaar hadden een steuntje in de rug konden gebruiken. Maar de stad had die verheffingsgedachte omgedraaid. Het duivenpleintje kreeg een kostbare metamorfose om mensen zoals ik te pleasen, terwijl de huizen van anderen werden gesloopt – waarna onzichtbare regels en algoritmen voorkwamen dat ze zich rondom het duivenpleintje zouden vestigen.

Mensen zoals postbode Ahmed, maar ook het gezin waarin ik zelf was opgegroeid, zouden buiten de definitie van 'kansrijk' zijn gevallen. Mijn ouders hadden ook geen hogeronderwijsdiploma. Mijn moeder had haar studie geneeskunde afgebroken toen ze kinderen kreeg. Ze had nog enige tijd gewerkt als anesthesieassistent, maar was fulltime huisvrouw toen ik werd geboren. Mijn vader was op zijn zestiende gaan werken als loopjongen in de Rotterdamse verffabriek Koninklijke Brink/Molyn. Door avondstudie zou hij later opklimmen tot administrateur en uiteindelijk belanden op een accountantsbureau.

Ik werd in 1980 geboren, het jaar van woningcrisis en krakersrellen. Vlak daarvoor hadden mijn ouders het kabouterhuisje gekocht, vlak voor de piek van de huizenprijzen. Ik vroeg mijn vader wat hij er destijds voor had betaald. Dat was 165.000 gulden. Omgerekend naar koopkracht van nu, gecorrigeerd voor inflatie enzovoorts, zou het neerkomen op 171.000 euro. Vergelijken was lastig, de hypotheekrente was toen hoger. Maar ik vulde het koopbedrag in op Funda en als ik de garageboxen en dergelijke even niet meetelde, was dit het enige aanbod:

- Een tweekamerbovenwoning van 58 vierkante meter.
- Een verwaarloosde driekamerwoning van 70 vierkante meter.

De woningnood was nu nijpender dan in de jaren tachtig. Voor mensen zoals mijn ouders, met een bescheiden inkomen, zou het nu vrijwel onmogelijk zijn om een eengezinswoning te kopen.

De huizenprijzen waren niet hoog omdat Rotterdam opeens zo cool was geworden. Nee, bijna 40 procent van de huizen werd verkocht als beleggingsobject, aan mensen die er niet eens zelf gingen wonen.

Om 'kansloze' kopers te weren was geen verbodsbordje of Rotterdamwet nodig, de huizenmarkt deed hetzelfde werk – en veel efficiënter. En door hoger te bieden dan anderen, had ik mijn oude ik uit de stad verdrongen.

Midden in de winter was er een feestje om te vieren dat de renovatie van het duivenpleintje was voltooid. Precies zoals het billboard eerder had aangekondigd op die artist's impression: met bloemrijke perken, mooiere tegels, minder parkeerplaatsen en vooral veel meer plaats voor caféterrassen.

Niet alle buren waren blij. Een ouder wit stel – het woonde hier al zevenendertig jaar – zag met lede ogen de komst van al die eettentjes aan, omdat ze de menu's toch niet konden betalen. En de eigenaresse van de gerenommeerde kapperszaak Carmen baalde dat de parkeerplaatsen voor haar deur verdwenen waren.

Met mijn oudste zoontje ging ik naar het feestje. Er waren enige tientallen, voornamelijk witte, buren en ambtenaren. We bliezen wolkjes. Er was een lied op de wijze van 'Les Champs-Élysées':

O Middellandplein
O o Middellandplein
Hipster, moslim of bejaard
Niemand wordt hier aangestaard
We flaneren het liefste rond
Op Mid'landse grond

Een paar weken daarna schrok Rotterdam op van de dood van een man die vaak op dat pleintje kwam: de 32-jarige rapper Feis. Oudejaarsnacht werd hij doodgeschoten op straat. Hij zou geprobeerd hebben een ruzie te sussen. Ik had nog nooit van hem gehoord, dacht dat het vast een afrekening in het drugscircuit was. Maar dat zei eerder iets over de hokjes in mijn eigen hoofd. Zijn lyrics gingen juist over het ontsnappen aan de goot:

> Ik droomde ff dat ik droomde ff
> Stopte met blowen, begon aan m'n droom te werken
> Met een goed hart, ik bewoog en werkte goed hard
> Motiverend zei ik mezelf dat alles goed kwam

Faisal Mssyeh, zoals Feis voluit heette, maakte carrière als IT'er. Hij was verloofd, stond op het punt samen te gaan wonen. En hij was die nacht omgekomen door zinloos geweld.

Bij de publieke herdenking die in de wijk werd georganiseerd, kwamen duizenden mensen kijken. Witte ballonnen stegen op vanuit een menigte die, als het aan de stadscomputers lag, uit kanslozen bestond.

Wie op het pleintje bleef komen, was de dealende buurman. Hij had een gebiedsverbod gekregen, wat niet wegnam dat we hem af en toe zagen lopen. Het was tenslotte zijn buurt, hij was hier opgegroeid. De wijk had nog steeds een dealer, alleen was hij nu dakloos.

Jongemannen bleven te hard langsscheuren in hun Golfjes. En de zwervers sliepen er nog steeds, soms schoren ze hun baard bij het nieuwe waterfonteintje. Ook de makelaars bleven komen.

Op een dag stapten uit een Landrover twee mannen die wezen naar een pand aan de overkant dat te koop stond. Achter hen stond een vuilniscontainer. Er bungelden twee benen uit: een mens zocht eten.

6

TE VEEL ELVIS IN MIJN BLOED

We keken op de bank naar de documentaire *Mijn stad is mijn hart* toen ons lievelingsrestaurant in beeld verscheen. In de documentaire keert regisseur Halil Özpamuk terug naar Rotterdam, de stad van zijn jeugd. Hij constateert dat inmiddels twee derde van alle jongeren hier wortels heeft in een ander land. En dat die Rotterdamse jongeren gelukkig niet meer bezig waren met 'integreren'; ze vormden nu zelf de voorhoede. Het was nu de beurt aan witte mensen om zich aan te passen, was de boodschap.

Rotterdam, de bakermat van het rechtse populisme, was opnieuw een gidsstad, ditmaal van de 'superdiversiteit'. De film was grotendeels geschoten in onze wijk Middelland in Rotterdam-West. Het duivenpleintje kwam in beeld, het Tiendplein, de West-Kruiskade: de straten waar onze liefde voor de stad was ontsproten.

Daar wandelde ook schrijver en 'stadmaker' Malique Mohamud het beeld in. Hij gaf een rondleiding aan een groep Amerikaanse studenten, wees ze op al die nieuwe restaurantjes die rond het Tiendplein waren verschenen. Deze zaken liepen goed, hield Mohamud zijn Amerikaanse gehoor voor, ze pasten bij de buurt; dit in tegenstelling tot dat andere restaurant daar. Hij wees nu op ons lievelingsrestaurant Holy Smoke.

'Klassieke gentrificatie', zei Mohamud misprijzend tegen de Amerikanen.

Au.

Maar wacht even, sputterde ik tegen vanaf de bank, voor bijna elke subcultuur of bubbel was er hier wel een kroeg te vinden, Irakezen, Antillianen, Eritreeërs – wat was er eigenlijk mis met net die ene kroeg waar ze Elvis Juice schonken?

Ik googelde op de naam van mijn collega-schrijver. Er popte een opiniestuk op: 'Help, Rotterdam wordt gekoloniseerd door yuppen'. In het stuk hekelde Mohamud de 'rijke, witte liberalen' die de stad 'koloniseerden' en voor wie de oorspronkelijke bewoners slechts 'een decorstuk' waren. Problemen die ik zelf ook had geconstateerd – alleen gebruikte hij in zijn betoog een keer of vijf het woordje 'wit'. En hoe vaker ik dat woordje tegenkwam, hoe roder mijn witte wangen werden. Wat gaan we nou krijgen, dacht ik. Hoe kon ik nu kolonist zijn van de stad waar ik vandaan kwam? Ik was toch juist naar deze stad verhuisd omdat ik me thuis voelde in de mengelmoes? Heus niet alleen om olijfolie te halen bij de Marokkaanse buurtsuper. Onze oudste ging inmiddels naar een basisschool waar hij op één klasgenootje na de enige witte was. De jongste verbleef bij een Palestijnse gastouder. Onze huisarts was Afghaan. We mengden best lekker mee, gun me dan toch alsjeblieft ook mijn hipsterbiertje met tinten van grapefruit.

En hoezo zouden yuppen altijd wit zijn? Ik zag ook best veel zwarte mensen op die stormrammen van elektrische bakfietsen. Het koffietentje om de hoek, waar je lavendelsap kon bestellen, trok ook Marokkaanse en Surinaamse levensgenieters. Het verhaal van de veranderende stad leek me ingewikkelder dan dat stigmatiserende 'rijk wit' versus 'arm zwart'.

Als we dan toch in kleurenschema's gingen denken: in de jaren zeventig waren juist de witte Rotterdammers uit West verdreven. Zij hadden die bruine kroegen achtergelaten, die winkeltjes, zoals dat van mijn opa. Nog verder terug, voor de oorlog, kende onze wijk nog een levendige Joodse gemeenschap, maar Joden zag je nauwelijks nog op straat. Ja, mijn vrouw. Haar opa was in deze stad door Rotterdamse politieagenten opgepakt en later gedeporteerd naar het concentratiekamp, het huis waar hij opgegroeid was werd geconfisqueerd. Kolonisten, wij? Hoe dan?

Zo liet ik me op stang jagen. Opnieuw was ik in een hokje geplaatst, nu niet door de computermodellen van de stad, maar door een documentairemaker en een schrijver.

Misschien zou ik me minder hebben opgewonden als de lofzang op diversiteit niet vaker klonk. Op een keer keek ik een gelikt,

Instagram-achtig reclamefilmpje, *Rotterdam For Real* heette het. De stad presenteerde zich als kandidaat om het Eurovisie Songfestival 2020 te organiseren. Tientallen jonge, hippe creatievelingen maakten muziek, fietsten door de stad, waren aan het barbecueën. Bijna niemand in het filmpje was wit.

'Welkom in het nieuwe Nederland', zei een vrouwenstem.

Opnieuw dat verongelijkte geborrel in mijn bloed.

Welkom? Op mij kwam dit nieuwe Nederland eerder over als een exclusief feestje in een te hippe club. Ik voelde me oud en wit en uit de mode.

En hoe divers was dat filmpje eigenlijk, als je verder keek dan de visuele, makkelijk te turven verschillen als huidskleur? Als je keek voorbij die groepsfotodiversiteit?

Ik begon te googelen: de helft van de Rotterdammers had Nederlandse wortels, maar die groep was nauwelijks op het feestje terug te zien. En waar waren de honderdduizenden Rotterdammers van veertig plus? Waar was de ruime meerderheid van Rotterdammers die niet in de creatieve sector werkten, de 70 procent die niet hoogopgeleid was, maar buffelde als wijkagent, kraamhulp of leerkracht?

Rotterdam had een ommezwaai gemaakt die ik toejuichte. Maar sloeg de balans niet door naar de andere kant: diversiteit die juist groepen uitsloot?

Ik appte het filmpje naar een goede vriend, zelf van Turkse komaf, opgegroeid in Rotterdam. Ik wist dat hij een hekel had aan diversiteit voor de bühne.

'Ik vind dit echt een beangstigend filmpje', schreef ik erbij. 'Ik ben een vreemde geworden in mijn eigen stad. Vergeef me.'

Het was maar half een grap.

Typing...

'Racist', schreef hij terug. 'Tien jaar geleden maakte Rotterdam ook dit soort filmpjes maar dan alleen met witneuzen.'

Oké, goed punt. Vroeger zouden in zo'n clip bonkige, witte havenarbeiders figureren. En die vriend werd vroeger bij het uitgaan vaak geweigerd op feestjes. Nu werd ik een keer 'geweigerd'. Ik moest me misschien niet zo vreselijk aanstellen, niet zo kleingeestig zijn?

En nee, mijn witte mannenlijf was hier niet langer de vanzelfsprekende maat der dingen. Wat had ik dan gedacht: dat ik een beetje beschouwend door deze stad kon slenteren, met mijn lichaam als sensor, en zo de ziel van de plaats kon vangen? Dat lijf van mij leek als meetinstrument even subjectief als die Leefbaarometer.

Misschien had mijn gesteiger met statusangst te maken, dacht ik later. In het huis waar onze dealende achterbuurman had gewoond, nam een jonge fotograaf zijn intrek. Een jongen van de straat geweest, met Tunesische roots. Een autodidact die inmiddels furore maakte met een serie portretten van jonge vaders met een migratieachtergrond. Hij was ook in dat filmpje *Rotterdam For Real* te zien, tussen alle creatievelingen (waar dus wel degelijk sociale klimmers bij zaten). De fotograaf won prijs na prijs. Maar nog zonder hem of zijn werk goed te kennen, was mijn eerste reflex bij het zien van zijn succes: jaja, vast vanwege zijn kleur.

Die dealer was eigenlijk minder eng geweest, dacht ik. Die had geen bedreiging gevormd voor mijn status, die fungeerde – en hier had stadmaker Malique Mohamud een punt – eerder als rauw decorstuk bij mijn burgermansbestaan. Ik kon hem verachten, ik kon medelijden met hem koesteren, ik kon hem gebruiken als detail in een reportage.

In het Rotterdam waarin ik opgroeide, was bijna 90 procent van de bewoners wit. Veel gastarbeiders behoorden tot de lagere klasse: ze stonden aan de lopende band, maakten nog geen documentaires.

Maar hun kinderen en kleinkinderen hadden tegen een xenofobe stroom in – een stroom die nog eens versnelde door *nine eleven* – zelf de microfoon gepakt. Ze deden precies wat de samenleving van hen vroeg: 'kansen pakken', 'invechten'.

En toch bleef die weerstand bestaan. In de gidsstad van de superdiversiteit was Leefbaar Rotterdam, erfgenaam van Pim Fortuyn, nog steeds de grootste partij. Die paradox zag je vaker in de geschiedenis: de dominante cultuur vond nieuwkomers juist intimiderend als ze goed meedraaiden.

Ook in mij zat kennelijk nog een restje Overschie, de wijk waar Pim Fortuyn de meeste stemmen kreeg. Ik beschouwde mijzelf als progressief, maar er vloeide nog veel Elvis Juice in mijn aderen. Wittemannensap.

Niets om je voor te schamen, dacht ik, ieder mens is een mengvat vol tegenstrijdigheden en navenante stemmingswisselingen. Maar misschien moest ik eens wat aan mijn zelfbeeld sleutelen.

Op een vrijdagmiddag nam ik mijn witte lijf mee naar een feestje waar ik wat nerveus over was. In het Kunstinstituut Melly zou een performance plaatsvinden getiteld *Black Joy/ White Fragility*. Die term 'witte fragiliteit' kende ik van de Amerikaanse schrijfster Robin DiAngelo, en stond voor de overdreven defensieve reactie van een wit persoon die wordt aangesproken op zijn huidskleur. Wit tegengesputter.

De performance was van Joy Mariama Smith, een zwarte, Amerikaanse kunstenaar. Hun voorstelling – Smith gaf de voorkeur aan de non-binaire voornaamwoorden – was aangekondigd als 'een doorlopende performance installatie rondom de QTBIPOC-ervaring binnen de clubcultuur en een belichaamde esthetiek van mogelijkheid', aldus de website van het kunstinstituut. Volgens een voetnoot stond 'QTBIPOC' voor 'Queer, Trans, Black, Indigenous, People of Color'. De rest van de aankondiging las: 'Met bass, collectieve vreugde en een actieve consent praktijk, creëren de kunstenaar en de performers hier een helende en transformatieve ruimte voor lichamen van kleur. [...] Wie zouden toegang krijgen tot die ruimte en wie zouden er bondgenoten zijn?'

Kunstinstituut Melly heette vroeger Witte de With, naar de Witte de Withstraat waar het instituut aan lag. Ooit was het een verpauperde straat in een volksbuurt, die door driftig gentrificatiebeleid, met creatievelingen als stoottroepen, inmiddels het epicentrum was van *hip and happening* Rotterdam. De straat was weer vernoemd naar Witte Corneliszoon de With, een Nederlandse admiraal die in de zeventiende eeuw actief was in de Verenigde Oost-Indische Compagnie. Vanwege de link met die koloniale geschiedenis, en de doorwerking ervan in de huidige generaties, hadden activisten de gevel van het instituut met verf beklad. Er was ook een open brief verschenen, met honderden handtekeningen van kunstenaars, tegen de naam van het instituut. Na veel praten, luisteren, tegensputteren en weer luisteren had het instituut de naam op de gevel aangepast.

Ik wandelde Melly binnen, kocht een kaartje bij een Engelstalige baliemedewerker en liep een trap op naar de verdieping waar de kunstvoorstelling zou plaatsvinden. In de zaal was een afgesloten ruimte van glas geplaatst. Achter het glas dreunde een bas en dansten zwarte lichamen, waaronder dat van de kunstenaar, onder een paarse discobal. Op de grond lag een yogamat, op een tafel lagen bergkristallen.

Soms liepen mensen in en uit. Toen ik dichterbij kwam, hield een suppoost, een witte, Amerikaanse man met een rond gouden brilletje en een baard, me tegen. Hij maakte onderdeel uit van de performance, begreep ik, ik mocht er niet in. Een andere suppoost, een jonge, witte man met een vlassnorretje en een broek met te korte pijpen, vertelde dat ik ook geen foto's mocht maken. Kijken mocht wel.

De dansers bewogen traag en lagen soms stil op de grond. De bergkristallen trilden van de bas.

Een groepje eerstejaars pabostudenten kwam de zaal binnen, onder wie veel jonge vrouwen met hoofddoek. Ze wierpen een korte blik op het dansfeest en liepen door.

Ik bleef nog lang staan kijken, wachtend op een ontknoping, maar vertrok uiteindelijk ook. Want inderdaad: ik voelde me een beetje verward. Niet omdat ik niet op het feestje mocht komen (zo vreugdevol leek het niet), maar omdat ik er zo weinig van begreep. Met mijn neus tegen het glas, gadegeslagen door een Amerikaanse poortwachter, kijkend naar de Amerikaanse kunstenaar die in Ohio en Parijs had gestudeerd, die over de hele wereld performances had gegeven en die me nu in Rotterdam vragen stelde over de belichaamde esthetiek van mogelijkheid, voelde ik me vooral verschrompelen tot Arie uit Overschie.

Arie Willem, zo heet ik volgens mijn paspoort. Elke schooldag fietsten mijn broers en ik vanuit Overschie dwars door Rotterdam naar de gereformeerde basisschool, een tocht die op een kinderfiets drie kwartier duurde. We fietsten door het 'Wilde Westen', waar straatprostituees en heroïnegebruikers bij het straatbeeld hoorden. We keken niet rond, we trapten door, als pelgrims op doorreis door een heidense stad, de ogen gericht op het hemelse Jeruzalem.

Ik was een jaar of negen toen ik tijdens de fietstocht terug naar huis stond te wachten op het stoplicht bij het Kleinpolderplein. 'Ben jij ook Turks?' vroeg een jongen. Toen ik dat thuis vertelde, moest iedereen hard lachen: als enige van de kinderen had ik donker haar en donkere ogen. En Turkse Rotterdammers waren paupers over wie we flauwe grappen maakten. *Hassan hep een nieuwe jas an, net gejat bij Zeeman, o wat is-tie blij.*

Maar grappen verklappen je angsten. Ook je statusangst. Misschien maakten we die grappen wel omdat we best veel gemeen hadden met veel van de Turkse migranten van toen. We woonden zelf met een groot gezin in een kleine woning. We hingen een orthodoxe religie aan. Mijn vader had in een fabriek gewerkt (oké, oké, niet aan de lopende band, ik moet niet overdrijven). We droegen zelden nieuwe kleding.

We hadden thuis geen televisie, de hits van Doe Maar kende ik van de speakers in het winkelcentrum. Iedere zomer gingen we in een volgepropte, roestende Datsun-stationwagen naar het zuiden, drie kinderen op de achterbank, de rest in de achterbak, als sardientjes ingeklemd tussen kratten met elleboogmacaroni. Passeerde er politie, dan riep mijn vader dat we moesten bukken.

Op zondag bezochten we geen museum of restaurant, maar reden we met die Datsun tweemaal naar de kerk in het centrum, nette kleren aan. Stonden we stil bij het Kleinpolderplein, dan staarden de kinderen in andere auto's ons soms aan alsof we amish waren in een houten koets. Wilde ik ook bukken. We waren geen allochtonen, nee, maar als gelovige in een goddeloze wereldstad voelde ik me wel uitheems.

We waren anachronisten: tijdsvreemdelingen.

Die specifieke God van toen zou ik later lang niet meer lankmoedig en barmhartig vinden. Eerder streng, patriarchaal, koloniaal, misogyn, homofoob, benauwend – noem maar op. Ik had me om die redenen met bloed, zweet en (ja, ook) tranen losgemaakt van die wortels. Ik had er een afkeer van benauwde hokjes aan overgehouden en tegelijk een gevoel van ontheemding. Ik woonde nu weliswaar op een kwartier fietsen van de plek waar ik geboren was, maar ik kwam van ver, vond ik.

En nog steeds voelde ik me niet helemaal senang als ik de tempels van de culturele elite betrad. Zoals krantenredacties. Of musea met hun zuiver witte muren en hun bordjes vol museumlatijn.

Ik was over een muur geklommen op weg naar vrijheid, maar het voelde vaak alsof ik was beland in een minstens zo rechtlijnige wereld als die ik achter me had gelaten, waarin één verkeerd woord je je carrière kon kosten. Waarin er weliswaar meer ruimte kwam voor het beleven van je identiteit – zolang die paste binnen de heersende norm.

Mijn verwarring in Melly was geen kwestie van simpelweg 'witte fragiliteit'; de klasse waar ik vandaan kwam speelde evengoed een rol, net als de religieuze gemeenschap, het karakter van mijn ouders, mijn leeftijd, mijn humeur – alles wat ik meezeulde in dat mengvat genaamd mensenlijf. Hoe kreeg je dat in een hokje? Neem alleen al klasse: mijn vader had in een fabriek gewerkt, maar plat Rotterdams had ik nooit gesproken.

Ja, tegenwoordig werden de categorieën uitgebreid met subcategorieën, extra vinkjes of complexere 'intersecties'. Lhbt werd lhbtiqapk+, mensen van kleur heetten bipoc, niet-zwarte mensen van kleur heetten nbpoc, hij of zij werd uitgebreid met hen/hun en die/diens. Maar al waren ze op zich een verademing, die uitbreidingen leken me toch een heilloze weg: dan bestond nuance uit uitdijende tabellen. Het bleven hokjes, leek me.

Alsof deze categorieën inderdaad voorsorteerden op een tijdperk van volautomatisch denken, waarin we mensen alleen begrepen voor zover we ze konden turven, kwantificeren en automatiseren. Waarin we elkaar niet zagen maar scanden als QR-codes.

Een van de platforms waar ik voor schreef, *De Correspondent*, stuurde me een mail over de nieuwe avatar die bij mijn stukken zou komen. Elke schrijver had zo'n getekend zwart-witportret. Ze werden vernieuwd om recht te doen aan het brede palet van medewerkers. Er kwam een schaal van huidtinten, van het leliewitte nummer 1 tot het intens donkere 10. Mijn huid was als een 2 geclassificeerd.

'Heb je liever een andere huidtint?' las ik. 'Reageer dan uiterlijk aanstaande zondag 3 november 23.59 uur op deze e-mail.'

Ik was content, ik was in elk geval niet de witste. En ik juichte het toe dat de beeldredactie oog had voor verschillen. Toch maakte dit kleurenpalet me ongemakkelijk. Omdat ik, denk ik nu, zelfs als er duizend tinten waren geweest, niet kon aanvinken wat er toen onderhuids broeide: in die periode voelde ik me juist *blanker* worden, uit de tijd gekukeld.

Als ik dan toch vaak als witte man werd gezien, dacht ik, dan kon ik net zo goed nog witter, nog mannelijker, nog ouderwetser worden. En zo zou ik zelf de doodlopende steeg van de hokjes in dwalen.

Op een kwade dag ging ik mijn eigen roots opzoeken, die op een halfuurtje fietsen lagen, in het door de haven- en olie-industrie omsingelde dorp Pernis. Veel van mijn voorvaderen van vaders kant kwamen ervandaan, velen heetten Arie of Willem.

Sommige van die voorvaderlijke Aries en Willems waren vissers geweest. Zeebonken: masculiener kreeg je ze bijna niet. Ik ging in het voormalige dorp naar het voormalige haventje waar ze uitvoeren, mijn ogen streken langs oude grafstenen op de begraafplaats op zoek naar sporen, ik las antieke boeken over het barre bestaan op zee. En bar was het geweest: ze voeren in wankele vissersloepen tot aan Groenland, begonnen op hun elfde te werken en gingen ermee door tot ze dood neervielen of verdronken in zee. In de tijd dat admiraal Witte de With huishield namens de voc, waren mijn voorouders halfslaven.

Misschien zocht ik bewijzen dat er in mijn lichaam evengoed intergenerationele trauma's schuilgingen. Of wilde ik aantonen dat ik toch echt geworteld was in deze regio – alsof die ene opmerking van Malique Mohamud over mijn kolonistenrestaurant me nog steeds dwarszat.

Of zocht ik gewoon een thuis? Want ik voelde me nog steeds een vreemde in Rotterdam.

Maar de verwarring zat niet alleen in mij, leerde ik later: de tegenstrijdigheden doortrokken de hele stad. Rotterdam zelf leek schizofreen. 'In Rotterdam is plek voor iedereen!' jubelde een andere promotievideo voor het Songfestival. 'Want in Rotterdam mag je 100 procent jezelf zijn, Rotterdam omarmt diversiteit, hier is ruimte voor talent...!'

In diezelfde stad bepaalde het percentage 'allochtonen' dus of een wijk werd gesloopt. Dat kwam niet door Leefbaar

Rotterdam; dat beleid werd gesteund door de regerende regenboogcoalitie, met partijen van VVD tot en met GroenLinks. Ze zongen de lof van de diversiteit, ze hekelden de racisten – ze steunden de sloop van de Tweebosbuurt. Ze hamerden op inclusiviteit – ze steunden het Nationaal Programma Rotterdam Zuid, dat geleid werd door Marco Pastors, die als Leefbaar-wethouder had gepleit voor een allochtonenstop en een bouwstop voor minaretten.

Pim Fortuyn in regenboogkleuren.

Ook los van dat woonbeleid was Rotterdam soms schokkend gesegregeerd. Dat merkten we bijvoorbeeld toen we een basisschool zochten voor onze oudste zoon: we konden kiezen tussen vrijwel geheel witte of vrijwel geheel zwarte scholen. De gedroomde mengelmoes bestond hier nauwelijks, de diversiteit leek een Instagram-filter.

In het jaar dat ik in de stad kwam wonen, was er een nieuw stadsmarketingbedrijf opgericht. Rotterdam Partners, de 'officiele Destination Marketing Organisatie & Investment Agency van de stad Rotterdam'. Het marketingbureau onthaalde journalisten onder meer op luxe weekendjes in Rotterdam, in de hoop dat ze de stad de hemel in zouden prijzen, een strategie die werkte.

Ook Rotterdam Partners zong de lof van de 'diversiteit', het was een van de USP's, de *unique selling points*, van Rotterdam. Ik las later een interview met de nieuwe manager Marketing & Communicatie van dat stadsreclamebureau.

De interviewer: 'Je had een hele leuke baan bij Coca-Cola, misschien wel een van de sterkste merken ter wereld. Zie je overeenkomsten tussen het vermarkten van een product en een stad?'

De stadsmarketeer: 'Absoluut, wat Coca-Cola en Rotterdam gemeen hebben, is dat ze beide staan voor inclusiviteit – iedereen moet zich thuis voelen bij deze merken. Dat is wat mij zo aanspreekt en wat het vermarkten van deze producten zo interessant maakt.'

Een eerlijk verhaal. Het ging om het vermarkten, om het geld. Coca-Cola leek me alleen het voorbeeld bij uitstek van de eenvormigheid die globalisering had gebracht. En een stad was een leefgemeenschap, geen frisdrank. Flesjes cola kon je met miljoenen vermenigvuldigen, van een stad was er maar één. Wilde je zo veel mogelijk geld verdienen aan dat ene stukje grond, dan kon je haast niet anders dan de beperkte capaciteit verkopen aan de hoogste bieder.

In de praktijk richtte de citymarketing zich dan ook op het aantrekken van specifieke doelgroepen: expats in plaats van vluchtelingen; beleggers in plaats van werkzoekenden; oudere rijke toeristen in plaats van armlastige backpackers; kansrijke gezinnen in plaats van mensen die dubbeltjes omdraaiden.

Toen ik het hier later eens met Ahmed over had, raadde hij me een boek aan van de Franse schrijver Christophe Guilluy, een sociaal geograaf die bekend werd omdat hij de onvrede van de gele hesjes had voorspeld. Volgens hem dreigde Frankrijk te breken: je had de winnaars en de verliezers van de globalisering, de elites en de afgehaakten. Dat was de grote scheidslijn, niet kleur. Guilluy had die stelling uitgewerkt in een boek, ik las de Engelse vertaling uit 2019: *Twilight of the Elites. Prosperity, the Periphery, and the Future of France*. Daarin gaf hij vooral hipsters de schuld van het uiteenvallen van de samenleving (de *bourgeois-bohèmes*, ofwel bobo's). Die hoogopgeleide mensen waren volgens hem vaten vol tegenstrijdigheden. Ze hadden zich verschanst in een beperkt aantal opbloeiende steden, ze zagen zichzelf als progressief en open, maar trokken onzichtbare financiële en culturele muren op waarmee ze de verliezers buitenhielden. Ze woonden graag in voormalige arbeiderswijken, vanwege de rauwe echtheid, maar hielpen die buurten de vernieling in door vastgoedprijzen op te jagen. Ze zongen het lied van diversiteit en openheid, stemden vaak links – ze geloofden vaak ook oprecht in een open stad – maar intussen vielen de poorten dicht voor mensen zonder geld of goede opleiding.

'De middeleeuwse citadel is terug', schreef Guilluy. En de lofzang op diversiteit was 'de leugen van de open samenleving'.

Toen ik het boek dichtsloeg, kon ik niet langer naar het Rotterdamse stadssilhouet kijken zonder een citadel te zien. De Rotterdamwet was zo'n onzichtbare muur, Melly misschien ook wel. Dat ik het zelf doorgaans reuze naar mijn zin had in die vesting, dat ik niet kon stoppen met het maken van foto's van diezelfde skyline – dat deed daar helemaal niets aan af. Het bevestigde juist de stelling: deze stad werd herschapen naar de wensen van mensen zoals ik. Mensen met een diploma. Maar het toegangsticket tot de maatschappij was veel duurder geworden.

Ik had het uitgerekend: in de jaren tachtig kreeg een student tijdens zijn studie omgerekend 34.000 euro van de staat. Momenteel kreeg een student een optie op een lening, ofwel een studieschuld. Inmiddels waren er 300.000 Nederlanders met een studieschuld hoger dan 30.000 euro, zoals NRC berichtte. Er waren weliswaar plannen om de beurs weer gedeeltelijk in te voeren, maar het zou een fooi blijven vergeleken bij toen, vooral omdat intussen de studiekosten flink gestegen waren: het collegegeld was verdubbeld, net als de kamerprijzen. Aan het duivenpleintje werd een kamer verhuurd voor 900 euro, meer dan onze hypotheeklasten.

Mijn vader was zonder diploma van school gegaan, maar al zijn zeven kinderen waren gaan studeren. Dat kon, omdat we gulle studiefinanciering kregen. De ladders waarmee ikzelf over de vestingmuur geklommen was, waren achter mij aan het vermolmen.

Op een dag bezocht ik mijn oude basisschool in de Tarwewijk. De oranje pannen lagen nog op het dak, de stenen hal rook nog hetzelfde. Zelfs juf Wimmenhove, die me vijfendertig jaar eerder had leren lezen en schrijven, gaf er nog les. Ze leek nog even bevlogen. Maar zoals de hele maatschappij was haar werk complexer geworden. Zwaarder ook, kreeg ik de indruk. Destijds bestonden de klassen vooral uit witte kinderen uit vrijwel exact dezelfde bubbel. Elke week leerden we een psalm, lezen en schrijven ging aan de hand van boom-roos-vis. Toen die methode veranderde in maan-roos-vis was dat al bijna een aardschok.

Inmiddels kwamen de leerlingen overal vandaan, van China tot Bulgarije. Ouders hadden tegenwoordig hogere – en heel uiteenlopende – verwachtingen van docenten. Psalmen opzeggen hoefden de kinderen niet meer. In plaats van het klassikale boom-roos-vis kreeg iedere leerling nu een op het kind afgemeten methode. Lesmethoden en computerprogramma's wisselden vaak. Juf Wimmenhove juichte alle ontwikkelingen toe, maar ze maakten het lesgeven er niet simpeler op.

Ook in de buurt rondom de school waren grote verschuivingen geweest. We hadden het over de sloop van de Tweebosbuurt, iets verderop, een trieste zaak, vond ze. De conciërge – hij was om de hoek opgegroeid, op Katendrecht, toen dat nog een buurt met sekswerkers en zeelieden was – luisterde mee. 'Rotterdam is Rotterdam gewoon niet meer', zei hij beslist, 'de stad wil haar eigen inwoners weg hebben. Het is begonnen met de Kop van Zuid en nu trekken ze dat door! Ze willen Zuid helemaal pimpen. Weet je wat het is, het draait gewoon om de knaken.'

Het geld regeerde de stad. Malique Mohamud had in andere woorden hetzelfde gezegd. Net als de bewoners van de Tweebosbuurt. Ik hoorde de klacht ook in een andere volksbuurt, de Wielewaal, een ooit hecht wijkje met schattige laagbouwwoningen. Hier woonden vooral witte Rotterdammers, vaak praktisch geschoold. Ook hun huizen werden gesloopt, ook zij moesten plaatsmaken voor rijkere mensen. Ik sprak er een gereformeerde vrouw van in de tachtig die haar huis uit moest. 'Het draait allemaal om dat vervloekte rotgeld.'

Als zo veel verschillende mensen hetzelfde refrein zongen, kon dat geen aanknopingspunt zijn voor saamhorigheid?

En andersom: als ik me al stoorde aan het diversiteitsgejubel ('In Rotterdam is plek voor iedereen!'), hoe wrang moest het dan wel niet klinken voor mensen die sociaal of economisch buiten de boot vielen, voor wie letterlijk geen plek was, die hun huizen uit werden geschopt, of ze nu wit of zwart waren? Dat kon toch niet anders dan een recept voor onvrede zijn?

'De kleur is niet het probleem', had in die beleidsnota *Rotterdam zet door* gestaan. Waarna een serie nuanceringen volgde, zoals het feit dat je ook hoogopgeleide vluchtelingen had. Hoogopgeleide vluchtelingen, ja, die waren tenminste lucratief. Inderdaad: diploma's en geld waren nu de belangrijkste toegangstickets.

Maar de lift naar boven haperde. In plaats van die lift als de wiedeweerga te repareren – studeren weer betaalbaar te maken, wonen weer een recht, het volk te verheffen – leken de culturele elites vooral bezig met elkaar.

Ook ik. Als anderen in hokjes denken, ga je dat vanzelf ook doen. Je gaat er alleen slechter van kijken.

Toen ik wat meer artikelen van Malique Mohamud las, bleek hij niet heel anders over de dingen te denken dan ik. Nadat Trump de verkiezingen in de VS had gewonnen, gaf hij in een stuk niet de rechtse Amerikanen de schuld – de makkelijke reflex – maar juist de progressieve liberalen, die de zorgen van andere witte mensen niet serieus hadden genomen.

Hij had gelijk, leek me. Ook over Holy Smoke, trouwens: we zouden er nog lang blijven eten, maar het restaurant zou een paar jaar na die documentaire definitief sluiten bij gebrek aan klanten.

7

DE HUIZENDIEF

Niet lang nadat we ons huis hadden gekocht, sprak ik een jonge vrouw die een huis had gestolen. Ze was begin twintig, had grijsblauwe ogen en serveerde me thee. Ik was haar tegengekomen in het stadhuis, bij een gemeenteraadsvergadering over de Tweebosbuurt. Die vergadering vond ik teleurstellend: de ruime meerderheid van de raad steunde de sloop van de wijk.

Sok, zo wilde ze dat ik haar noemde, niet bij haar echte naam. De autoriteiten zagen haar als een extremist die de stad ondermijnde, wist ze. Ze woonde pas sinds kort in de Tweebosbuurt, in een huis waar een Marokkaans-Nederlands gezin had gewoond dat moest vertrekken vanwege de geplande sloop van het huizenblok. De woning zag er nu uit als een studentenpand. Oude leren banken. Aan de muur hing als grap de lege doos van een 65 inch-Samsung-ledscherm. Op tafel lagen teken- en schilderspullen. En een krakershandleiding: *Wat niet mag... kan nog steeds.*

Juridisch gezien was ik op bezoek bij een dief van een huis dat toch algauw een paar ton waard was. Kraken was al jaren verboden, 'het zijn *the eighties* niet meer', verzuchtte Sok, alsof ze de tijd nog had meegemaakt.

Vaag herinnerde ik me de kraakpanden in de stad waar ik als kind langsfietste. Vaak prominente gebouwen, krakers werden toen gedoogd. In de jaren zeventig hielpen Rotterdamse wethouders nog met inbreken of gaven soms zelfs de sleutel. Politici zagen krakers als kwartiermakers. Hotel New York, tegenwoordig een van de parels van de stad, was een poos gekraakt. De eigenaar wilde er kantoren van maken, krakers en kunstenaars lieten zien dat er hier meer mogelijk was.

Het tij was gekeerd. Sinds 2010 was kraken in Nederland een strafbaar feit. Wetsartikel 138a uit het *Wetboek van Strafrecht*: 'Hij die in een woning of gebouw, waarvan het gebruik door de rechthebbende is beëindigd, wederrechtelijk binnendringt of wederrechtelijk aldaar vertoeft, wordt, als schuldig aan kraken, gestraft met gevangenisstraf van ten hoogste een jaar of geldboete van de derde categorie.'

Er waren mazen in de wet, maar om daar doorheen te kruipen, moest je lef hebben. Er bestond bijvoorbeeld zoiets als huisrecht, legde Sok me uit. Simpel gezegd: als je een pand kraakt, moet je zorgen dat je de eerste vierentwintig uur niet wordt opgemerkt. Als je er eenmaal een nachtje woont, kun je er niet zomaar uit worden gezet, want dan mag je een beroep doen op dat huisrecht.

De Tweebosbuurt was in de maanden daarvoor veranderd in een spookbuurt. Steeds meer bewoners waren vertrokken, voor veel ramen zaten stalen platen, overal was graffiti verschenen. Alsof de buurt een canvas was waar je zomaar wat op mocht kliederen, terwijl er ook nog mensen woonden. Want een kleine groep bewoners weigerde nog steeds te vertrekken.

Hun verzet was niet zonder succes. Na die eerste rechtszaak had Vestia een nieuwe groep 'verhuisweigeraars' voor de rechter gedaagd. Het leek eenzelfde zaak als eerder, maar rechters zijn geen robots. En deze rechter was zeer kritisch op de werkwijze en de plannen van woningcorporatie Vestia. Een van de kritiekpunten: Vestia had de bewoners niet bij de plannen betrokken. Vroeg ze pas om hun mening nadat ze per brief te horen hadden gekregen dat ze de wijk uit moesten. Ook had Vestia de maatschappelijke noodzaak van de sloop niet hardgemaakt. Deze rechter gaf de bewoners gelijk.

Intussen lag de grotendeels onbewoonde wijk te wachten op wat komen ging. En stonden er dus prima panden leeg.

Ook in de jaren zeventig waren er ideologisch gedreven krakers afgekomen op de Afrikaanderwijk, waar de Tweebosbuurt onder valt. Onder wie krakers die protesteerden tegen de beroerde huisvesting van gastarbeiders, die de aanleiding zouden zijn voor de 'rassenrellen'.

Nog eerder, tijdens de crisis in de jaren dertig, vochten bewoners in de Afrikaanderwijk met de politie omdat ze weigerden huur te betalen voor hun verkrotte woningen. En later die avond zou er weer een kleine veldslag zijn – maar dat wist ik niet toen ik een slokje nam van de thee die Sok me serveerde.

Twee jaar geleden was ze naar Rotterdam gekomen om aan de kunstacademie te studeren. Sindsdien was ze twee jaar van schimmelhok naar drugspand getrokken. Haar laatste kamer telde zes vierkante meter, zonder verwarming. Afgelopen winter gaf de thermometer in haar slaapkamer 10 graden Celsius aan. De kamers in Rotterdam waren de duurste van het land, op die in Amsterdam na. De gemiddelde kamerprijs lag inmiddels op 515 euro. Collegegeld was nog eens bijna 200 euro per maand. De studiefinanciering was afgeschaft, je kon wel lenen – maar zelfs als ze zich maximaal in de schulden stak, hield ze geen geld over voor macaroni.

'Ik kan beter kraken dan deze bullshit', dacht ze toen. En dus zocht ze haar toevlucht tot de Tweebosbuurt. In een van die panden drong Sok wederrechtelijk binnen. De eerste dagen hield ze zich muisstil. En na een week stond er een man van Vestia in 'haar' huis.

Hij zei eerst helemaal niets.

'U heeft mij betrapt, want ik ben een kraker', bekende Sok toen. Ze bood hem een kopje thee aan. De man werd agressief, dreigde met de politie en een lange gevangenisstraf. 'Hij deed een beetje toxisch masculien.'

Hij vertrok weer. Sok was blij. Ze had eindelijk een huis zonder kieren of schimmel, met dubbele beglazing, 'energielabel C'.

En ze was blij met de saamhorigheid in de buurt. Ze ging naar de wijkvergaderingen. Er kwamen nog wat andere kraakpanden in de wijk. Met andere krakers verzorgde ze een volkskeuken. Soks indruk was dat de buren blij waren met hun aanwezigheid. De vraag was wel hoelang ze er konden zitten. De corporatie was naar de rechter gestapt om de kraakpanden te mogen ontruimen. En de rechter had geoordeeld dat het belang van Vestia – om het pand te slopen dus – zwaarder woog dan het huisrecht. Nu overwogen ze hoger beroep, maar dat kon een financiële strop worden.

Ik was benieuwd hoe het was om te leven met het besef dat je elk moment uit je huis kon worden gezet. Sok zag echter weinig verschil met de 'gewone' huizenmarkt. Vrienden van haar woonden antikraak; die konden er evengoed ieder moment worden uitgezet. Anderen betaalden zich scheel aan een huis waar alsnog schimmel op de muren zat. De honderden euro's die Sok uitspaarde, kon ze in zaken steken die ze zelf belangrijk vond.

Zoals het aanleggen van een anarchistische bibliotheek. Ze printte zelf boeken en versierde de omslagen als kunstwerken:

Women, Race & Class van Angela Davis
The Autonomous Life? van Nazima Kadir
The Wretched of the Earth van Frantz Fanon

En ze hoefde niet, zoals haar studiegenoten, 'dertig kutbaantjes' te hebben. Die hielden niet eens tijd over om kunst te maken. 'Trots werkschuw tuig', noemde ze zichzelf. Iedereen leefde tegenwoordig in onzekerheid, maar zij behield tenminste haar autonomie.

Toen ik het pand verliet, voelde ik me een beetje een *normie*.

Na het gesprek maakte ik een wandeling door de wijk. Het was treurig om te zien, zo veel leegstand in een stad die huizen nodig had. Ik bekeek de muurschilderingen die overal waren verschenen. Zoals verf op boomschors markeerden ze wat er gekapt zou worden. De muurschilderingen waren betaald door de woningcorporatie. Het waren 'leefbaarheidsinitiatieven', las ik later op de website van Vestia. Prachtige kunstwerken, door getalenteerde kunstenaars, daar niet van.

Maar wel wrang. Eerst verwaarloos je een wijk. Dan dwing je de bewoners te vertrekken. Zodra ze weg zijn, verschijnen overal kleurrijke schilderingen. Voor de leefbaarheid! Ik zag ook een slordige tekst op de muur gekalkt, die duidelijk niet was gesponsord: 'Hoeveel wijken voor de rijken?'

De middag ging bijna over in de avond, ik wilde al naar mijn koophuis, toen ik in de De la Reystraat een hoofdagent zag die met een grote betonschaar knipte in een kabelslot dat aan een tuinhek vastzat. De agent ging doodgemoedereerd te werk, alsof hij zijn sierheg aan het bijpunten was.

Terwijl ik toekeek, kwam een andere agent op me af. Hij vroeg wat ik hier deed en of ik me kon identificeren. Ik toonde niet zonder trots mijn rijbewijs en mijn perskaart – al jaren had ik zo'n kaartje in m'n portemonnee, nooit werd erom gevraagd, tot vandaag dus.

De agent met de betonschaar had intussen het slot doorgeknipt. Hij duwde het hek open en keek om het hoekje, samen met zijn collega, naar de tuin en naar de achtergevel van een etagewoning. Daar waren mensen een strafbaar feit aan het plegen: ze wóónden daar.

In dit pand aan de De la Reystraat woonden krakers die van heinde en verre waren gekomen om te protesteren tegen de sloop van de Tweebosbuurt, vertelde Sok. Op Indymedia had een oproep gestaan. Sommigen kwamen uit het buitenland, maar ze hadden zich goed ingelezen in de Nederlandse wet. Op Twitter hadden ze foto's geplaatst van het interieur van de woning. Die zouden bewijzen dat ze hier dagen geleden al woonden: de politie zou huisvredebreuk plegen als ze hier binnendrongen. Benieuwd hoe deze patstelling af zou lopen bleef ik hangen.

De agenten overlegden via de portofoon met collega's. Al luistervinkend ving ik wat flarden op waaruit ik in elk geval opmaakte dat ze zich niet zo goed raad wisten: wat deden we ook alweer met krakers? Op die vraag zou een paar uur later een antwoord komen in de vorm van een busje vol ME'ers, twee ladderwagens van de brandweer, kettingzagen, politiehonden en een helikopter.

Terwijl de schemering viel, kwam ook een beheerder van Vestia kijken. Volgens hem was het zonneklaar dat deze kraak 'onrechtmatig' was. De ontruimingsactie was nodig om de resterende buren te helpen, 'in het kader van de leefbaarheid'.

Een politiewoordvoerder noemde de krakers later op Twitter 'anti-kapitalisten, anarchisten en extremisten', die de 'veiligheid van de bewoners' zouden 'bedreigen' en uit waren 'op het ondermijnen van de rechtsstaat'.

Maar de buren die ik sprak, van allerlei leeftijden en kleuren, waren blij met de krakers. Inmiddels hadden velen van hen zich op de stoepen en galerijen verzameld, onder wie een groepje tienerjongens. Ook zij waren vóór de krakers – en niet alleen omdat die ook tegen de *scotoe* waren. Ze snapten heel goed welk spel er met hun wijk werd gespeeld.

Redouane (15) woonde schuin tegenover het kraakpand. Zijn eigen huis werd niet gesloopt, maar wel dat van vrienden. Die waren al verhuisd naar andere buurten op Zuid, soms ver weg, zoals naar IJsselmonde. 'Ik zie hem bijna niet meer, eerst woonde hij om de hoek. Ze halen ons gewoon uit elkaar als ze slopen. Ik kan die krakers wel begrijpen, ik heb geen last van ze.'

Ahmed (13) woonde ook in de straat. 'Die krakers mogen van mij hun gang gaan, echt. Er gaan hier alleen maar rijke mensen wonen.'

Ik opperde nog dat het misschien goed was voor de buurt als er ook rijke mensen zouden komen. 'Als iemand in de straat een Porsche heeft – daar heb ik niks aan', zei Ahmed resoluut. 'Ik ga die Porsche niet rijden, toch.'

Die jongens hadden volwassenen in tranen gezien vanwege de sloop. En zelf begrepen ze weinig van de 'leefbaarheidsinitiatieven', zoals die muurschilderingen. Waarom was er in hun straat een reusachtige, angstaanjagende vleermuis geschilderd, wilde een van hen weten. 'Waarom geen smiley of zo?' zei de jongen. De muurschildering hing schuin tegenover een *mural* van een hipster die fritz-kola drinkt.

Eén jongen was blij met de sloop. Hij woonde tot voor kort in de Tweebosbuurt, maar nu in een mooier huis aan de Vuurplaat, hier om de hoek. Hij had nu een mooiere kamer. Maar, zei hij, zijn vader was niet blij: die had nu veel stress, want de huur was gestegen van 350 naar 750 euro. De jongens maakten tekens met hun vingers. De A van Afri, de Afrikaanderwijk. En de Z van Zuid, Rotterdam-Zuid. Dit was hun thuis.

Intussen hingen twee krakers met maskers op uit het raam en lieten een spandoek zakken. 'Kraken gaat door.' Applaus klonk vanaf de straat. 'Morgen gaan wij ook kraken!' riep een van de buurjongens.

De helikopter, de honden en de ME: iedereen was paraat. Nogmaals vroeg een agent om mijn ID- en perskaart. De politie zette de straat aan weerszijden af met lint. Iedereen moest de straat uit, ook de jongens die er woonden.

'*Wollah*, is dit nu opeens plaats delict of zo', riep een van hen. Steeds als de agenten niet keken, trok eentje een lint los.

'Dat is pech, lintje weg!' klonk er dan.

Ook oudere bewoners, van alle kleuren, steunden de krakers. Zoals een witte buurvrouw van in de zeventig. De krakers brachten leven in de brouwerij en extra ogen op straat, zei ze. Er werden hier in het donker nogal eens autoruiten ingetikt. Een Marokkaans-Nederlandse buurman noemde de krakers een verrijking: 'Ik heb geen tuig gezien, we moeten de rode loper voor ze uitrollen.'

Maar de politie kwam aan met een slijptol, ME'ers stapten uit hun busje.

De buurjongens vroegen of ik meeging: ze kenden een weggetje, via een portiek, over een balkonmuurtje, naar een galerij. Vanaf daar zouden we goed zicht hebben. En inderdaad: het bleek een skybox pal boven het hele spektakel.

Maar de politie stuurde ons opnieuw weg.

Het was al donker. Ik besloot terug te gaan naar het kraakpand waar Sok en een paar huisgenoten waren. Haar balkon bood zicht op de achtertuin van het andere pand dat nu bijna werd ontruimd. De lichtkegel van de helikopter zwiepte over de buurt. Boven de herrie van de wieken klonk het geblaf van een herdershond. Daarna het gillen van de slijptol.

De krakers kwamen zonder verzet naar buiten en werden afgevoerd.

Ook ik verliet de spookwijk; uren later dan gepland kwam ik thuis. Maar wat had ik nu precies gezien?

Politie die aan het inbreken leek.

Volkshuisvesters die mensen hun huis uit wilden zetten.

Kunstenaars die niet maatschappijkritisch waren, maar zich leenden voor gentrificatiereclame.

Een straat waar een helikopter boven hing, omdat er mensen wilden wonen.

Ik had tot drie keer toe mijn identiteitsbewijs moeten tonen en twee keer mijn perskaart. Dat was méér dan in de rest van mijn leven bij elkaar. Eén politieman, een brigadier, had me een duw gegeven. Zoiets was me nog nooit overkomen.

Het was een corrigerende tik van het systeem die ik nog lang navoelde, die me juist een tikje minder *normie* zou maken, een vleugje radicaler.

8

ZEELIEDEN GEZOCHT

Op een zaterdag reden we in de oude Saab de stad uit, richting zee. We reden over de A15 door de riviervallei. Geen groene heuvels, maar een eindeloze opeenvolging van opslagtanks, kraakinstallaties en affakkelschoorstenen. Raffinaderijen als naaldbossen van staal. Ik snoof de geur op van vroeger, de damp van pauzes op benzinestations tijdens zomervakanties.

Normaal fietsten we op zaterdag met onze zoons naar het park bij de Euromast. Of we gingen naar de markt, dan hadden we een vast rondje: kinderboeken halen bij de bibliotheek, kibbeling halen, een smoothie in de Markthal. Maar we moesten ook de zee eens zien, had ik voorgesteld.

Ik dacht ook: om deze stad te begrijpen, moest ik de haven zien. Rotterdam was een stad met twee skylines: die in het centrum en die van de haven. En de skyline van de haven was het hoogst. Daar stond de hoogste vuurtoren van het land en bouwde men de hoogste windmolen van de wereld. De vele tientallen reuzenkranen waren elk bijna zo hoog als de Euromast.

Onze stad lag dan wel aan zee, officieel, maar het puntje van de Maasvlakte lag vijftig kilometer verderop. Daar flaneerde je niet zomaar even heen.

Ik herinnerde me de ritjes van vroeger. Op zaterdagen, met de volgepropte auto, vanuit het kabouterhuisje naar de Maasvlakte. Bijna een uur lang zat ik opgevouwen in de achterbak met twee broers, waardoor de strandvlakte bij aankomst nog ruimer voelde.

De Maasvlakte was sindsdien verder in zee opgespoten. Volgens de kaart bevond zich op het uiterste puntje van de Maasvlakte tegenwoordig een snackbar met de naam Smickel-Inn Balkon van Europa. Het was het enige restaurant in de wijde omtrek. Een *diner* in een woestijn, leek me. Amerika.

'Wisten jullie dat in die opslagtanks de sappen van oerbossen zitten, en dat ze ook de resten van dinosauriërs bevatten', wilde ik vertellen. Maar onze kinderen waren al in slaap gevallen, nog voor we goed en wel op weg waren. Ook mijn vrouw deed even haar ogen dicht.

Dus nu klonk alleen het geruststellende geronk van de Saab.

Ik passeerde tanks met styreen en propeenoxide. Palmolie. Bergen ijzererts. Ik haalde een kleurrijke colonne van vrachtwagens in. Een eindeloze trein vol steenkool reed een poosje met me op, boog daarna weer af.

Vanuit de tegenovergestelde richting kwam een trein vol met gloednieuwe auto's aangereden. Al die doelgerichte bewegingen brachten me in een trance, ik voelde me onderdeel van één grote, sterke stroom, die maakte dat ik hier kon rijden, op sap van oerbossen en dinosauriërs, op weg naar een frituur genaamd Smickel-Inn Balkon van Europa.

In de verte verscheen een groene heuvel. Dat moest de afvalberg zijn die het begin van de Maasvlakte markeerde. Nog steeds was het zeventien kilometer rijden, zei de navigatie. Links van me duinenrijen, daarachter vermoedde ik de zee. Rechts strekte de industriële toendra zich uit vol mechanische wonderdieren. In de verte de reusachtige brugkranen, hemelblauw en asgrijs geschilderd. Een gigantisch roze schip meerde aan, even verder lag nog zo'n kolos, zo groot als een wolkenkrabber, in babyblauw geschilderd.

These are the days of miracles and wonder, dacht ik.

En daar – dat moest hem zijn –, daar werd gebouwd aan de grootste windmolen van de wereld. Liefst 260 meter hoog werd hij, 100 meter hoger dan De Rotterdam. Toch leek het een doodgewone windmolen. Op de schaal van de Maasvlakte kregen alle dingen een andere gevoelsgrootte.

De kinderen werden verdwaasd wakker toen ik de motor uitdraaide. De neus van de Saab leek in de golven te staan. Om ons heen zoefden windmolens. En aan de voet van de molen stond een wit frietkot met een piratenfiguur en een rafelige Nederlandse vlag.

Op de deur van het frietkot stond een gedicht, 'Hollands landschap' heette het, van Hans Wap. 'Daar in het niets / waar perspectief geen houvast heeft / staat een snackbar in de vlakte', las ik.

We smikkelden onze friet op met uitzicht op de megaschepen. Bijna 90 procent van al onze spullen kwam van zo'n schip, had ik eens gelezen. Niet de friet, de aardappelen werden nog gewoon in Nederland verbouwd; maar wel... het frietbakje? Het blikje cola? De fles mayo? De auto, de benzine, de luiers maat 4? Die schepen wisten al wat ik binnenkort in de Albert Heijn-app zou aantikken, we keken naar onze toekomst.

De kinderen hadden vooral oog voor de patat. De windmolens die boven hun hoofden zoefden, leken gigantisch. Ik dacht aan een Twitter-account dat ik volgde, Humans for Scale heette het, met foto's van grote bouwwerken met een mens ernaast. Maar op de Maasvlakte was de zee de maat der dingen.

Om de torenstad te begrijpen, moest ik de zee begrijpen, bedacht ik later. En om de zee te snappen, moest ik de mensen spreken die de zee kenden. De zeelieden. Maar waar vond ik ze?

Vroeger had ik gewoon de stad in kunnen lopen om zeelieden te spreken. Waar nu het stadhuis stond, lag een eeuw geleden de Zandstraatbuurt, een volkswijk vol steegjes waar zeelui rondschuimden in de rosse gloed van de ramen. Er waren hele zeemanswijken geweest, zoals op Katendrecht, rond de Rijn- en de Maashaven, of vlak bij mij om de hoek, rond het Marconiplein. De zeelui hadden deining aan de stad gegeven, ze brachten liederen in allerlei talen, Russisch, Japans, Portugees, Chinees; ze brachten de jazz, ze gaven de stad een open blik. Rotterdam dankt haar grote Chinese en Kaapverdische gemeenschap aan de zeevaart. Maar de laatste havenkroeg was al jaren geleden gesloten.

Toch moesten ze nog ergens zijn, die zeelui. Elk jaar voeren er 30.000 zeeschepen de stad binnen. Stel nu dat er per schip gemiddeld tien mensen aan boord waren, dan had je het al over honderdduizenden zeelieden die jaarlijks Rotterdam aandeden. De zeelieden van nu kwamen uit andere landen dan vroeger. Het waren Sri Lankanen, Myanmarezen, Russen, Indiërs, Filipijnen. Zij vormden misschien wel de grootste migrantengroep van de stad.

Alleen zag je ze nooit, want ze woonden in een drijvende stad.

Op elk containerschip staat een woonflat. Meestal is de toren hagelwit. Soms zes verdiepingen hoog, soms acht. In elk geval net iets hoger dan de stapel containers, want op de bovenste verdieping van de flat is de scheepsbrug, daarvandaan wordt het schip bestuurd.

Daaronder zijn de dekken met de scheepshutten voor de kapitein en de officieren, die zo luxe zijn als hotelsuites, met soms een eigen bad en een studeerkamer. De onderste kamers zijn vaak zo eenvoudig als een gedeelde slaapruimte in een hostel.

Deze drijvende flats lagen vijftig kilometer van het centrum, in havens die waren afgeschermd met hekken en slagbomen.

'Neem afslag 8 – Oostvoorne', zei mijn telefoon een poos later. De zon stond al laag toen ik over de A15 reed, opnieuw door die riviervallei met zijn zilverglanzende sprookjeskastelen en aardsaptanks.

Ik draaide de snelweg af, in een mum van tijd was ik omringd door duinen en groen. Een hobbelige dorpsstraat. Lieflijke huisjes. Ik wandelde naar zeemanshuis The Bridge, een zeeliedenclub, waar ik had afgesproken met een dominee, Helene Perfors. Ze was koopvaardijpredikant namens de Protestantse Kerk Nederland. Als je zeevarenden wilt zien, probeer het via de kerk, had iemand me getipt. God is een van de weinigen die nog door de *security checks* komt.

En dus had ik een tijd eerder ook al gesproken met Perfors, in een zeemanskapel in Rotterdam, waar ze regelmatig preekte. De meeste van die honderdduizenden zeevarenden kwamen hun boot niet af als ze in Rotterdam waren, vertelde ze toen. En zelfs voor haar, als geestelijke, was het lastiger geworden om haventerreinen op te komen. Na de aanslagen van *nine eleven* gingen haventerreinen achter hekken. En de beveiliging was nog strenger geworden om de cocaïnesmokkel tegen te gaan. Er waren muren opgetrokken.

Maar de grootste muur had te maken met: efficiëntie.

Het begon met de uitvinding van de stalen doos, die zowel op schepen als vrachtwagens paste. 'Zeevarende vrachtwagens', noemde uitvinder Malcom McLean zijn containertransportsysteem. In 1966 was er voor het eerst een containerschip de Atlantische Oceaan overgestoken, het ms Fairland. Het schip voer vanuit New York City naar Rotterdam, op dat moment de grootste haven ter wereld, met aan boord 226 stalen dozen van 35 voet.

Stalen laadkisten bestonden al langer, het succes van de container kwam vooral door een wereldwijde afspraak: overal zijn containers even groot. In 1968 legde de ISO (International Organization for Standardization) dit vast in *ISO 668: Series 1 freight containers – Classification, dimensions and ratings*. De standaardeenheid voor zeecontainers werd de TEU, ofwel de *twenty feet equivalent unit*: 6,096 meter lang, 2,438 meter breed, 2,591 meter hoog.

Het containertijdperk was begonnen. Het vervoeren van spullen van A naar B werd spotgoedkoop, dankzij standaardisering, schaalvergroting en globalisering. Sindsdien waren de schepen steeds groter geworden. Inmiddels hadden de grootste containerschepen een capaciteit van 24.000 TEU.

En hoe groter de schepen, hoe stiller het werd aan boord. Bemanningen werden steeds kleiner. Op zo'n megaschip ter grootte van een Empire State Building woonden en werkten een man of twintig. Eén mens per duizend containers. En de schepen bléven groeien, de bemanningen bleven krimpen, het einddoel leek: een volledig zelfsturend, reusachtig spookschip.

In die korte tijd dat het schip in de haven lag, moest de kleine bemanning extra hard werken. Het laden en lossen viel dankzij de standaardmaten van containers makkelijk te automatiseren. Het ritme van de containerkranen dicteerde het werktempo. Steeds korter lagen de schepen aan de kade. Kleinere schepen soms maar zes uur, de grootste schepen hooguit twee dagen.

En stel dat ze een paar vrije uren hadden, de zeelui, stel dat ze van de kapitein van boord mochten, waar konden ze dan heen? Als ze op de Maasvlakte van boord gingen, was het twee dagen lopen naar het centrum van Rotterdam. Een taxi naar de stad? Dat kostte je een week salaris. En wat moest je in de stad doen? Op veel schepen gold een alcoholverbod. Vroeger had je nog Privéboerderij Sonja in Rockanje, om de hoek van de haven, maar die was gesloten. Ja, er was nog een christelijke zeemansclub op een industrieterrein in Schiedam. Maar verder? Je kon net zo goed aan boord blijven. Na weken op zee, met soms slechte of dure internetverbindingen, was er weer gratis en snel internet. Kon je eindelijk videobellen met je vrouw en kinderen thuis, je familie.

Het cliché van de hoerende en snoerende, volgetatoeëerde zeebonk klopte in elk geval niet meer, vertelde dominee Perfors. De typische zeeman was nu eerder een Filipijn in een net overhemd die hard werkte om elke maand geld naar zijn familie in Manilla te sturen.

Het minimumloon van een matroos, zoals vastgesteld door de International Labour Organization, bedroeg 650 dollar per maand. Een doorsnee matroos op een containerschip verdiende veel meer, 1.500 dollar per maand was normaal. En zo'n salaris kon in het thuisland een kapitaal waard zijn. Maar het offer was groot. 'Gevangenen met een salaris', noemden sommige zeelieden zichzelf.

Filipijnen waren onder rederijen de meest geliefde zeelui. Want ze spraken goed Engels, kwamen uit een land met een maritieme traditie én met lage lonen. Filipijnen werkten vooral in de lagere rangen: schoonmakers, koks, matrozen. Ze bikten roest weg, ze controleerden koelcontainers, ze dienden maaltijden op, ze schrobden dekken, ze maakten ellenlange dagen. Zonder morren, doorgaans.

Deze maritieme geschiedenis ging terug tot de koloniale tijd, las ik, toen Filipijnse matrozen aan boord van schepen van de Spaanse bezetter werkten. Maar de internationale populariteit van Filipijnse zeelieden nam pas halverwege de jaren zeventig van de vorige eeuw een vlucht, toen er op de Filipijnen een dictator aan de macht was gekomen, Ferdinand E. Marcos. Onder zijn bewind startten er speciale programma's om inwoners te stimuleren in het buitenland te gaan werken, bijvoorbeeld als kok, huishoudhulp of als matroos. Het werd overzeese Filipijnen verplicht om 80 procent van hun inkomsten terug te storten. Zo kwam het land aan harde valuta zoals dollars. En dat geld was een van de redenen dat een latere president die overzeese werkers *bagong bayani* noemde, moderne helden.

In 1986 kende de wereldvloot in totaal 52.000 Filipijnse zeelieden. Dertig jaar later, in 2015, waren het er al vijf keer zo veel: 240.000. De Filipijnse zeeman was een archetype dat evenzeer bij Rotterdam hoorde als de havenwerker. Ook al zag je ze nooit, ze waren onze drijvende stadsgenoten.

Als ik zeelui wilde spreken, had dominee Perfors me verteld, dan moest ik maar eens naar Oostvoorne komen, in zeemanshuis The Bridge. Deze club, die op vrijwilligers en donaties draaide, had één gratis pendelbusje dat kwam voorrijden bij de schepen om zeevarenden op te pikken. Van de ongeveer duizend zeelieden die elke dag Rotterdam aandeden, maakten dagelijks gemiddeld een stuk of tien, twintig gebruik van deze pendelservice.

Het zeemanshuis bleek een kelder van ongeveer zeven bij zeven meter met een laag systeemplafond. Er was een barretje met koffie, een boekenkast met gedoneerde tweedehands boeken. Verder een tafelvoetbalspel en een eettafel met een koektrommel vol stukjes boterkoek.

Toevallig had het busje net een groepje zeelieden gedropt. Ze kwamen van de Northern Javelin, een containerschip dat lag afgemeerd aan de Amazonehaven. Ze kregen van de vrijwilligers een kopietje van een plattegrond van 'Oostvoorne Village Center': de hoogtepunten waren de Albert Heijn, de Coop en de Irish pub. Een jonge Rus keek nog gauw in de gratis boeken, viste een exemplaar van Stephen King eruit, en ging met de groep mee naar buiten. Voor ik ze kon spreken waren ze al weg. Het dorp onveilig maken, ze hadden anderhalf uur.

Toch kon zo'n flitsbezoek ontzettend veel betekenen, wist dominee Perfors. Oostvoorne is een schilderachtig oud dorp, gelegen aan de rand van duinen en bossen. Er hingen bakken met bloemen aan de lantaarnpalen. Veel zeelieden begonnen al foto's te maken als ze het dorp binnenreden, zo kalm en groen was het daar. Ze leefden maanden achtereen in een wereld van staal onder het constante gebrom en gedreun van de motoren en generatoren. En dan kwamen ze opeens in dat groene, kalme, oude dorpje. Waar de grond niet trilde en je geen krijsende meeuwen maar zangvogels hoorde.

Perfors vertelde over een zeeman die hier vaker kwam – want veel schepen pendelen op een vaste route. Steeds als het busje hem had afgezet, rende hij bijna het bos in.

De dominee had 'een zee-afwijking', zei ze. Ze had eens een relatie met een zeevarende gehad. Toen ze jong was, wilde ze helemaal geen dominee worden: ze was flink links, op haar zestiende ketende ze zichzelf vast aan kerncentrales.

Later ontdekte ze hoeveel ze juist als dominee kon betekenen.

Bijvoorbeeld door wat menselijkheid te brengen in die staalharde, efficiënte haven. Een glimp van God. En God kon in de simpelste dingen verschijnen. Ze vertelde over de zeeman die maandenlang geen sinaasappelsap had gedronken, een zeeman die ze naar de Jumbo in Brielle bracht. Hij maakte een sprong van vreugde om een pak CoolBest.

Op schepen kwam ze niet zo veel meer. Er was domweg te weinig tijd. En als ze schepen bezocht, was dat vaak na een incident. Zoals een paar jaar terug, toen iemand zich onderweg aan boord had opgehangen aan een gasleiding. Of die keer dat een Filipijnse bemanning geklop van geesten aan boord had gehoord: of ze die kon verjagen. Perfors was een protestantse dominee, veel Filipijnen waren katholiek. Ze droeg evengoed, als men dat vroeg, de katholieke mis op. Of ze stond in haar stola in een scheepshut waarvan de muur was volgeplakt met schaars geklede dames met wat led-waxinelichtjes van de Xenos, om de scheepshut ritueel te reinigen.

Het kon eenzaam zijn op zee, wist Perfors. Vanwege de ploegendiensten spraken de zeelieden aan boord elkaar soms niet eens. Omdat steeds meer schepen internet hadden, ook op zee, was de verleiding groot om je terug te trekken in je hut en achter een scherm te gaan zitten. Veel zeelieden kampten met gedachten aan zelfdoding (20 procent, las ik later in een onderzoek van Yale).

Daarom gaf ze zeelieden altijd een hand: mensen aan boord werden soms weken of zelfs maanden niet aangeraakt. En dit was nog voor de pandemie. Toen die later uitbrak, mochten zeelieden helemaal niet meer van boord.

Stipt na anderhalf uur keerde de bemanning van de Northern Javelin terug naar het zeemanshuis. Ze moesten weer naar de containerterminal. Chauffeur Paul, een gepensioneerde zeeman, vond het prima als ik meereed in zijn bus. Even later zat ik ingeklemd tussen een Roemeen, een Filipijn, een Pool en een man uit Myanmar. Een heel lichte wasem van alcohol hing in het busje. Wat vonden ze van Oostvoorne?

'Disneyland', vond de een. '*Paradise*', zei de ander.

We gingen door de security en reden de kilometerslange kades over. De mannen sprongen uit het busje en begonnen aan de beklimming van de gangway, de loopplank met leuningen die van de kade naar het dek voert. Inmiddels had een ander schip de bus van Paul gebeld. Hij moest naar de Jin Wen Feng, een bulkcarrier met een lading kolen uit New Orleans.

We reden door een soort Mordor van steenkoolbergen naar het schip. Een grijper zo groot als een vrachtwagen schepte kolen uit het reuzenruim. Op de kade, naast het reusachtige schip, stonden twee Chinezen te wachten. Ze stapten in het busje en vertelden Paul dat ze wilden winkelen in de supermarkt. We reden naar het zeemanshuis, waar ze dollars in euro's wisselden. En toen holden ze naar de supermarkt, die over een kwartier zou sluiten.

'*Rapido, rapido*', zei een vrijwilliger van het zeemanshuis. Twintig minuten later keerden ze terug, met uitpuilende tassen vol chips en chocolade. Hup, de bus weer in, terug naar het schip.

Nog steeds had ik niet echt gesproken met zeelieden, laat staan een Filipijn. Het ging gewoon te vlug. Misschien was dat ook wel de reden dat er voor zeelieden geen fatsoenlijke huiskamer meer was, een iets groter zaaltje, met een biljart of een bar, bijvoorbeeld. Wat had het voor zin als de zeelui daar geen tijd voor hadden?

Toch was het zeemanshuis niet de enige plek die zeevarenden een gratis lift aanbood. Ook de zogeheten Botlek Stores hadden die service. Dat was een beroemd familiebedrijf, opgericht in 1960. Maar het was inmiddels overgenomen door een zakenman die de prijzen omhoog had gegooid.

Die winkel, waar zeelieden '*duty-free*' konden shoppen, had twee vestigingen in het havengebied. Ze vielen me pas op nadat ik er verschillende keren was langsgereden; ze zagen eruit als een klein distributiecentrum: een doos zonder ramen en zonder uithangbord.

Vanbinnen was het een supermarkt, maar dan met souvenirs, drank, seksspeeltjes en heimweeproducten uit landen waar zeelieden vandaan kwamen. Bij binnenkomst moest je je paspoort inleveren en de naam van je schip geven.

Ze verkochten er trouwens meer T-shirts met 'Amsterdam' dan met 'Rotterdam', en wat maakte het ook uit. Bijna niemand kende nog de rosse zeegloed van de Zandstraatbuurt of Katendrecht. Van die havenstadscultuur resteerde niets, behalve dan misschien een rek met rubberen nepvrouwen met namen als 'Sailor's Wife', 'Cheap Thrills' of 'Big Boobs Banging Bitch'.

En zelfs dat vertier zou verdwijnen: een paar jaar later zou de winkel failliet gaan.

De eerste zeeman die ik langer sprak was geen Filipijn, maar een Nederlander, Sem. En ik sprak hem op een terras in Amsterdam, nadat hij net met varen was gestopt. Op zee gold eigenlijk maar één wet, vertelde hij: schip moet varen. Een schip was een mega-investering die alleen terugverdiend kon worden door in beweging te blijven. Een schip dat stillag kon tonnen per dag kosten, bijvoorbeeld vanwege boeteclausules voor lading die te laat kwam.

Die druk lag op de schouders van de zeelui. Hij had shifts moeten draaien van tweeëndertig uur, ofwel een vierdaagse werkweek maar dan achter elkaar. Eén keer was hij, tijdens een doortocht in het Panamakanaal, uit pure vermoeidheid staand in slaap gevallen.

Het zeeleven kon ook 'fucking geestdodend' zijn, was zijn ervaring. Je vrienden dachten dat je voortdurend rum dronk en zat te kaarten, want die deden hun research bij *Pirates of the Caribbean*, lachte hij. Maar je zat vooral alleen in je hut. Je kon net zo goed in de kelder bij je moeder zitten gamen en films kijken.

Wat volgens hem nog wel klopte aan de zeemansclichés: bij vlagen was hun leven aan boord heel extreem. Letterlijk bij vlagen: als het stormde. Drie keer had hij voor zijn leven gevreesd, één keer kon hij over de muren lopen als Spider-Man, zo heftig lag het schip te tollen.

Nog maar net had hij de brui gegeven aan het zeemansleven. Hij schaamde zich er een beetje voor, want hij kwam uit een maritieme familie. Maar hij was niet gek. Schip moest varen? Prima, maar dat kon ook zonder hem.

In de koepel van de ontvangsthal van het stadhuis van Rotterdam uit 1920 staat in gouden letters rondom het stadswapen: NAVIGARE NECESSE EST. Latijn voor: varen is noodzakelijk. Ofwel: schip moet varen. Het was de officieuze wapenspreuk van Rotterdam (net als van sommige Hanzesteden).

Ik zocht op waar de woorden vandaan kwamen. Het origineel was te vinden in het boek *Parallelle levens* van de Griekse geschiedschrijver Plutarchus, een verzameling biografieën van beroemde Grieken en Romeinen. Onder wie de Romeinse militair en politiek leider Gnaeus Pompeius. Deze Pompeius trok er op een dag op uit met een schip. Rome kampte met een voedselcrisis, Pompeius ging graan zoeken. En op een goed moment lag Pompeius met een schip vol graan in de haven toen er een storm uitbrak. Pompeius wilde gewoon uitvaren, maar de bemanning zag dat totaal niet zitten en ging in staking. Waarop de militair, aldus Plutarchus, ze toeschreeuwde met de woorden: 'πλεῖν ἀνάγκη, ζῆν οὐκ ἀνάγκη'. Ofwel: 'Varen is noodzakelijk, leven is niet noodzakelijk'.

De gouden spreuk in het stadhuis was dus de schreeuw van een militair die een staking wilde breken. En dat tweede zinnetje, 'leven is niet noodzakelijk', hadden ze in Rotterdam wijselijk weggelaten.

Pas na de Tweede Wereldoorlog kreeg Rotterdam een officiele spreuk, namelijk: 'Sterker door strijd'. Maar dat oude motto,

'Navigare necesse est', leek passender. De scheepvaart en de wereldhandel kregen hier altijd voorrang.

Toch trof ik juist in Rotterdam mensen met hart voor zeevarenden. Die me duidelijk maakten dat hun leven niet per se hard hoefde te zijn. En dat ze niet allemaal willoos en zielig waren. Ik had een stuk gepubliceerd waarin ik concludeerde dat de mensen die onze spullen komen brengen – vaak Filipijnen – een zwaar beroep hebben en weinig verdienen. Een Rotterdamse scheepsmanager, Martijn Mobach, had me met Rotterdamse directheid gemaild: hij ergerde zich rot aan dat clichébeeld van zielige zeelui. Veel te negatief, vond Mobach.

Hij had zelf jaren gevaren en was nu algemeen directeur van Clearwater, een kleine, Nederlandse rederij met chemische tankers die vooral in Noordwest-Europa voeren. Een beetje matroos verdiende 1.000 tot 1.500 dollar per maand, zei hij. Daar kon je in Rotterdam niet flink van uitgaan, maar op de Filipijnen was je met zo'n salaris een grote jongen. Eén zo'n matroos trok hele gezinnen uit de armoede, zei Mobach. Ze hadden geen behoefte aan havendominees, maar aan goed internet en een karaokemachine en een reder die respect had voor hun werk.

Het klonk bijna als een vorm van sociale verheffing, te mooi om waar te wezen. Maar als ik het niet geloofde, moest ik het maar eens met eigen ogen komen zien.

Even later ging ik aan boord van de Coolwater, een chemicalientanker die in de Botlek lag met een lading styreen aan boord, een ingrediënt voor plastics. Tot dan toe bleven veel bedrijven voor mij zo gesloten als een oester. Ze hadden geen behoefte aan pottenkijkers, zeker niet de grote beursgenoteerde ondernemingen. Maar deze reder liet me zomaar aan boord, zonder tussenkomst van pr- of communicatiemedewerkers.

De Coolwater had ook zo'n witte flat op het dek. Ik kon er uitgebreid praten met de matrozen en officieren, zonder dat de kapitein meeluisterde. Die kapitein was een Nederlander, trouwens, ook heel gastvrij. Zijn bemanningsleden vertelden open over de voor- en nadelen van hun bestaan.

Zo was daar Nikita, een man uit Noord-Sulawesi. Hij had een poosje aan de universiteit gestudeerd. Nu werkte hij aan boord als AB, een oude afkorting die stond voor *able-bodied seaman*, ofwel een matroos. Hij zat op tweeënhalve maand van zijn zes maanden lopende contract. Net als ik had hij twee zoontjes, van vier en zes, alleen ik zou ze diezelfde avond zien, hij pas over drieënhalve maand. 'Een halfjaar van huis zijn is echt een *struggle*', zei hij. Maar bij andere rederijen was je soms wel een jaar van huis. En hij verdiende hier inderdaad goed: een keer of zes wat hij in Indonesië aan wal zou verdienen.

Zijn vader was bijna zijn hele leven op zee geweest, van zijn twintigste tot zijn zestigste. Hij had er drie huizen van kunnen kopen, twee Toyota's en een winkeltje als oudedagsvoorziening. En hij had zijn kinderen laten studeren, zodat ze niet, net zoals hij, de zee op zouden hoeven. Nikita was inderdaad naar de universiteit gegaan, maar hij hield net iets te veel van feesten. Een diploma haalde hij niet, maar intussen kreeg hij wel een gezin om te onderhouden. Dus nu zat hij alsnog op zee, met dubbel respect voor de opofferingen van zijn vader. Van Rotterdam had hij alleen de Mediamarkt gezien.

Een Oekraïense officier liet me het pindaplantje zien dat hij verzorgde. Het stond in een geel emmertje op de brug. 'Ach, het is gewoon bezigheidstherapie', zei hij. Hij had het plantje opgekweekt vanuit een rauwe pinda die hij van de kok had gekregen. De officier droomde van zijn eigen pindakaas op zee.

Zo was iedereen aan boord aan het dromen. Vaak over wat ze zouden doen als ze eenmaal genoeg verdiend hadden. Nikita droomde van een eendenfokkerij. Of misschien ging hij wel in de vechthanenbusiness, voor 1.000 dollar kon je een goeie Thaise vechthaan kopen.

De zeelieden aan boord van Mobachs schip stonden bepaald

niet op het punt om te gaan muiten. Maar misschien was dat omdat ze voor een kleinschalige reder werkten, op een schip dat onder Nederlandse vlag voer, waar je bovengemiddeld verdiende, waar de baas zelf gevaren had, en waar ze op kantoor de zeelieden bij hun naam kenden.

Op dit Rotterdamse schip gold de menselijke maat. Maar die gold lang niet overal meer.

9

DE GODVREEZENDE ZEEMAN

Op de Pastoriedijk in Pernis stond een kerk waar dominee Helene Perfors regelmatig voorging in diensten voor zeevaarders. Er kwam een kleine Filipijnse gemeenschap op af. Ik parkeerde mijn fiets bij het vissersmonument ('Vanaf deze plaats voeren de vissers uit. Velen keerden niet terug'). Er waren elf mensen, inclusief dominee Perfors, twee muzikanten en ikzelf. Er was een avondmaalsdienst (crackers als brood en echte rode wijn). We zongen liederen, waaronder de zeemanshymne 'Eternal Father, Strong to Save'. Half meezingend noteerde ik in mijn boekje: '*O hear us when we cry to Thee / For those in peril on the sea!*'

Mijn voorouders hadden in dezelfde kerk gezongen. Op de paar oude foto's die ik van mijn verre, zeevarende familie had kunnen terugvinden, droegen ze gouden ringen door hun oor en waren ze gekleed in donkerblauwe visserstruien waar het alziend oog van God in was gebreid. Ze voeren in propvolle, twintig meter lange houten sloepen tot aan Groenland en weer terug – of dus nooit meer terug. Ze werkten zes dagen per week, op zondag lagen ze voor anker en zongen ze godsdienstige liederen uit *De godvreezende zeeman*. Bijna hun hele leven waren ze op zee, van hun elfde tot ver in de zeventig. En al die tijd zagen ze de bomen nooit in bloei of het koren worden gemaaid, schreef een historicus.

Tegenwoordig lag de Shell-raffinaderij pal naast Pernis. Je kon er 's avonds soms de krant lezen bij het licht van de vlammen die uit de schoorstenen sloegen, grapten de bewoners. Als je uit de metro stapte, viel je in een soort wormgat: je kwam opeens in een dorp met veel groen en verschillende prachtige zeventiende-eeuwse boerderijtjes met koeien, paarden en zelfs pauwen.

De vissershaven van Pernis was al lang gedempt. In het centrum van Pernis trof ik nog wel een reisbureautje dat cruises naar Groenland organiseerde. En ik had ontdekt dat er in het dorp nog één riviervisser actief was, Peter de Man heette hij. Ik had hem eens gebeld, toen leek hij weinig behoefte te hebben aan publiciteit: over vissers zoals hij werd tegenwoordig algauw kwaad gesproken. En zijn positie was precair. Zijn voorvaderen hadden hier vanaf 1650 op paling gevist, zelf mocht hij dat niet meer. Hij was de laatste in een lijn van eeuwen.

Later had ik eens op de bonnefooi aangeklopt bij zijn loods, aan een kleine, nieuwe haven in Pernis. Hij ontving me hartelijk. Binnen rook het naar vis, er hingen Bijbelteksten aan de muur, tekeningen van kleinkinderen en zo'n mechanische pratende vis.

Peter sprak niet veel. Hij leefde in een andere tijd, zo leek het, waarin mensen nog met hun handen spraken. Maar hij viste nog steeds. Niet meer op paling, maar op zeebaars, harder, snoekbaars. Later nam hij me eens mee de rivier op, we gingen de netten langs die hij een dag eerder had uitgezet. We voeren langs woontorens en raffinaderijen. Bijkans liefdevol, met antieke handen, maakte hij de spartelende vissen los.

In de loods dronk hij vaak na werktijd een glas met zijn Surinaamse buurman, eigenaar van een transportbedrijf. En elke vrijdag zat het hier vol vrienden, vertelde hij. Dan serveerde hij vis uit de Nieuwe Maas. Ook mij bood hij vis aan en later een biertje; ik hing aan zijn lippen toen hij vertelde dat hij als klein kind zowaar nog verre verwanten van mij had gekend, die in de negentiende eeuw op zee hadden gevaren. Ik was aan het vissen, naar de zeeman in mijzelf.

De dominee ging voor in gebed, voor de zeelieden die eenzaam waren. In gedachten ging ik naar hun drijvende flats, de kamertjes waar ze verbleven, maanden, soms jaren van huis. En met mijn ogen gesloten dacht ik: wat zat ik toch te zoeken naar de ontberingen van mijn voorvaderen? Mijn leven had weinig met het hunne te maken. Al was het maar vanwege de exponentiële groei waarmee stambomen zich vertakken. Tegenover die ene voorvader die op zee was gebleven, stonden 263 andere voorvaderen aan wie ik evenzeer verwant was, had ik berekend.

Nog afgezien van alle moeders, die gewist waren uit de geschiedenis.

Waar ik wel direct mee te maken had, waren de zeelieden in het hier en nu. Een historische tinteling beving me: de negentiende eeuw zat naast me in de kerkbanken.

Na afloop van de dienst sprak ik een paar aanwezigen aan. De meeste zeelieden die hier kwamen, waren ofwel al met pensioen, ofwel ze werkten in de offshore, paar weken op, paar weken af. Maar de Filipijnen in het zaaltje hielpen me verder op weg: ze vertelden waar winkeltjes voor zeelieden waren, waar ze soms karaokeavonden hielden, met Filipijnse smartlappen die als troost dienden voor hun bestaan.

Steeds vaker spotte ik de negentiende-eeuwers op straat, ik leerde ze herkennen aan hun teenslippers, aan hun taal. Soms sprak ik ze op goed geluk aan. Zoals een drietal Filipino's op weg naar de slijterij. Ze zouden de volgende dag naar Angola vertrekken om er een halfjaar, voor de kust, in de olie-industrie te werken. Het was als de hel, vertelden ze lachend. Vandaag gingen ze drinken, was er een galgenmaal.

Ik had Ahmed ook verteld over mijn zoektocht. Een paar weken later appte hij me dat ik eens in het Scheepvaartkwartier moest kijken, rondom de oude Veerhaven. Daar had je wat hotels waar vaak zeelieden rondhingen. Ondanks de naam was het niet in me opgekomen in die buurt te gaan zoeken. Het was een van de duurste stukjes van Rotterdam. Vroeger had je er zeemanskroegen en een rosse buurt, nu vooral vegan restaurants, yogastudio's en designwinkels.

Maar er was ook een klein hotel, Santa Maria heette het, gerund door een zeer hartelijke Rotterdamse. Het warme interieur hing vol oude scheepsmodellen. En inderdaad: hier verbleven veel Filipijnse zeelui, vertelde ze, vaak ook voor langere perioden. Ze had speciaal voor hen een Filipijnse kokkin aangetrokken en al vele karaokeavonden meegemaakt. Ze stelde me voor aan een Filipijnse zeeman die hier al een poos verbleef, net afgemonsterd van een olietanker.

We spraken een uur op het terras van het hotel. Laat ik hem G. noemen. Hij wilde graag vertellen over het zeeleven. Maar zeelieden die hun grieven uiten, lopen het risico op de zwarte lijst te komen van de Filipijnse uitzendbureaus, had een inspecteur van de ITF, de Internationale Transportarbeiders Federatie, me uitgelegd. Dat zei al veel over hun kwetsbare positie.

G. was even oud als ik. Hij had een tatoeage van een naakte vrouw op zijn linkerbovenarm, naast een Chinees karakter en een Filipijnse vlag. Zijn gezicht oogde vermoeid. Een paar maanden eerder had hij met zijn beste vriend, ook een zeeman, een afscheidsfeest gevierd in een dorpje op de Filipijnen. Ze zouden beiden voor negen maanden gaan varen, elk op een ander schip.

Sinds zijn zesentwintigste was hij vrijwel onafgebroken op zee geweest; een maand per jaar was hij thuis. Hij had een dochter van elf die hij nauwelijks had zien opgroeien. Er waren familieleden overleden wier begrafenis hij had gemist. Zijn leven bestond uit werkdagen van elf uur, waarna hij doorgaans in zijn kooi dook, te moe om te lezen of een film te kijken. Heel soms, als ze voor anker lagen, was er een darttoernooi aan boord. Hij had zware stormen overleefd, stormen die soms drie dagen duurden, dagen zonder slaap waarin hij nauwelijks at, behalve een paar crackers, iets anders zou zijn maag niet tolereren.

Varen vond hij verschrikkelijk, vertelde hij. De belangrijkste reden dat hij een nieuw contract was aangegaan, was zijn dochter: hij hoopte dat ze kon studeren. Nog een jaar of twee op zee, dacht hij, dan zou hij genoeg gespaard hebben om een eigen zaakje te beginnen op de Filipijnen.

Zijn vriend was, eenmaal op zee, besmet geraakt met corona en aan de gevolgen overleden. G. kreeg dat bericht toen hij op zee was, onderweg naar Rotterdam. Bij aankomst liep hij zelf ook corona op, vermoedelijk via een Nederlandse loods die vlak voor de haven aan boord was geklommen. G. werd overgebracht naar een anoniem quarantainehotel bij het vliegveld van Rotterdam, waar hij weken zat opgesloten op een kamertje.

Hij had zware koorts en diarree. Zijn zuurstofgehalte moest hij zelf monitoren. Elke dag bad hij voor het slapengaan uit zijn gebedenboek, een moderne, katholieke variatie op *De godvreezende zeeman*. En hij bad er nog wat zinnen bij: dat hij niet dezelfde weg zou gaan als zijn vriend. Toen de zuurstofgraad onder een kritische grens kwam, werd hij opgenomen in het Erasmus MC.

Wat hij in het ziekenhuis doormaakte, was zwaarder dan de hevigste storm. Happend naar adem dacht hij aan zijn dochter.

Hij ontsnapte ternauwernood. Nu mocht hij hier in het hartje van de stad uitzieken in de oase Santa Maria. Nog steeds had hij veel last van zijn longen, maar vergeleken bij dat vliegtuighotel voelde het verblijf hier als een walhalla. G. maakte wandelingen langs de Nieuwe Maas, naar het park bij de Euromast. Hij was al zijn halve leven op zee geweest, aan wal had hij vooral olieterminals gezien en geroken. Eén keer had hij een stad bezocht: Liverpool. Een paar uur. Bier drinken kon niet, want er gold op zijn schip een alcoholverbod.

Tegenover het terras waar we zaten te praten, verrees de Zalmhaventoren, het hoogste woongebouw van de Benelux. '*For excellent living*', stond op de bouwschuttingen.

10

RONDZWIEREN IN DE HARDWERKENDE STAD

Mijn scheepshut lag om de hoek bij de Oude Haven, de wieg van de stad. Ik huurde een kamertje in een leegstaand kantoorpand aan de drukke Van Walsumweg, het verlengde van de Blaak. Vanachter mijn schrijftafel kon ik door het raam, tussen de bladeren van de platanen door, de wereldberoemde kubuswoningen zien: geel-grijze, gekantelde kubussen op poten van beton. Er kwamen drommen toeristen op af, waarom begreep ik aanvankelijk niet zo goed; de gekantelde huizen leken me zo'n typische streek van een architect die zijn scheppingsdrift boven het woonplezier van mensen had gesteld.

Zelf slenterde ik liever de hoek om, een steegje in. Dat steegje was ook al zo'n wormgat: het voerde weg van de razende weg naar de Oude Haven, waar een verzameling lag van antieke klippers, tjalken en aken. De oude vrachtschepen droegen namen als 'Energie', 'Succes' en 'Volharding', ze hadden ooit bergen turf of hout vervoerd en dienden nu als woonboten.

Even verderop lag het ondergrondse trein- en metrostation Blaak, dat ongeveer op de plek lag waar het riviertje de Rotte ooit samenvloeide met de Nieuwe Maas. Daar hing altijd een kelderachtige geur van vochtige, oude aarde, alsof je de oorsprong van de stad rook.

Voor die tijd had ik mijn laptop als een digitale nomade op allerlei plaatsen in de stad opengevouwen: in cafés, openbare bibliotheken of op flexplekken. Die plaatsen waren me maar matig bevallen: de flexplekken waren prijzig, die cafés uiteindelijk ook, vanwege de koffie die je uit beleefdheid bleef bestellen. De bibliotheek was weliswaar gratis, en een schrijverswalhalla, maar steeds als je bijvoorbeeld naar de wc wilde, moest je je laptop meenemen.

Ik was dus zeer in mijn nopjes toen ik na lang zwerven mijn eigen schrijfruimte vond. Nu stond ik niet alleen als 'schrijver van literair werk' ingeschreven bij de Kamer van Koophandel, maar had ik ook een eigen, compromisloze werkplek, waar ik niet zou struikelen over duplo. Mijn hutje leek me de gedroomde uitvalsbasis voor de zwerftochten die ik zou ondernemen door de stad. Het voelde alsof ik opnieuw op kamers ging.

Het kantoorpand oogde ook wel als een afgeleefd studentenpand. Er zaten gaten in de muren, het plafond lekte op sommige plaatsen, het tl-licht in de gangen knipperde. Ooit had er een jeugdzorgbedrijf gezeten, dat was opgeslokt door een groter zorgbedrijf. Op de deuren zaten nog de bordjes van de verschillende behandelkamers. Hier moesten veel tranen zijn gevloeid, trauma's en trajecten zijn besproken. Nu zaten er, verspreid over het pand, enkele ateliers van veelal net afgestudeerde kunstenaars die zich trachtten te ontplooien tot entrepreneur. Webdesigners, fotografen, keramisten. En een schrijver dus. Onze aanwezigheid verbloemde dat het gebouw voor een groot deel leegstond. Overal in de stad vond je zulke panden, die er vanbuiten best bedrijvig uitzagen: lege kantoorpanden op A-locaties in een stad vol woningnood, de eigenaren hadden engelengeduld zolang de vastgoedprijzen stegen.

We waren een kraakwacht – in feite werkten we in de beveiligingsbranche, behalve dat we geen loon kregen maar geld moesten toeleggen. Om precies te zijn betaalde ik 175 euro per maand. En kon ik er bijna even makkelijk als een kraker worden uitgezet.

Maar ik had tenminste een hokje, dacht ik. Mensen deden tegenwoordig een moord voor een hokje.

Schrijfpaleis de Oude Haven, zo doopte ik mijn hut. Er groeide geen pindaplant, maar ik kocht verschillende soorten varens, twee aloë vera's, een goudpalm, een paradijsvogelplant. Sommige werden door de NASA genoemd op hun lijst met luchtzuiverende planten. Bij elkaar had ik een klein oerwoud het hokje binnengesleept. De muur van groen voor het raam temperde het geraas van de weg enigszins en dempte ook de hardheid van het tl-licht.

Ik kocht een houten bureautafel, legde een Perzisch tapijt over het linoleum, bij de kringloop haalde ik mosgroene fauteuils en een boekenkastje. En als herinnering om vooral niet te hard te werken, hing ik ook een Braziliaanse hangmat op in een stalen frame. Aan het frame zat een bijzettafeltje voor cocktailglazen.

Toen ik mijn kamertje had ingericht, deed ik er eerst een poos helemaal niets. Ik dacht aan de flaneur, de slenteraar, die zich lukraak in het stadsgedruis begaf, zich onttrok aan alle wetten van doelmatigheid. De overtreffende trap van slenteren, leek me: lummelen.

Dat probeerde ik een poosje: helemaal niets doen in de hardwerkende stad. Of nu ja, niets: ik las boeken over de stad. En soms viel ik er zelfs bij in slaap, in de hangmat. Onze nachten werden in die tijd nog vaak gebroken door de kinderen die 's nachts wakker werden, ik kwam vaak doodvermoeid aan in mijn paleis.

Maar lang duurden de hazenslaapjes nooit, ik werd meestal wakker van een claxon of sirene. Op de meest ongelegen momenten werd ik gebeld door telefonische verkopers die vertelden dat ik een dief was van mijn portemonnee als ik niet overstapte op een andere energieleverancier (de Kamer van Koophandel verkocht de gegevens van bedrijfjes zoals het mijne door aan colporteurs, hoorde ik later).

En er was altijd het geraas van de weg, die eb en vloed van scooters, vrachtwagens, bestelbusjes. Zelfs als ik pluggen in mijn oren deed, voelde ik het geronk van de economie soms resoneren in mijn lijf.

Dan stond ik slaperig op, keek uit het raam en noteerde maar gewoon wat ik zag:

Erasmus Koeriers. Smart shipping.

Intelligent Logistics. When Late Is Not An Option.

DHL. Excellence. Simply delivered.

Coolblue. Voor 23.59 uur besteld, morgen in huis.

Albert Heijn. Druk druk druk en toch je koelkast gevuld.

Uiteindelijk zeiden al die teksten hetzelfde: haast je.

En als de stroom van de economie me niet opjaagde, dan wel bijvoorbeeld de vastgoedmannen in pak die onaangekondigd het pand binnenliepen, als landmeters in een natuurgebied. Ze klopten op muren, praatten hard. De mannen waren meestal jonger dan ik en droegen dure puntschoenen. Ik voelde me dan een beschermde vleermuis.

Wat als ze me eruit zouden zetten? Wat als mijn beurs opraakte? Ik teerde nu al flink in. Ik kon maar beter af en toe wat stukken schrijven voor kranten, dan hield ik tenminste een buffertje. En ik kon maar beter gauw een plan maken voor dat boek. Doelen stellen.

Op mijn telefoon maakte ik een bestand aan met de titel 'Noodzakelijke avonturen', een lijst met ervaringen die ik beslist moest hebben opgedaan om de stad te begrijpen. Een ander bestand heette simpelweg 'Leeslijst' en had algauw de lengte van een roman.

Op Twitter, Instagram en Telegram volgde ik honderden accounts, van de vastgoedsector tot de kraakscene, van oliemaatschappijen tot kunstenaars. Ik rende naar buiten bij elke sirene (tot ik ontdekte dat de politie in de straat oefende). Intussen schreef ik artikelen voor de krant.

Zoals je niet goed stil kunt staan midden in een stationshal tijdens de spits, zo liet ik me alsnog meevoeren door de rusteloze stad. De hangmat hing algauw roerloos in het frame stof te vangen.

Dat ik alsnog door de stad zou gaan zwieren, was mede dankzij Ahmed. Op de stapels te lezen boeken lag ook een boek dat hij me cadeau had gedaan: *Waarover ik praat als ik over hardlopen praat*, van de Japanse schrijver Haruki Murakami. Het was een herinnering aan zijn uitnodiging eens een rondje te gaan hardlopen.

Waarom niet, dacht ik, om te schrijven moet je ook fysiek in vorm blijven. En ik achtte mijzelf minstens tien kilo te zwaar.

Bovendien: zo veel mensen kende ik nog niet in deze stad; ik sprak mensen vooral om ze te interviewen.

Bij de Decathlon had ik renschoenen en een trainingsbroek gekocht. We zouden over de bruggen rennen: de Nieuwe Maas over via de Erasmusbrug, terug via de Willemsbrug. Een beginnersrondje van een paar kilometer; Ahmed rende zelf regelmatig twintig of zelfs dertig kilometer. Al bij de eerste brug was ik gaan hijgen als een gewond hert. Bij de tweede brug moest ik stoppen.

Dit was niets voor mij, zei ik later; ik was meer van het slenteren.

Geeft niets, zei Ahmed. Maar konden we dan niet gaan fietsen?

Fietsen, dat kon ik goed. In mijn spiergeheugen was nog de herinnering opgeslagen aan de lange fietstochten die ik als kind elke dag naar school ondernam. Op mijn zestiende was ik eens naar Parijs heen en weer gefietst. Of misschien was mijn gestel gewoon beter geschikt voor sporten waarbij je kon blijven zitten.

Dus gingen we samen fietsen. Op den duur bijna elke week. Urenlange, lukrake zwerftochten door de stad en de wijde omtrek, langs de schoonheid en de lelijkheid, van de oude villa's van de Wagnerhof in Kralingen tot aan het uitgestrekte suburbia van Hoogvliet; van de wederopbouwflats in Alexanderpolder tot aan de bosschages in de parken waar de zwervers woonden – ze woonden overal, zou ik ontdekken, aan de voet van de Euromast, onder de Willemsbrug, zelfs onder de Erasmusbrug.

We maakten lange tochten de poorten uit, waar het groen won van het steen, de korenvelden en de boerderijen rondom Rhoon, langs de kronkelende Oude Maas. Soms namen we de oude Saab, om verder de stad uit te komen, één keer reden we naar Duitsland, naar de plek waar de Rijn ons land binnenkwam. Daar wandelden we urenlang. Ahmed bleek vloeiend

Duits te spreken. En in zekere zin sprak hij ook beter Nederlands dan ik, omdat hij de betekenis van woorden aan den lijve had ondervonden. Hij wist wat 'oorlog' was, bijvoorbeeld.

Ahmed was een kosmopoliet. Ik kende weinig mensen die in zo veel tijdzones, klassen en culturen tegelijk leefden. Alleen al zijn familie was een diaspora op zich. Een zus woonde in een vluchtelingenkamp in Indonesië, wachtend op toegang tot Nieuw-Zeeland. Andere familieleden zaten vast in Turkije. Zijn zoon woonde in Londen. Zijn moeder woonde nog in Somaliland. Hij zat soms in een *video call* met iedereen tegelijk.

Ik had ook best veel landen gezien, maar ik was nooit, zoals Ahmed, zonder kaartje met de trein naar Parijs gereisd om daar een familielid in nood te helpen, waarna een wildvreemde Marokkaanse Parijzenaar hem een gratis hotelovernachting aanbood. Zoals hij zelf ook vaak mensen had geholpen aan een onderkomen die om welke reden dan ook op zoek waren naar een bed, hij had een radar voor recent gearriveerden.

Eén keer fietsten we in Pernis langs het metrostation waar een gezin met boodschappentassen naar buiten kwam. 'Nieuw hier?' vroeg Ahmed. En inderdaad, het Poolse gezin was net vertrokken uit het Verenigd Koninkrijk om hier het geluk te beproeven.

Een straat verder maakte hij een praatje met wat donkere vrouwen in witte jurken op weg naar de Ethiopisch-Orthodoxe Kerk. En zo sprak hij voortdurend mensen aan op straat, van daklozen tot oud-burgemeesters, van gepromoveerden tot afgehaakten, van hangjongeren tot agenten. Vaak met een grap of een welgemikte glimlach die het ijs brak.

Mensen aanspreken vond ik – ondanks mijn werk – doodeng. Rondkijken vond ik comfortabeler. Ik was schuw van aard, hield ik mijzelf voor, ik moest mijn tong over de drempel duwen als een verlegen schoolkind.

Ahmed was een veellezer van de stad. Hij liet me asielzoekerscentra zien, tbs-klinieken, gevangenissen. Kende niet zelden mensen die daar verbleven hadden. Nam me mee naar binnen in verzorgingshuizen waar hij op ziekenbezoek ging. Naar geldwisselkantoren waar hij geld verstuurde (naar een nicht die was aangehouden op het vliegveld in Nairobi, naar een neef in Somaliland die geen kolen meer had om te koken).

Lukraak waren onze dwaaltochten niet. Vaak wilde Ahmed me iets laten zien wat hem tijdens zijn postrondes was opgevallen. Het voordeel van de flexibilisering: hij had geen vaste wijk meer en zag de hele stad. Hij liet me de casino's zien die overal opdoken en waar 's ochtends de verslaafden al ronddrentelden, ik moest daar echt een verhaal over maken. Hij wees me op een verwaarloosde bejaardenflat, op een *gated community* nabij knooppunt Terbregseplein, een bruin café bij de Maashaven waar stamgasten naakt dansten op Hollandse hits met de schaamteloosheid van de wanhoop.

Maar waar we ook gingen, hoe verschillend die plaatsen ook waren, steeds klonk hetzelfde refrein, dat al geklonken had tijdens onze eerste fietstocht door de Tweebosbuurt: het weefsel van de stad dreigde te scheuren.

En toch – toch waren het vrolijke dwaaltochten. Want Ahmed liet me ook zien dat je het gerafelde weefsel nog kon repareren, dat je draden kon vlechten. Hoe? Niet door in je hutje te blijven, niet door blikken te mijden en vooringenomenheid te laten sudderen in je hart, maar door onbekommerd en onbevangen iedereen aan te spreken die op je pad kwam.

11

EEN BOM ONDER DE STAD

Er lag een bom onder de straat. We hoorden er pas over toen we ons huis al hadden gekocht. Verderop in de straat, diep in de klei, lag een Britse brisantbom uit de Tweede Wereldoorlog. Een blindganger uit 1941, las ik, de springstof was waarschijnlijk nog droog. Het ding stond keurig vermeld in het kadaster, kon geen kwaad doen, zolang de grond niet werd geroerd.

Het explosief haalde het nieuws omdat de mensen die erboven woonden hun houten fundering wilden herstellen. Dan zouden ze moeten graven in de buurt van de bom. In de gedetailleerde onderzoeksrapporten kon ik precies teruglezen wat de risico's waren als het bejaarde projectiel – bijna tachtig jaar oud alweer – onverhoeds zou klappen. De gemeente besloot dat de zes woningen die het dichtst bij de bom stonden, dus ook het huis waarvan de fundering moest worden hersteld, helemaal gesloopt moesten worden. Daarna kon de bom veilig worden opgegraven en in een afgelegen gebied tot ontploffing worden gebracht.

De vraag was: hoeveel moest de gemeente betalen voor het uitkopen van de laatste bewoners? Een paar bewoners namen het bod van de gemeente aan, drie van de zes woningen boven de bom stonden inmiddels leeg, er zaten stalen platen voor de deuren ('Dit object wordt beveiligd door VPS', waarschuwden stickers). De andere bewoners bleven zitten in afwachting van een beter bod. Intussen stegen de huizenprijzen.

De bom leek me een mooi verhaal. De vraag was alleen: hoe liep het af? Er moest nog een clou komen, in elk geval een knal. Vaak als ik over de stoep liep naar de supermarkt of om de kinderen weg te brengen, dacht ik na over wat die bom ons te zeggen had.

Op 3 oktober 1941 was hij uit de nachtelijke hemel gevallen, dwars door het dak van een woonhuis geknald, had zich door drie plafonds geboord, ook door een piano, daarna door de vloer van een souterrain, vervolgens nog door meters zand en was uiteindelijk blijven steken in de kleilaag die millennia geleden was meegevoerd door de rivier. En daar lag-ie nog. Hield zijn oude kruit droog.

De Britse bom was voor de Rotterdamse haven bedoeld, die bezet was door de Duitsers. Toentertijd lagen de havengebieden nog in de stad zelf. De Britse vliegers hadden kaarten bij zich gehad en lijsten met doelwitten. Maar het was nacht en richtmiddelen waren primitief. De honderden brisantbommen die de Britten die nacht afwierpen, troffen behalve de havens ook een kerk, een ziekenhuis, een bejaardentehuis, de dierentuin. In de twee uur tussen half tien 's avonds en half twaalf stierven 128 burgers en vielen 500 gewonden.

'*A very successful attack indeed*', zo noteerden de Britten over het bombardement.

Er werden tijdens de oorlog méér Rotterdammers gedood door bommen van de Britten en Amerikanen dan door bommen van de Duitsers, las ik. Die geallieerde piloten kon je weinig kwalijk nemen. Het waren mannen van rond de twintig die hun leven waagden om een totalitair regime te verdrijven uit een land waar ze niet eens woonden.

Sowieso was de oorlog een periode waar ik me weinig bij kon voorstellen. De bom in mijn straat was een godwin: een luie verwijzing naar een oorlog die ik goddank niet had meegemaakt. Lekker in de grond laten zitten, dacht ik.

Maar het was de stad zelf die steeds over de oorlog begon. Over dat andere bombardement: het Duitse bombardement van 14 mei 1940. Dat hoorde bij de ontstaansmythe van het moderne Rotterdam. Elk jaar op 14 mei, de dag van het bombardement, waren er toespraken, liederen en spokenwordoptredens. Honderden boeken, films, gedichten en liedjes waren er in de loop der jaren over het bombardement gemaakt. Steeds een variatie op de legende van de feniks: het fabeldier dat uit zijn as herrees. Je hoorde vaker over het bombardement dan bijvoorbeeld over de 12.000 Joodse stadgenoten die Rotterdam voor de oorlog nog telde. Minder fraai verhaal.

Op weg naar mijn schrijfpaleis fietste ik dagelijks over de Blaak langs de 'brandgrens'. De grens van de vuurzee die de stad had verwoest; de grens tussen de oude en de nieuwe bebouwing. Hij was gemarkeerd met rode lampjes in het trottoir, met daarin een logo dat bestond uit vlammen, bommenwerpers en het silhouet van het beroemde standbeeld van Ossip Zadkine: een mensfiguur die zijn handen ten hemel heft.

Langs de brandgrens werden soms skatetochten georganiseerd. Er was ook een brandgrensrun. En 14 mei, de dag van het bombardement, was een stadsverjaardag. Ieder Rotterdams kind groeide ermee op: de Duitsers gooiden de stad plat, maar wij bouwden haar weer op, mooier en moderner dan ooit.

Alleen lag de stad na dat bombardement niet plat. Er bestaat een beroemde luchtfoto van de toren van de middeleeuwse Laurenskerk die als enige nog recht overeind staat, met daaromheen een kale vlakte waarop zelfs het stratenplan nauwelijks herkenbaar is. Alsof een goddelijke hand de kerk heeft behoed. Die foto werd alleen genomen jaren na het Duitse bombardement.

Direct na het bombardement stonden in de binnenstad nog duizenden panden overeind. Soms was er nog slechts een geblakerd skelet, maar veel panden waren nog in heel behoorlijke staat en konden worden hersteld. Na de oorlog was een lange lijst gemaakt met 144 historisch gezien waardevolle panden die het bombardement hadden overleefd, las ik in het boek *Maak een stad* van Wouter Vanstiphout. Maar op een enkel pand na moesten ze allemaal alsnog tegen de vlakte, schreef een hoge ambtenaar aan de gemeente. 'Er moet een nieuwe stad komen en men binde den nieuwen stedenbouwer niet aan bestaande gebouwen.' Zelfs het schip van de Laurenskerk, het oudste gebouw van de stad, de ziel, Notre-Dame, moest gesloopt, alleen de toren kon wellicht blijven.

De stad moest bevrijd worden van wat in de weg stond. Alleen vanuit economisch oogpunt was dat logisch: een kerk is een zeer inefficiënt pand, het staat zes van de zeven dagen vrijwel leeg.

De stad smeulde letterlijk nog na, toen de hele binnenstad met één pennenstreek onteigend werd. Alle panden die overeind stonden, moesten alsnog tegen de vlakte. En niet alleen de panden, ook alle fundamenten, kelders, leidingen, het stratenplan. Het stadsbestuur liet honderden, duizenden huizen slopen die nog te redden waren geweest. Dáárom is de vlakte op de luchtfoto zo kaal.

Die sloopdrift was al lang voor het bombardement begonnen. Al ver voor de oorlog droomde de stadselite van een geheel nieuwe stad. Rond 1850 was Rotterdam nog een middelgroot handelsstadje met ongeveer 70.000 inwoners. In 1863 begon de aanleg van de Nieuwe Waterweg, het Suezkanaal van Europa, die de Rijn verbond met de oceanen en van Rotterdam een *boomtown* maakte. Tussen 1860 en 1900 verdrievoudigde de bevolking. Die nieuwe inwoners waren vooral arme havenarbeiders. Intussen was er ook een machtige elite van havenbaronnen ontstaan. Die kregen het in de stad voor het zeggen, ongeveer zoals wanneer er nu een machtig bedrijf als Amazon neerstrijkt in een plattelandsstadje.

Zo kwam Rotterdam eind negentiende eeuw bekend te staan als een kille handelsstad. Als 'Zaken-Rotterdam', een 'verdord, vermaterieeld, stóm Rotterdam', dat 'zichzelf verslet zonder enig lichtpurper ideaal', zoals de schrijver Herman Heijermans een van zijn personages liet tieren in zijn roman *Kamertjeszonde*.

In Rotterdam heerste 'de geest van materialisme, van [...] koud mercantilisme', herinnerde voormalig politicus en bibliothecaris Willem van Ravesteyn zich in een lezing voor een historisch genootschap. Zo vooruitstrevend als de stad was op het gebied van de haven en de handel, zo achterlijk was de stad op het gebied van cultuur. Het was een 'slopersstad'. Ter illustratie gaf Van Ravesteyn zijn gehoor een opsomming van alle kerken, buitenplaatsen, parken, volksbuurten die gesloopt waren, nog voor de oorlog uitbrak. Zelfs de prachtige oude Diergaarde werd vernield. 'Een bijna onafgebroken proces van vernieling', noemde Van Ravesteyn het. En het bombardement van 1940? Dat was volgens hem niet anders 'dan de voltooiing, de apotheose van een proces [...] dat al veel eerder, in de tweede helft der 19de eeuw was begonnen'.

Voor die sloop was Rotterdam pas echt mooi, las ik nota bene in *De Groene Amsterdammer* van 1937. De stad had 'een eigen geheimzinnige bekoring', volgens het artikel, 'singels, binnenhavens en slooten waren talrijker dan gewone straten. Het verkeer in de binnenstad ging grootendeels over water en over tallooze hooge ophaalbruggetjes. [...] Waar vond je zoomaar midden in de stad een vredig weiland met slooten en knotwilgen, koeien en schapen?' Al dit moois was ten prooi gevallen, zo stelde de schrijver, aan 'ongebreideld liberalisme' en de zucht om geld te verdienen.

Rotterdam spiegelde zich begin vorige eeuw aan de nieuwe steden die verrezen aan de andere kant van de oceaan, las ik in *Dromen van een metropool* van Patricia van Ulzen. Steden als New York en vooral Chicago, met een stadshart vol snelwegen en moderne hoogbouw. De stadselite zag de verkrotte volksbuurten als een gezwel dat moest worden weggesneden om ruim baan te geven aan de nieuwe economie.

Begin twintigste eeuw werd de Zandstraatbuurt al gesloopt, de volksbuurt die op de plek lag waar nu het stadhuis staat. Er woonden veel Joden, de beroemde cabaretiers Heintje en Louis Davids kwamen ervandaan. Het was een migrantenwijk geweest met een levende informele economie en een bloeiende culturele scene. Hier lag ook de rosse buurt van Rotterdam. Het was de 'pittigste, eigenste, schilderachtigste wijk van heel dat stomweg voortjakkerende Rotterdam', in de woorden van journalist M.J. Brusse. Maar juist dat 'bloedrode hart' werd uit de stad gesneden.

In de jaren voor de Tweede Wereldoorlog droomde de stad hardop verder: in tijdschriften verschenen toekomstimpressies van Rotterdam als *skyscraper city*. Een stad van de toekomst met torens en snelwegen.

En het bleef niet bij dromen. In 1937 werd gestart met de aanleg van een snelweg, dwars door de stad. De snelweg ging zelfs onder de rivier door, via de Maastunnel, een knap staaltje ingenieurswerk, geïnspireerd op de Holland Tunnel tussen New York City en Jersey City, New Jersey.

Het bombardement kwam niet eens slecht uit, zou je kunnen zeggen. Voor de machthebbers was het een kans om hun ideeën uit te voeren, zonder de hinder van bewoners. Al tijdens de oorlog was een nieuw ontwerp gemaakt. Dat was nog vrij conservatief: wie de oude stad gekend had, zou in de nieuwe niet verdwalen. Maar de Duitse bezetter vond het plan niet radicaal genoeg. Adolf Hitler zag een rol voor Rotterdam weggelegd als belangrijkste havenstad van het Germaanse Rijk. Daar hoorden grote gebouwen bij, brede boulevards, geen kneuterigheid. En niet alleen hij vond dat: ook een groep invloedrijke Rotterdamse zakenlieden. Ze droomden van een binnenstad waar bijna geen woonhuizen meer waren, waar alles draaide om winkelen, geld verdienen, autorijden.

Die zakenlieden kwamen tijdens de oorlog weer samen, onder leiding van de directeur van de Van Nelle-sigarettenfabriek. Ze pleegden een soort coup: ze slaagden erin om de conservatieve stadsontwerper weg te werken en schoven een nieuwe naar voren. Die ontwierp een plan naar hun wensen. Rotterdam moest een logistieke machine worden met een louter commercieel hart.

Zelfs de geboorteplek van Rotterdam, de Oude Haven, daar waar de Rotte de Nieuwe Maas in stroomde, was niet heilig. Op de plek van mijn schrijfpaleis zou een reusachtig verkeersknooppunt moeten komen met een doorsnee van driehonderd meter.

Gelukkig kun je tot op de huidige dag de Laurenskerk bezoeken. Ook de Oude Haven bleef gespaard, het geplande verkeersplein kwam uiteindelijk elders. Wel kreeg Rotterdam dat centrum waar bijna geen mensen meer woonden, waar je kon winkelen en zakendoen: een centrum gewijd aan de economie.

Maar eerst werd na de oorlog de haven herbouwd. Schip moest varen. Het eerste gebouw dat in de binnenstad verrees, was een bank. Voor de oorlog stonden er 25.000 woonhuizen in de binnenstad, na de wederopbouw kwamen er maar 5.000 terug. En de nieuwe huizen in de buitenwijken kwamen pas in de jaren zestig en zeventig; tot die tijd verbleven veel inwoners in noodwoningen.

Wat vonden zij er eigenlijk van? Hoe keken de bewoners van de gewiste stad ernaar dat ze nooit konden terugkeren? Ik vond boekenkasten vol over de wederopbouw, vaak over architecten en planologen, maar de stemmen van de bewoners vond ik nauwelijks.

Al tijdens de oorlog werd burgers te verstaan gegeven dat ze geen traantje moesten laten. Op de eerste gemeenteraadsvergadering na het bombardement, voorjaar 1940, zei de burgemeester: 'Wij mogen intusschen niet bij het verleden stilstaan. Wij moeten weder vooruit.'

De culturele elite sloeg dezelfde optimistische trom. Al in de zomer van 1940, een paar maanden na het bombardement, werd in een Rotterdamse bioscoop een revue opgevoerd, met als strekking dat Rotterdam mooier uit de as zou herrijzen. *Het hart van Rotterdam*, zo heette de revue. Anton Koolhaas, een destijds beroemde schrijver, de vader van de architect Rem Koolhaas, was een van de initiatiefnemers. Hij wilde per se dat het stuk een blijspel werd. 'We doen je weer herrijzen, bouwen je uit tot havenstad aan zee', zo ging een lied.

Speciaal voor de voorstelling had de bekende dichter J.C. Bloem een nieuw gedicht geschreven, getiteld 'Rotterdam', met deze strofen:

Klaag niet. Steeds bloesemen de tuinen
Boven verganklijkheid en wee:
Een herder rust thans op de puinen
Van Babylon en Niniveh.

Klaag niet? Als mensen ooit een reden hadden om te klagen, was het toen: de stad lag in puin, de nazi's hadden de stad bezet, de doden van het bombardement waren nauwelijks begraven. Hoezo niet klagen? Diezelfde Koolhaas zou tijdens de oorlog ook zeer welwillende recensies schrijven van Duitse propagandafilms, waaronder zelfs de beruchte nazifilm *Der ewige Jude*. Maar hij was bij lange na niet de enige optimist.

De vrolijke toon – tegenwoordig zou je het *gaslighting* noemen – ging na de oorlog door. Al wie hier omkeek, die was af. Er kwam geen herdenking van de doden van het bombardement, maar wel een jaarlijkse Opbouwdag. En in plaats van een monument ter nagedachtenis van de burgerslachtoffers kwam er een monument voor de mensen die de stad en de haven moesten opbouwen. Op de Coolsingel werd het Aan den slag-monument onthuld. Bij de onthulling van dit monument gaf de invloedrijke voorzitter van de Kamer van Koophandel een peptalk aan alle Rotterdammers. Karel Paul van der Mandele heette hij, een bankier, de schaduwburgemeester van de stad. Het Aan den slag-monument hoorde bij een reclamecampagne: Werk Wekt Welvaart.

'Harde arbeid', zo hield hij de stad voor, is 'de enige manier, waarop wij onze doden kunnen gedenken.'

Niet huilen, maar de handen uit de mouwen; niet lullen, maar poetsen. Dat was de boodschap die Rotterdammers te horen kregen. De 'luidruchtige wederopbouwretoriek overstemde uitingen van rouw', constateerden historici Susan Hogervorst en Patricia van Ulzen in hun studie *Rotterdam en het bombardement*.

Vrolijk doorgaan kan getuigen van menselijke overlevingsdrang; maar dit was een opgelegd optimisme, emotionele dwangarbeid: de inwoners moesten de lof zingen van een stad die hen verdreef. De binnenstad was één grote Tweebosbuurt.

Die Rotterdamse stadsbevolking was bovendien mooi om de tuin geleid. Het Basisplan voor de wederopbouw van Rotterdam werd in 1946 bekendgemaakt. Datzelfde jaar werd het Bureau Voorlichting en Publiciteit opgericht: speciaal om de harten van de bevolking te winnen voor de nieuwe stad, middels reclamefilms en kleurrijke folders. De gemeente presenteerde het plan voor de nieuwe binnenstad in een fraai geïllustreerd boekje getiteld *Het nieuwe hart van Rotterdam*. De begeleidende tekst begon heel invoelend: 'Rotterdammer, denkt gij nog wel eens aan Uw oude stad?' Jazeker, zullen de lezers gedacht hebben: dat was die levende, volkse stad die we zo missen!

Maar beetje bij beetje zaaide de tekst twijfel. Hoe fijn was die oude binnenstad eigenlijk? Stonk het er niet? Was het niet te krap? 'Ziet ge de verkeersverwarring nog wel voor U, in de Posthoornsteeg, op de Zeevischmarkt, op het Calandplein, op de Willemsbrug en op nog zooveel andere punten, waar de sleeperskarren op de hobbelige keien de wanhoop waren van den automobilist?'

Die oude stad was in feite een keurslijf, stelt de schrijver. De stenen erfenis zat de vooruitgang in de weg. 'Realiseert gij U, Rotterdammer, dat vele der dierbaarste herinneringen aan wat in de Meidagen verloren ging zich juist vasthechtten aan wat, nuchter bezien, slechts tekortkomingen waren van onze oude stad?'

Wie terugverlangde naar de oude stad, voelde zich inmiddels behoorlijk sentimenteel en ouderwets. Wat volgde waren dan de herbouwplannen: de nieuwe binnenstad wordt een 'winkel-city' waar 'onherroepelijk' een deel van de oorspronkelijke bewoners voor zal moeten wijken. Een stad gegrond op de 'logische distributie der verschillend bestemde wijken'. En uiteraard was dit een stad die we 'samen' gingen bouwen.

Logisch. Onherroepelijk. Samen.

De communicatiestrategie werkte. De bevolking verzette zich nauwelijks, voor zover die inspraak had. In weinig andere steden waren de stadsbestuurders en het zakenleven zo innig verstrengeld als in Rotterdam. Veel Rotterdammers waren nog niet diep geworteld. Veel van de nieuwkomers waren bovendien straatarm geweest toen ze naar de stad kwamen, ze waren allang blij dat ze werk hadden.

Dat ze hun gevoelens niet toonden, wil niet zeggen dat ze die niet hadden. En het was de Bijenkorf, nota bene, die hun gevoelens het best vertolkte. Dat Joodse bedrijf had in de oorlog veel winkelmedewerkers verloren. Die hadden ze willen herdenken, maar men was bang geweest voor de reacties: ook na de oorlog gloeide er nog antisemitisme in de stad. Men wilde niemand voor het hoofd stoten.

Daarom liet de directie een anoniem en algemeen monument maken, voor alle doden. Gemaakt door een beeldhouwer van buiten: Ossip Zadkine. Hij schiep het monument Stad zonder hart: een mensfiguur die kronkelt als een verkoolde lucifer, met een gat op de plek waar het hart zat, die zijn armen ten hemel heft. 'Ik heb tranen geboetseerd', zei de beeldhouwer er zelf over.

Tot in de jaren zeventig zou geheim blijven wie het monument had geschonken. De bevolking sloot het beeld vrijwel onmiddellijk in het hart. Begin jaren vijftig heerste er zelfs 'Zadkine-mania' in de stad, las ik in *Rotterdam en het bombardement*. Alsof de inwoners de leegte in het eigen lichaam herkenden.

Stad zonder hart was een monument voor een dubbel weggestopt verdriet. Dat van de Joden, die na de oorlog niet konden rouwen, en dat van de Rotterdammers, die niet mochten klagen over het verlies van hun stad.

Verdriet over verdriet dat niet mocht zijn: honderdduizenden opgekropte schreeuwen explodeerden hier in brons.

Had Rotterdam het anders kunnen doen? Was die oude binnenstad dan zo veel beter? Leefden in die oude krotten niet tienduizenden mensen opeengepakt in erbarmelijke, onhygiënische omstandigheden? De nieuwe winkel-city was toch beter? Maar dat was een vals dilemma. Want er waren ook andere opties geweest, zoals de historische stad in ere houden, herbouwen zonder de nadelen ervan. Die keuze kregen de burgers niet.

Dat het heel anders kon, bleek uit de binnensteden van veel andere Europese steden die tijdens de oorlog waren vernietigd. Ik zocht op 'oude binnenstad' + 'Warschau' en zag foto's van een prachtig historisch centrum. Kastelen, paleizen, kleurrijke oude gevels rond een plein. En toch was ook deze binnenstad in de oorlog vrijwel compleet verwoest. Maar: Poolse architecten hadden de bouwtekeningen van de oude stad tijdens de oorlog verborgen in kloosters. Aan de hand van die oude tekeningen werd de binnenstad van Warschau na de oorlog in razend tempo hersteld. Het centrum was al gereed in 1952, toen Rotterdam nog een vlakte was.

Die Poolse architecten wisten: steden zijn niet van steen, ze bestaan uit weefsels van herinneringen. Je zou een rondreis kunnen maken door Europa langs die steden, van Dresden tot Middelburg, om te zien welke kans de Rotterdammers ontnomen is. Of welke grotere ramp de stad was bespaard, zie Le Havre: dat werd een blokkenstad. In elk geval: er was een keus.

Of misschien had Rotterdam ook voor de oorlog gewoon niet zo'n fraaie binnenstad gehad? Het was per slot van rekening voor de oorlog al een zakenstad? Ja, dat dacht ik. Totdat ik op een middag thuis op de bank keek naar een oude documentaire over Rotterdam. Het was een film uit 1928, *De stad die nooit rust*, gemaakt door de Hongaarse cameraman Andor von Barsy

(1899-1965). Een groot deel van de film ging over de haven, maar Von Barsy had ook oog voor het centrum zelf.

Ik viel bijna van de bank van verbazing. De cameraman zat in een bootje en voer door de grachten – ja, de grachten! – van Rotterdam. En langs die grachten stonden veel bomen – ja, veel bomen! – en in de schaduw van het lover, daar wandelden mensen – ja, ze wandelden, zomaar, midden op straat! Het geluid bij de film was wat mij nog wel het meest verbaasde: voortdurend klotsend water, bijna geen autogeluiden.

'Het is net Venetië!' riep ik naar mijn laptop.

Dat was wat overdreven, maar niet heel erg.

Zelfs de razende Blaak was op die oude film nog een lommerrijke gracht, een spiegelende waterpartij. Daar kwam ook die prachtige naam vandaan: van blaken, ofwel schitteren. Bijna dagelijks fietste ik over die weg naar mijn werkpaleis. De gracht was gedempt met het puin van verkruimelde geveltjes; nu stonden er hoekige banken, rederijen en de Kamer van Koophandel: kantoorkolossen zonder ogen. De stad was hier op zijn vierkantst.

Ik was niet de enige die baalde van wat onnodig verdwenen was. Later keek ik een andere film: de documentaire *Stad zonder hart*, van Jan Schaper, uit 1966. Eerst toonde hij beelden van de vooroorlogse stad. De steegjes, de volksbuurten, de herenhuizen aan de Nieuwe Maas. Het ging over de honderdduizend Rotterdammers die voor de oorlog in de binnenstad woonden.

Rotterdam had toen een levendig centrum, vertelde de filmmaker: met vijfhonderd cafés en vierentwintig kerken en met bewoners die hun leven op straat leefden. Maar voor het herstel van dat 'onzichtbare weefsel' werd geen wederopbouwplan opgesteld, 'omdat het niet-menselijke voor moest gaan'.

Daarna toonde hij beelden uit 1964 en 1965 van de nieuwgebouwde stad: een 'stad zonder hart', een verkeersmachine om te werken en te winkelen, het perpetuum mobile van de economie. De nieuwe stad was fonkelnieuw en bezemschoon, maar zoals een verontwaardigde bewoner in de film zei: 'Er zit geen menselijkheid in, er zit geen stúíver menselijkheid in.'

Deze film vertolkte de gevoelens van de meeste Rotterdammers, bleek een paar jaar later, toen die bevolking eindelijk naar de psycholoog mocht. Opnieuw dankzij een warenhuis: de V&D. Dat wilde weten hoe het nou toch kon dat er zo veel 'onbehagen' was over het nieuwe centrum, want dat was toch 'één van de pronkstukken van de internationale moderne stedebouw'? Die vraag legde het bedrijf voor aan de Rotterdamse hoogleraar sociale psychologie Rob Wentholt, in 1968 verscheen zijn onderzoeksrapport.

Deze wijze professor had iets revolutionairs gedaan: praten met de Rotterdammers zelf. En ze liepen leeg op de divan. Ze noemden hun stad 'onpersoonlijk, koud, onherbergzaam'. Ze betreurden het 'kakoscopisch effect van duizendmaal hetzelfde raam en de verstarde mondriaanse patronen'. Ze laakten de 'onlesbare dorst' van het autoverkeer, dat het stedelijk leven had 'verruïneerd'. Ze beschreven de nieuwe stad als een mensvijandige woestijn, vertelden dat ze letterlijk rilden als ze de stad zagen opdoemen vanuit de verte.

Maar nu kwam het wonderlijke: veel mensen durfden het nauwelijks toe te geven dat ze de nieuwe stad kil vonden. Ze begonnen hun verzuchtingen steeds met zinnen als: 'Ik weet, dat het ouderwets van me is...' Of: 'Het is misschien sentimenteel van me maar...' Of: 'Het zal wel aan mij liggen dat ik het niet mooi kan vinden, ik denk dat ik niet modern genoeg ben...'

De vooruitgangsideologie had er flink ingehakt. Professor Wentholt constateerde dat gevoelens van onmacht en schaamte overheersten. 'Bijna schoorvoetend komt men uit voor persoonlijke reacties die niet stroken met de officiële ideologie, waar men wel in gelooft.'

Hij publiceerde zijn bevindingen in 1968 in het boek *De binnenstadsbeleving en Rotterdam*. Daarin ontleedde hij ook de ideologie achter de nieuwe stad: een zuiver zakelijk wereldbeeld, gebaseerd op ‘kwantificeerbare belangen’, zoals handelsstromen en verkeersaantallen.

‘Alles wat zakelijk overbodig leek kon beter worden geschrapt, versieringen zonder concreet zakelijke functie waren per definitie on-esthetisch; zachte lijnen, groen, natuurlijke vormen en gestalten konden tot een minimum worden beperkt want zij hoorden niet bij een moderne stad en gaven maar valse romantiek.’

Het was een ideologie van functionalisme en rechtlijnigheid, die als het even kan zelfs ‘een slingerende beek in een recreatielandschap’ zou ‘rechttrekken tot een stijf kanaal’. Alsof hij het over de Nieuwe Waterweg had, dacht ik.

En ik voelde me zowaar ook begrepen door die oude professor toen hij schreef: ‘Er is troost voor diegenen die zich voor hun menselijke privé-reacties op de binnenstad schamen. Zij zijn niet meer ouderwets. Integendeel: zij zijn hypermodern.’

De rillingen die ik vroeger had gevoeld in de binnenstad, kwamen ergens vandaan. Rotterdam was de naam van de plaats waar de economie altijd voorrang krijgt.

Moet gezegd: vanuit zakelijk oogpunt was het nieuwe Rotterdam wél een groot succes. In de tien jaar tussen 1957 en 1967 legde de stad Rotterdam méér haven- en industrieterreinen aan dan in de vijftig jaar ervoor. Een ‘woekering’ van nieuwe haventerreinen, schreven Kees Schuyt en Ed Taverne in *1950. Welvaart in zwart-wit*. ‘Er is in Nederland geen plek aan te wijzen waar het “paradijs van oneindige, economische groei” een zodanige technocratisch en vooral “leeg” gezicht heeft gekregen als juist in de Rotterdamse haven.’

Die groeide in de jaren zestig uit tot de grootste van de wereld. Om dat te vieren, verscheen in 1969 een reclameboek van de gemeente Rotterdam met een glimmend zilveren omslag en de titel: *Rotterdam-Europoort, natuurlijk*. Het was een lofzang op de haven – en op het slopen van de binnenstad. ‘Zo konden Rotterdamse stedenbouwers met een schone lei beginnen', stelde het boek. En de Rotterdammers, die vonden dat helemaal niet erg, zo wist de schrijver. 'Rotterdammers zijn ruimhartig. Zij houden van opschieten. Zij hebben plezier in nieuwe contacten. Zij zijn – gewoon – zakelijk.'

Nu ja, in elk geval was de stád zakelijk: die stelde zich volledig open voor de wereldhandel, een slet zonder lichtpurper ideaal, zou je bijna zeggen. Opnieuw, uit het glossy fotoboek *Rotterdam-Europoort, natuurlijk*: 'Rotterdam is vrijer dan een vrijhaven. Dat betekent dat droge belastingwetten voor Rotterdam als volgt gelezen worden: "Er worden zo weinig mogelijk belemmeringen in de weg gelegd voor handel, verkeer en industrie. Aan het bedrijfsleven wordt een zo groot mogelijke vrijheid toegekend. [...] De hele wereld kan Rotterdam gebruiken als pakhuis en werkplaats."'

In diezelfde jaren vijftig en zestig, terwijl de haven woekerde, verdwenen er in Rotterdam méér kubieke meters aan historische panden dan tijdens de oorlog zelf. En in de jaren zeventig gingen er wéér vooroorlogse wijken tegen de vlakte. Als het aan de stadsplanners had gelegen, was ook het Oude Westen platgegaan, de wijk waar ik verliefd op was geworden – bewoners en krakers hielden de sloop tegen.

In mijn eigen tijd kroop de brandgrens nog steeds verder. Niet alleen in wijken zoals de Tweebosbuurt: tussen 2001 en 2021 verdwenen er netto 25.000 sociale huurwoningen in Rotterdam. Tot 2030 zouden er nog eens 20.000 moeten verdwijnen.

Intussen bleven de torens doorgroeien, met bouwborden als: 'Welkom in de beste binnenstad van Nederland'. Communicatie werkt soms. Ook bij mij sloeg weleens de twijfel toe. Was ik niet ouderwets en sentimenteel? Was de binnenstad niet véél levendiger dan voorheen? Waren de nieuwe torens niet ook gewoon imposant en soms zelfs elegant?

Eén toren had mijn speciale belangstelling. Die verrees op een van de laatste stukjes van de kale vlakte waar na de oorlog nog niets nieuws was neergezet. Vlak achter de kubuswoningen, ingeklemd tussen een brug en de kunstacademie aan de Blaak, had een wat naargeestig, duister steegje gelegen met een grasveldje vol hondenpoep. Ik was er dagelijks langsgefietst tot er op een dag ook hier een bouwbord verscheen.

'*This is OurDomain*', stond er naast foto's van glimlachende jonge mensen in allerlei kleuren. Er verrees een kleine toren van vierentwintig etages met zeshonderd woningen. Met een *sky lounge*, een *rooftop gym*, een *game room*. De woontoren kwam op 'het enige kavel dat sinds het Duitse bombardement van 14 mei 1940 nog niet was herbouwd', las ik op een architectuurwebsite. 'OurDomain is daarmee de sluitsteen van de wederopbouw.' Bij wijze van historische verwijzing zou de gevel versierd worden met een patroon dat verwees naar het bombardement.

OurDomain was een 'woonmerk' van de Amerikaanse vastgoedontwikkelaar Greystar. Greystar had vestigingen van Parijs tot Shanghai en beheerde meer dan 600.000 'woonunits'. Als kernwaarden noemde het bedrijf: '*diversity, equality, inclusion, and belonging*'.

De kale huur van een woning in de OurDomain-toren leek schappelijk: ongeveer 750 euro. Precies onder de grens voor sociale huur, zodat de bewoners aanspraak konden maken op huurtoeslag. Boven op die kale huur kwamen nog wel vaste servicekosten van 200 euro. Eén ruimte van 25 vierkante meter kreeg je daarvoor. OurDomain mikte op young professionals, starters, jonge expats, studenten.

Op Yelp, zag ik, kreeg vastgoedbedrijf Greystar een recensie van gemiddeld één ster. Op Google en Trustpilot was de score niet veel beter. Ik vond een paar Amerikaanse websites die gewijd waren aan getuigenissen van 'Greystar-overlevers'. De woorden van één recensent vatten de ervaringen van velen samen: 'DO NOT LIVE ANYWHERE RUN BY GREYSTAR: THEY WILL RUIN YOUR LIFE'.

Toen de toren eenmaal was opgeleverd, bracht ik een bezoek. Bij het raam in de entree stond een ingelijst gedicht van Jules Deelder ('De omgeving / van de mens / is de medemens'); er was een concertpiano, er hingen blokken aan de muur die containers voorstelden. De *property operations manager*, die niet bij naam genoemd wilde worden, ontving me bij een receptie. We namen de lift naar de sky lounge. Onderweg groette de manager de schoonmaakster, van wie hij de naam kende. Om hier een *community* te smeden, organiseerde hij bierproeverijen, mindfulnesslessen, zumbacursussen. Er waren een bar, een muziekruimte, een dakterras met ligstoelen en een overdekt keukenblok. De eenpersoonsunits telden inderdaad 25 vierkante meter, iets minder vloeroppervlak dan de meestgebruikte zeecontainers van 40 voet, maar wel met prachtig uitzicht. Toen de manager vroeg of ik er zou willen wonen, kon ik niet anders zeggen dan: waarom niet?

Maar ik zat met een vraag in mijn maag. De toren was niet voor iedereen toegankelijk, had de lokale nieuwszender OPEN Rotterdam ontdekt. OurDomain stelde als harde eis dat huurders in het bezit waren van een hogeronderwijsdiploma of ingeschreven stonden aan een hogeschool of universiteit. De doorsnee timmerman of thuiszorgmedewerker kwam er niet in.

Juridisch gezien deed OurDomain niets verkeerd. De Rotterdamse wethouder Bas Kurvers had de toren van OurDomain zelfs genoemd als voorbeeld van hoe commerciële partijen ook heel goed betaalbare woningen konden realiseren.

Na de rondleiding bood de manager me een drankje aan in een bar aan de voet van de toren. Ik vroeg hem waarom niet iedereen in het woonmerk mocht wonen. 'Je bent op zoek naar mensen in dezelfde levensfase', zei hij. 'We willen hier een community van gelijkgestemden creëren.'

Diploma's en geld waren nu de toegangstickets tot de stad. De 'diversity, equality, inclusion, and belonging' uit de kernwaarden betekenden het tegenovergestelde: de toren sloot bijna 70 procent van de Rotterdamse bevolking uit.

Deze toren leek me inderdaad de apotheose van het bombardement, de bom onder de stad: Rotterdam, óns domein. En niet dat van jou.

Op 14 mei, de dag dat Rotterdam het bombardement herdacht, werden op de gevel van de net opgeleverde OurDomain-toren alle namen geprojecteerd van de 805 burgerslachtoffers die bij het bombardement op de binnenstad waren gevallen. De namenlijst stond ook op de website van het stadsarchief, met daarachter de beroepen die de binnenstadsbewoners hadden uitgeoefend. Monteur. Havenarbeider. Naaister. Bloemist. Fabrieksarbeidster. Kelner. Dienstbode. Elektricien.

Rotterdammers die, als ze nog geleefd hadden, in de toren niet welkom waren geweest.

12

DE UITVINDERS VAN DE SAAMHORIGHEID

Op een dag hing er een reclameposter op het elektriciteitshuisje bij mij om de hoek, met foto's van breedgeschouderde mannen in feloranje en felgele overalls.

HAVENHELDEN GEZOCHT

De poster verwees naar een website met vacatures voor sjorders bij Matrans, een Rotterdams havenbedrijf. 'Iedere havenbaron mot erges beginnen', las ik. En: 'Helden, hiero melden! Krijg er een havenfamilie bij!'

Ik had gedacht dat er in de haven geen werk meer was, maar misschien had ik te veel documentaires over robots gezien. Dus vulde ik een sollicitatieformuliertje in, meldde dat ik als schrijver de haven wilde begrijpen, dat ik daarom een poosje wilde werken als sjorder – een week of zo, daar dacht ik aan, desnoods gratis. Ik schreef erbij dat ik fit was; dat ik bijbanen had gehad in onder meer de sloop, op Schiphol en als krantenbezorger. Wat waar was, maar dat was wel twintig jaar geleden.

Ik werd teruggebeld door het hoofd personeelszaken, dat me uitlegde wat het werk inhield. Sjorders zetten met stalen stangen en sloten de containerladingen vast en draaiden ze weer los als de lading gelost werd. Dat werk viel nauwelijks te automatiseren. Rotterdam was een van de modernste havens, hier reden in de jaren negentig al zelfrijdende voertuigen rond, maar een sjorrobot bestond nog steeds niet.

Dus werkten er in de haven van Rotterdam ongeveer 650 containersjorders. Ook bij de zogenaamd 'volautomatische' containerterminals klauterden ze aan boord, leerde ik. Het klonk als een koppig mensenvolkje tussen de reuzenrobots, een van de laatste beroepen waar spierkracht er echt toe deed.

De fysieke eisen voor sjorders leken op die van het leger. Je moest minimaal 1,75 meter zijn (dat redde ik net). Idealiter was je tussen de achttien en de drieëntwintig jaar oud (ik zou met toen negenendertig jaar al een ouwe knar zijn). De kandidaten moesten een fysieke test doen, waarbij je onder meer met een elegante zwiep de 'driemeterstang' moest optillen: een soort stalen polsstok van vijfentwintig kilo. Bij die test vielen zo'n acht op de tien kandidaten al af.

En dan moest je nog hersens hebben, want je diende de tweejarige werk-leeropleiding Havenoperaties af te ronden. Je moest ook tegen jetlags kunnen, want het werk ging vierentwintig uur per dag door, bij weer en wind, bij dag en nacht, volgens een volcontinurooster – ook op een snikhete zomerdag van 35 graden met je veiligheidspak aan; ook in een ijskoude winternacht met min 20, ook als je kinderen naar de dierentuin wilden.

Je mocht ook geen hoogtevrees hebben, want op de megaschepen stonden containers soms wel zeven of negen hoog op het dek gestapeld. En wandelde je dus soms met die zware stangen over het sjorbordes: smalle stalen steigers tussen containerstapels, hoog boven het dek.

Dit ging 'm voor mij niet worden, nee, maar ik was des te nieuwsgieriger naar wat de mensen bezielde die dit werk deden. Ja, het geld natuurlijk, dat sjorren verdiende relatief goed. Als twintiger zonder universiteitsdiploma kon je in de haven zomaar 3.000 euro netto per maand verdienen. Sommige sjorders reden in BMW's.

Maar mensen die puur voor het geld kwamen, haakten als eerste af, vertelde de personeelschef. Nee, het grootste lokkertje was de saamhorigheid. Je maten, handen uit de mouwen, hozen met die dozen. Samen midden in de nacht zwaar en gevaarlijk werk doen, ver weg op een schip, ja, dat smeedde wel een band.

Kort daarna jakkerde ik over de Maasvlakte in het Volkswagen-busje van Ed van den Hoek, praktijkbegeleider van de sjorders van Matrans. Ed leek een echte havenbonk: Elvis-tattoo, geboren in de schaduw van het Feyenoordstadion, zijn vader had ook in de haven gewerkt. We reden naar de Euromax Terminal op het uiterste puntje van de vlakte, vlak naast de snackbar aan het einde van de wereld. We meldden ons bij de security en reden door de poort langs hekken die onder stroom stonden. Nog een kilometer over de kade. Toen we daar uitstapten, viel er een schaduw over ons heen. De Talos meerde aan, een mosgroene kolos van 369 meter lang. 'Dit is nog maar een klein bootje', zei Ed.

Op het water kwamen de 'roeiers' in actie: dat waren de specialisten die met minibootjes dikke touwen aan wal brachten en om de bolders gooiden. Op de kade stond een groepje sjorders ongeduldig klaar. In hun werkhandschoenen hielden ze de sjorpennen vast waarmee ze straks de spanschroeven konden losgooien. Het regende zacht, sommigen droegen een hoody onder hun helm.

'Dit is tenminste écht werk', zeiden ze toen ik ernaar vroeg, 'echt mannenwerk.' Ze gebruikten termen als 'knallen' en 'gas erop'. Ik hoorde zelfs 'niet lullen, maar poetsen' – ze leken me de enigen die dit Rotterdamse cliché mochten gebruiken.

De gangway kwam neer, en nauwelijks raakte die de kade of het gas ging er inderdaad op. Toen ik zelf hijgend en een beetje duizelig aan boord stapte – alsof ik net naar de bovenste verdieping van een flat was gerend, maar dan via een soort touwbrug – klonk boven me al het gekloenk van staal op staal. De containers stonden hier tot acht hoog opgestapeld. Tussen de blokken van gestapelde containers liepen kloven met smalle paadjes en trappetjes. Op die smalle steigertjes gooiden de sjorders containers los, balancerend als circusacrobaten. Maar zonder publiek, op wat zeelieden na waren ze de enige mensen in de wijde omtrek.

We verlieten het schip, terug ging het over de Maasvlakte, in het busje van Ed, bijna twintig kilometer door industrieel niemandsland. We sjeesden langs kilometerslange loodsen en langs eindeloze grijze depots, passeerden vrachtwagens en vrachtwagens vol met – geen idee wat erin zat, maar alles wat je kon bedenken, zei Ed. Wegwerpaanstekers. Sportschoenen. Koekenpannen. Zonnepanelen. Avocado's. Siervuurwerk. Zomerjurkjes. Canon-camera's. Kerstballen. Paashazen. Kinderspeelgoed. Gevaarlijke vloeistoffen. Bloedplasma.

Ed was na school gaan varen. Daarna was hij zelf jarenlang sjorder geweest. Hij had de containerrevolutie meegemaakt.

Een container is ogenschijnlijk niets anders dan een stalen doos met standaardafmetingen die het laden en lossen makkelijker maakte. Stel je een verhuizing voor waarbij al je kleren en eigendommen in losse tasjes, zaken en dozen zitten. En vergelijk dat met een verhuizing waarin alles in standaarddozen is verpakt. Die standaardisering maakte alles sneller, makkelijker, goedkoper.

De eerste container kwam in 1966 in Rotterdam aan. Maar de containers braken pas echt door begin jaren tachtig. Door deze efficiencyslag zouden de transportprijzen uiteindelijk zelfs zo dramatisch kelderen dat ze nog maar een fractie uitmaakten van de kosten van een product. Een paar schoenen verschepen kostte nog maar een paar dubbeltjes.

Dus opeens loonde het om de fabriek te verplaatsen naar landen waar de lonen laag waren. Of om je eten van tienduizenden kilometers ver te halen. Zelfs vers eten: een groot deel van de containers bestond uit reusachtige koelkasten (die zogeheten *reefers* waren meestal ook wit).

Containers verplaatsten dus niet alleen spullen, ze verplaatsten op den duur ook de fabrieken waar die spullen werden gemaakt. De schoenenfabrieken verdwenen uit het Westen en gingen naar Azië, waar er dankzij de nieuwe banen een middenklasse groeide. In de VS zouden veel fabrieksbanen verdwijnen, wat later weer een van de oorzaken van de opkomst van het populisme zou zijn.

Kort door de bocht: zonder containers geen Trump.

Ed en ik reden langs een kilometerslange ringweg in aanbouw. Dat was de Container Exchange Route, zei Ed, een interne baan die alle terminals in de haven met elkaar zou verbinden, zodat de hele Maasvlakte in feite één megaterminal werd.

Op de baan zouden zelfrijdende vrachtwagens komen. Weer zouden er banen verdwijnen. Juist het type baan waar havenarbeiders baat bij hadden, zou verloren gaan: een leven lang sjorren, dat ging niet; maar de laatste twintig jaar nog chauffeur zijn op een vrachtwagen, dat wel. Dus waren er protesten geweest tegen de robotbaan, maar de bouwwerkzaamheden gingen door.

Dit soort teksten gingen er rond op Facebook, zag ik later: 'Mensen word GVD wakker en strijd mee, we hebben het hier over 100 gezinnen !!!' en 'Jou werk, mijn werk, ons werk!!! En niet dat van die fucking Robots!!!'

De mensen die protesteerden, zaten de vooruitgang in de weg, heette het. Rotterdam was namelijk niet meer de grootste haven van de wereld, maar nog wel de enige niet-Aziatische haven in de top tien grootste havens ter wereld. En om daar te blijven, moesten we mee met de tijd.

Intussen was er nog weinig Rotterdams aan de Rotterdamse haven, leek het. Natuurlijk leverde de haven nog steeds banen op. En inde de stad de haventarieven. Maar de meeste winst werd gemaakt door internationale bedrijven en vloeide weg. De terminals die we passeerden, wees Ed, waren in handen van Chinezen of Denen. De schepen vaak idem dito. Zelfs de hypermoderne Rotterdam World Gateway – een spookterminal, volgens sommigen, omdat je er bijna niemand zag – was niet Rotterdams, maar in handen van bedrijven uit Singapore, Japan, Zuid-Korea, Frankrijk, Dubai.

Navigare necesse est – schip moet varen, was het motto. Het leek me geen toeval dat Rotterdam, als eerste Europese haven, in de markt voor containers was gesprongen. Maar Rotterdam was ook de stad waar het verzet het sterkst was geweest. Hier in de haven was het staken min of meer uitgevonden. Begin vorige eeuw waren havenarbeiders nog vaak dagloners. Dankzij vakbonden en stakingen was dat losse werk verdwenen. Ook de relatief hoge lonen die havenwerkers kregen, hadden daarmee te maken.

Juist de Rotterdamse havenarbeiders waren voorlopers in Nederland wat stakingen betreft, schreef socioloog Evert Smit, die zelf jaren als sjorder in de haven had gewerkt. Het waren radicale, vrije jongens, die veel verder durfden te gaan dan de gewone vakbonden, en vaak ook meer voor elkaar kregen. In zijn proefschrift over havenstakingen noemde Smit de Rotterdamse havenwerkers ook voor de moderne tijd 'een lichtbaken'.

Neem de beroemde wilde staking van 1970: 16.000 havenwerkers staakten tegelijk. De toen nog grootste haven van de wereld lag helemaal plat. In een stoet trokken scanderende havenarbeiders vanuit de Waalhaven door de Maastunnel naar de stad. Met succes: ze kregen allemaal 37 gulden per week extra.

Maar de havenwerkers staakten niet alleen voor het geld; soms ook omdat er hogere waarden te verdedigen waren dan geld verdienen. Zoals bij de 'sinaasappelstaking' van 1945, toen havenarbeiders weigerden schepen met Spaanse sinaasappelen te lossen, omdat in Spanje dictator Franco aan de macht was. Stakers waren ons morele kompas.

In Rotterdam lag de wieg van de containerrevolutie, de efficiëntierevolutie. Het was de stad van keihard werken. Maar het was ook de stad van je werk neerleggen.

In de maanden en jaren die volgden, zou de haven blijven trekken. Ik sprak kraanmachinisten en zeelieden, stackerdraaiers, vrachtwagenchauffeurs, reachstackerchauffeurs.

Zoals de Afghaan met grijze baard die ik trof bij winkelcentrum Zuidplein in de stad, met zijn werkkleding aan. Negen jaar eerder naar hier gevlucht, nu wachtend op de witte bus die hem naar de Maasvlakte zou brengen voor de avonddienst. Hij werkte als stackerdraaier: hij draaide sloten in en uit containers, een taak die net als sjorren nog steeds niet was geautomatiseerd, alleen was dit baantje veel minder zwaar.

Ik ontmoette de wijze man die als kind nog kolen had staan scheppen en nu in de Waalhaven elke dag de *Overpeinzingen* van Marcus Aurelius, de stoïcijnse filosoof, meenam in zijn werktas.

Ik ontmoette een man die nog altijd rondliep in een T-shirt met het portret van Pim Fortuyn en het onderschrift 'Het hele land gaat naar de verdommenis'.

De havenarbeiders, hoe verschillend ook, vormden een traditionele dorpsgemeenschap in een hypermoderne wereld. Apetrots op Rotterdam, de haven, Feyenoord – ze zagen geen verschil tussen die drie. Allemaal sterke lijven, zij het soms gehavend. Het waren mannen, vaak wit, die nog veel meer dan ik uit de mode waren geraakt.

Velen maakten zich zorgen over een wereld waarin enkel robots of Chinezen de dienst zouden uitmaken – waarin zij overbodig waren. De verkleinwoorden die ze gebruikten – doossies voor containers, bootjes voor schepen van vierhonderd meter – waren misschien wel nodig, dacht ik, omdat ze zichzelf ondanks hun bonkige lijven nietig zouden voelen op die wereldschaal.

En de familie was kleiner geworden. Ongeveer 2.500 waren er nog. Er waren vetes geweest. Havenarbeiders waren tegen elkaar uitgespeeld, jong tegen oud, de ene terminal tegen de andere, mensen tegen robots, bikkels tegen softies, uitzendkrachten tegen vaste medewerkers. Sowieso vonden de jongere generaties flexwerk normaal, ze hadden niet geleerd dat je soms moest vechten voor je vaste baan.

Intussen waren de rederijen steeds saamhoriger geworden. Die fuseerden en vormden steeds grotere allianties.

'Je houdt het toch niet tegen', hoorde ik ook vaak over die schaalvergroting en die automatisering. Je kon de machine toch niet meer stoppen: de schepen groeiden groter, de torens in de stad groeiden mee.

Niet ver van die torens, in de Waalhaven in Rotterdam-Zuid, had je nog één containerterminal. De Uniport, een van de laatste die nog niet naar de Maasvlakte was vertrokken. Dat was nooit zo'n probleem geweest, totdat de zeeschepen zo groot werden dat ze te diep staken om de stadshavens te bereiken. Steeds vaker lieten rederijen de Uniport links liggen.

Het moederbedrijf, het wereldwijd opererende C. Steinweg, had die ontwikkeling al jaren kunnen zien aankomen, maar niet ingegrepen. De kranen waren verouderd, de terminal lag er wat slonzig bij. Steinweg had al een nieuwe, lucratieve bestemming voor het haventerrein in gedachten.

Dat wegblijven van de schepen werd nu aangegrepen om de stekker helemaal uit de terminal te trekken. Driekwart van de bijna tweehonderd medewerkers zouden op straat worden gezet. Ik betrad de bedrijfskantine toen de medewerkers het nieuws net hadden gehoord. Ik zat tussen terneergeslagen werknemers die hun boterhammen vreugdeloos naar binnen werkten. Ik was het terrein op gegaan samen met Bert Voogt, oud-havenarbeider, marxistisch leninist, nu advocaat en uitgever van het nog altijd zeer linkse blaadje *De Volle Lading*. Hij had een stapeltje exemplaren bij zich.

De medewerkers gingen, zoals eentje het uitdrukte, een 'pleuriskerst' tegemoet. Ik zag een enkele traan, een gebalde vuist. Maar wat viel er te doen? Toen ik later moederbedrijf C. Steinweg om een reactie vroeg, kreeg ik nul op het rekest. Alle kantoormedewerkers waren geïnstrueerd om journalisten niet te woord te staan.

Maar een paar dagen later hadden zich toch enkele tientallen mannen verzameld op de parkeerplaats van de Uniport-terminal.

Er waren ook havenwerkers van Maasvlakte-terminals op komen draven, uit solidariteit met de Uniport. Een enkeling had zwaar vuurwerk meegenomen en stadionfakkels.

De stoet trok naar het hoofdkantoor van C. Steinweg, een pand met geblindeerd glas. Er klonken doffe knallen, rookwolken hingen om de mannen. 'Schaam je kapot! Schaam je kapot! Schaam je, schaam je, schaam je kapot!' riepen ze tegen de blinde ramen. Niemand deed open.

Bij dat protest kwam ik Michel Batenburg tegen. Hij werkte niet op de Uniport, maar op de Maasvlakte. Michel was een van de aanvoerders van Rotterdam Dockers, een club fanatici die de oude havengeest nieuw leven in wilden blazen. Hij nodigde me uit voor een gevecht tegen de robots: de Dockers gingen protesteren tegen de robotbaan die op de Maasvlakte werd aangelegd.

Michel was niet tegen robots, integendeel. Ze maakten je leven makkelijker als je ze goed inzette. Bijvoorbeeld om mensen te ontlasten, of voor arbeidstijdverkorting. En zeker, vóór de containers was het werk in de haven fysiek véél zwaarder en onveiliger. Dat harde werken was heus niet alleen maar rozengeur en maneschijn geweest.

Maar: steeds als de robots kwamen, kregen zij het toch slechter. Dan moesten ze juist harder werken om de robots bij te benen. Kregen ze hartritmestoornissen of diabetes type 2 van het nachtwerk. Robots hadden vele voordelen: voor hun baas in China. Straks, zei Michel, kwam er 5G en kon een tiener in Polen met een joystick en een snelle videoverbinding zijn werk doen.

Hij had vooral iets tegen die filosofie áchter de robots. Tegen die droom van een Maasvlakte vol spookterminals waar vooral multinationals van profiteren, niet de mensen in Rotterdam. Tegen die filosofie van de mens als sta-in-de-weg.

Dat leek me een goeie strijd. Het vierentwintiguursritme van de haven bepaalde het ritme in het achterland, rond distributiecentra in Waalwijk, op vrachtwagenparkeerplaatsen in Venlo. Bepaalde de snelheid van de pakketbezorger in de straat en je eigen verhoogde hartenklop. De haven van Rotterdam was uitgewaaierd over heel Nederland. En was niet te stuiten. Zo leek het, tenminste.

Begin december was een man van vijfentwintig genaamd Yoshi Han aan het werk als sjorder aan boord van de Tihama, een vierhonderd meter lang containerschip dat lag aangemeerd in de Amazonehaven op de Maasvlakte.

Terwijl hij zes containers hoog in de weer was met ijzeren stangen, verloor Yoshi zijn evenwicht en viel hij vijftien meter naar beneden. Met zijn hoofd kwam hij op het dek van het schip terecht. Yoshi droeg een veiligheidshelm, maar was kansloos.

De volgende dag vertrok het schip al, nauwelijks vertraagd, richting het Suezkanaal. Er waren toen al onderzoekers aan boord geweest. Ook de havendominee, Helene Perfors, was even aan boord gegaan, op verzoek van de aangeslagen Filipijnse bemanningsleden, voor een gebed en een ceremonie met wierook en kaarsen.

Maar dat was het, zo leek het. Het dek was weer schoon, nieuwe containers waren geladen, het schip voer. Er was een sjorder omgekomen, de vlaggen op de terminal hingen nog halfstok, maar de haven moest door. Robotkranen plukten containers van het dek en zetten ze op onbemande wagentjes. Navigare necesse est.

Op de avond van het ongeval kreeg ik een appje doorgestuurd van Michel Batenburg. De Dockers wilden de kranen in de hele haven stilzetten. 'Zo veel mogelijk kranen moeten meedoen. Heel de haven rouwt, of het nou Jan, Piet of Klaas is. Altijd voor mekaar zorgen. Tijdens de uitvaart alle klappies omhoog, toch. *boks*'

Maandag, de dag van de uitvaart, ging Ed naar de afscheidsceremonie. Hij kende de omgekomen sjorder Yoshi goed, herinnerde zich hoe die eerder dit jaar binnenkwam bij de vaardigheidstest. Sportschooltype, knap om te zien, tikkie verlegen. Mooiboy, noemde hij 'm.

Yoshi was zoekende geweest, was thaibokser geweest en marinier, maar leek pas in de haven echt zijn draai te hebben gevonden. En vrienden. Een stuk of veertig van zijn collega-sjorders waren naar de uitvaart gekomen. Op een steiger aan de Kralingse Plas staken ze daarna samen stadionfakkels af.

Precies op het moment dat de fakkels ontbrandden, gingen alle kranen van de haven omhoog. Ed zag de filmpjes op z'n telefoon binnenkomen, het ene na het andere. Ook mensen die Yoshi niet hadden gekend, steunden de actie. Omdat ze zich solidair voelden, omdat ze ook collega's hadden verloren, omdat ze zelf de nietigheid van een mensenleven aan den lijve hadden ondervonden.

Het 'optoppen' van kranen gebeurde wel vaker, maar zelden zo massaal. Van de modernste containerterminals tot de erts- en kolenoverslag. Van de Chinezen tot de Arabieren. Van de Waalhaven tot de Maasvlakte. Op de Uniport, de stervende terminal, gingen de oude kleine Liebherr-kranen omhoog. En veertig kilometer verderop, op de Maasvlakte, stonden zelfs de robotkranen even stil.

13

HET SENTIMENT VAN DE ZINKEN VUILNISEMMER

Gehaast liep ik met een volle vuilniszak de straat op. Ik hield één hand onder de zak, die koel en drassig aanvoelde. Ik liep langs de Antilliaanse kapperszaak Carmen, wandelde langs de mannen op het pleintje die er als stamgasten hun blikjes bier dronken, en stak de straat over, naar de mond van ondergrondse vuilcontainer nummer 4412.

Een keer of vijf per week maakte ik deze wandeling. Mijn vrouw en ik hadden de huishoudelijke taken zo eerlijk mogelijk verdeeld. Ik kookte, zij deed de was; ik deed de online boodschappen, zij zorgde voor de financiële administratie. Het verdelen van de taken was niet zonder strubbelingen gegaan, maar inmiddels waren we een geoliede machine.

Het huisvuil wegbrengen viel onder mijn verantwoordelijkheid. Soms liepen de kinderen mee, ze hadden er plezier in om dozen van online bestellingen plat te trappen of om pindakaaspotten in de glascontainer kapot te laten vallen (de oudste vroeg eens waarom die potten eigenlijk kapot moesten, ze waren zo mooi en zo nieuw).

Deze zomeravond lagen de kinderen al te slapen. En de zak moest dringend het huis uit: hij verspreidde een onwelriekende wasem. Straks zou ik weer achter mijn laptop kruipen, ik werkte hard aan een stuk voor de krant dat allang af had moeten zijn.

Ik vond het een bevredigend taakje: je gooide een zak in de container en zette een wereld in beweging. Zodra een bepaald gewicht aan vuilnis in de container was gevallen, gaf een sensor op de bodem een signaal door aan de meldkamer, die een vuilniswagen uitstuurde. De chauffeur reed dan naar de container toe, stapte uit met een draadloze joystick, waarmee hij een robotarm aanstuurde die de container uit de grond trok en leegkieperde in de wagen, waarna de chauffeur naar een depot reed aan de rivier en daar zijn lading vuilniszakken in een afvalschip kieperde, dat vervolgens naar een afvalverwerkingsfabriek in de Botlekhaven voer, waar sorteermachines alles wat restwaarde had uit het huisvuil schifttten, waarna het residu verbrand werd en omgezet in elektriciteit, die weer de computer voedde waarmee ik elke woensdagavond op de supermarktwebsite boodschappen aanvinkte, drie kratten vol, die elke vrijdagochtend op de stoep stonden.

Zo moest het leven zijn: efficiënt, een geoliede logistieke cyclus. Schepen brachten spullen, schepen voerden afval af. We werkten, we leefden, we droegen ons steentje bij: vijf zakken per week. Mijn rol in de kosmos was helder. Maar die avond trof ik rondom de container een chaotische vergadering aan van flessen, dozen en zakken. Een zilvermeeuw hupte rond, het deksel van de container stond open, de muil puilde uit van zakken. Ik duwde tegen het vuil, maar kreeg de zakken niet de diepte in.

Op de container zat een waarschuwingssticker: wie een zak náást de container zette, riskeerde een hoge boete (van 125 euro, wist ik). Ernaast was nog een sticker geplakt: 'Adopteer deze container'. De twee stickers vormden samen een verwarrende boodschap. Er sprak zowel wantrouwen jegens burgers uit (boete!) als vertrouwen in de mensheid (ontferm je over ons kindje). En misschien was de container inderdaad een beetje verweesd: de gemeente had een miljoenenbezuiniging doorgevoerd op de afvaldiensten.

Om geen boete te riskeren liep ik terug, met de veel te volle zak, waar al een scheur in kwam. Er prikte een tak doorheen waar de kinderen mee hadden gespeeld. Behoedzaam stak ik de straat over naar het pleintje, maar eenmaal daar leek er geen houden meer aan: de scheur kroop naar de bodem toe. Ons leven dreigde op straat te vallen, alle koffiefilters, luiers, medicijndoosjes, melkpakken, teststrips, bierblikjes, verpakkingen van stoommaaltijden, chipszakken, avocadoschillen, een tampondoosje, een deodorantbus, zalm nog in verpakking maar over datum, half gegeten boterhammen, chocoladewikkels. Ik liet de zak op de stoep achter en ging op een drafje naar huis.

De mannen op het pleintje keken onverschillig toe toen ik even later een nieuwe zak om de gescheurde schoof en daarna met veger en blik wat gemorst koffiedik opveegde. Zelf lieten ze hun bierblikjes altijd op de stoep achter, soms op de treden naar onze voordeur (en niet alleen blikjes, ook crackpijpjes en aanstekers).

Maar rommel achterlaten durfde ik niet, al was het maar vanwege de blikken van de buren. En anders was er nog de camera aan de lantaarnpaal. De gemeente experimenteerde met *smart surveillance*, had ik gelezen: het cameranetwerk was voorzien van intelligente software die 'naastplaatsers' kon herkennen. Waarna er geen vuilniswagen werd uitgestuurd, maar een '*flying squad*': een auto met handhavers om de overtreder op heterdaad te betrappen.

Ik liep onverrichter zake terug, wilde de zak in de hal zetten, maar daar was geen plek. De stepjes van de jongens lagen slordig over elkaar. De trap naar de bel-etage was geblokkeerd met pakketjes en met lege dozen. Ik weifelde een paar seconden, met die zak in mijn hand, waar de wasem, ondanks de nieuwe zak, alweer uit ontsnapte. Mijn missie was mislukt.

Iemand had een spaak gestoken in onze kleine economie.

Het woord economie komt uit het Grieks, van *oikos*, huis, en *nomos*, wet. En de wet van ons huis was vrij simpel: alles moest blijven draaien. We heetten weliswaar een Kansrijk Gezin, maar we konden niet zonder een klein leger aan flexkrachten. 'Haal jij de kinderen, doen wij de boodschappen', was de slogan op de vrachtwagens van Albert Heijn. Dat 'wij' waren dan de voornamelijk Poolse vrouwen die onze boodschappen inpakten, had ik gelezen, en de vaak Marokkaanse mannen die de kratten kwamen brengen.

Een Marokkaanse oppas haalde de oudste van school, een Palestijnse gastouder zorgde voor de jongste, een Antilliaanse schoonmaakster maakte ons bed op. Tussen mijn vrouw en mij was het keurig verdeeld, ja, bijna fiftyfifty, maar nam je de hele logistieke keten in ogenschouw, dan was de verhouding tussen mannen en vrouwen scheef.

Ons personeel rekruteerden we soms via apps voor huishoudelijke hulp. Op het elektriciteitshuisje had laatst een reclame voor zo'n app gehangen: 'Boek een contactloze schoonmaak', met drie portretfoto's van vrouwen met daaronder hun reviewscore en hun uurprijs.

Tik, tik, tik en je had een oppas. *Tik, tik, tik*: een schone wc.

Je kon die mensen bestellen zoals je boodschappen deed. *Tik, tik, tik* en op drie kilometer van ons huis, in het distributiecentrum van de Albert Heijn vlak bij de Praxis en gevangenis De Schie kwam een mens in beweging, pakte onze luiers en ons tijgerbrood ('We gaan direct voor je aan de slag').

De mensen die in dit Home Shop Center werkten, kregen twee pauzes van een kwartier op een werkdag van tien uur, hadden journalisten uitgezocht. Ze durfden soms geen plaspauzes te nemen, omdat ze anders de norm niet zouden halen. Die lag soms op minimaal 450 producten per uur. De orderpickers werden toegeschreeuwd door hun teamleiders. 'De norm moet hoger! Niet meer met elkaar praten! Doe je werk!'

En toch waren mijn vrouw en ik juist vaak degenen die verzuchtten: 'Ik ben echt gesloopt.' Of die uitvielen tegen de kinderen. Soms, als ik de kinderen weg had gebracht en naar mijn werkplek snelde, leek de gastouder meer aandacht te hebben voor de kinderen dan ikzelf.

De keten van flexwerkers moest ons in staat stellen zo efficiënt mogelijk te werken, maar er hoefde maar één schakeltje te breken – een oppas die griep kreeg, een timeslot dat vol zat – of de machine liep vast.

Of zoals nu: een stinkende vuilniszak blokkeerde de gang. Het was een tegenslag van niets, maar het voelde als een hoogstpersoonlijke Suezblokkade. Misschien was het de hitte, misschien de deadline voor de krant. In mijn lichaam zaten ook allerlei slimme sensoren, veel slimmer nog dan die in de vuilnisbak. En de laatste dagen waren ze gaan piepen. Ik had ze genegeerd, wilde taakjes afvinken, afvinken, afvinken. Ik dacht aan de reclame die ik laatst op hetzelfde elektriciteitshuisje had gezien: 'Vandaag bellen met een online psycholoog?' *Tik, tik, tik* en je kon zogenaamd je ziel luchten via je mobieltje. Wat een waanzin, dacht ik toen, maar staand in de gang naast die vuilniszak kwam ik even in de verleiding.

Ik zette de stepjes rechtop en de zak ernaast. Ons huis was nu gebarricadeerd als een kraakpand. Terwijl ik mijn handen waste, peinsde ik over wie ik de schuld kon geven van de situatie. Soms stoorde ik me eraan dat ze te veel vuilnis in de afvalbak probeerde te doen. Deksel eraf en even proppen. Waarna ik dus met veel te zware zakken over straat liep. En takken moest je altijd breken voor je ze in de bak deed.

Maar dan nog, de zak zou niet zomaar mogen scheuren, daarom bestelde ik altijd die duurdere KOMO-rollen. En trouwens, waarom was de ondergrondse container eigenlijk vol? Het was tenslotte een slimme container. Dankzij de sensor konden de vuilniswagens efficiëntere routes volgen: alleen langs containers die echt vol zaten.

En dit was nog maar het begin van een technologische revolutie. Je had al slimme koelkasten die een signaal afgaven als voorraden dreigden op te raken. Amazon experimenteerde al met *anticipatory shipping*: het alvast opsturen van spullen waarvan je nog helemaal niet wist dat je ze wilde hebben. Jij dacht intussen dat je autonome keuzes maakte, je had een romanlengte aan reviews gelezen, daarna had je precies die ene, volmaakte thermomok gekozen. Maar op wonderlijke wijze was die mok uit China al bijna bij je huis. De tijd die je verdeed op Facebook of Instagram stuurde containerschepen aan.

Misschien kon je je er maar beter aan overgeven, meedansen met de logistieke cycli, altijd alle cookies accepteren, en zo het systeem voeden met steeds betere informatie. Op een dag zouden de sensoren aller landen zich verenigen en opgewonden met elkaar praten. Ze zouden het aards paradijs verwezenlijken waarin we precies kregen waar we precies op dat moment naar verlangden, in precies de juiste portie. De bezorgdrone met een gekoelde fles rosé zou voor je deur zoemen nog voor je, spontaan, de buren appte voor een borrel op de stoep.

Alleen werkten de sensoren nog niet goed. Sinds onze vuilcontainers slim waren geworden, stuitte ik juist steeds vaker op een volle container. Volgens een buurman kwam dat doordat vuilniszakken niet goed wegzakten in de ondergrondse schacht, waardoor de sensor geen druk voelde. Van boven leek de container vol, maar beneden zei de computer: nee hoor. En dan ging het van kwaad tot erger. Als de gemeente het vuil niet ophaalde, dachten sommige buren kennelijk dat ze het er best naast mochten pleuren. En dus lag er ook vaker vuil naast, van opengescheurde zakken tot hele bankstellen aan toe. De meeuwen en de ratten hadden de container geadopteerd. In een spleet voor ons huis had ik laatst ook al het snuitje van een rat gezien.

Of maakten we zelf gewoon te veel zooi? De vuilniszak in de gang zat vol wegwerpspullen, zoals de verpakkingen van stoommaaltijden en luiers. Maar waar zouden we de tijd vandaan moeten halen om altijd zelf te koken? Laat staan om katoenen luiers uit te wassen. En zulke katoenen luiers konden we de kinderen toch niet aandoen: ze schuurden. Hoewel, bedacht ik, zelf had ik ook in die katoenen dingen rondgelopen.

En toen moest ik denken aan de oude vuilnisemmer in onze achtertuin, dat artefact uit een ver verleden. Het ding hoorde bij het huis: op het blauwwit uitgeslagen deksel stond in reliëfletters 'Rotterdam' en een cijfercode die verwees naar ons adres. Een zinken emmer met hengsel en deksel, zoals ze in een oplage van honderdduizenden waren geproduceerd. Op Marktplaats kon je zulke emmers kopen voor een paar tientjes, ze kregen een tweede leven als nostalgisch decorstuk, bloembak of vuurkorf.

En ik bedacht dat ik de stinkende vuilniszak er mooi in kwijt kon. Ik liep naar de tuin en tilde het deksel op. De emmer was leeg, op wat spinrag na. Maar hij was veel te klein. Of beter gezegd: de zak was veel te groot. En dan te bedenken dat dit ene emmertje ooit voldoende was om het wekelijkse huisvuil van een groot gezin te bevatten.

Wat was er sindsdien in vredesnaam gebeurd?

In de dagen die volgden, dook ik in de geschiedenis van ons afval. Afval, zo leerde ik, was een recente uitvinding. Een eeuw geleden hadden we bijna geen huisvuil. Plastic was er niet, weggooispullen konden we ons niet voorstellen. Bij de groenteboer kreeg je de aardappelen mee in een krant. De aardappelen at je op, de schillen gingen naar de schillenboer, met de krant stak je later de potkachel aan. Wat er van je leven overbleef, was rook en as.

In 1948 begon de gemeente Rotterdam met de uitgifte van zogeheten huisvuilvaten, waarvan er dus ook eentje in de tuin stond. Er werden er 240.000 uitgedeeld, één voor elk adres. Tot die tijd zetten bewoners hun eigen kratten en vaten buiten. De gestandaardiseerde zinken emmer was efficiënter. Eerst één en algauw twee keer per week kwam de vuilniswagen langs om ze te legen.

De zinken emmers waren onverwoestbaar, gingen zeker een mensenleven mee, zouden waarschijnlijk de apocalyps kunnen overleven. Maar begin jaren zeventig verdwenen ze uit het straatbeeld. In 1971 kwam de gestandaardiseerde plastic zak: de KOMO-vuilniszak van polyetheen. Deze vuilniszak was veel lichter dan de zinken emmer, wat fijn was voor de ruggen van de vuilnislieden. En hoefde ook niet leeggekieperd, maar kon hup met het afval mee. De zak had bovendien een inhoud van 60 liter, bijna twee keer zo veel als de zinken emmer van 33 liter. Bewoners konden nu ongelimiteerd vuilnis buitenzetten (zolang de rol strekte). Die zak was nog steeds in gebruik.

Vanaf het jaar 2000 werden in Rotterdam de ondergrondse vuilcontainers ingegraven. De zakken gingen ondergronds, afval werd onzichtbaar. Zelfs de vuilnismannen zagen het niet meer. Maar we produceerden liefst vier à vijf keer meer huisvuil dan de Rotterdammers van een halve eeuw eerder.

Als gezin verbruikten we wekelijks dus vijf zakken, zag ik in de geschiedenis van mijn online bestellingen. Zeg gemiddeld 300 liter afval per week, net iets meer afval dan de gemiddelde Rotterdammer, maar dat kwam vast door al die luiers.

Ik vond nog wat statistieken. Sinds de jaren vijftig was de gemiddelde hoeveelheid huisvuil per Nederlander verviervoudigd. En dat was nog in kilo's gerekend; qua volume was de groei nog veel groter. Kort na de oorlog bevatte huisvuil nog veel zware, compacte kolenas; tegenwoordig veel licht plastic en karton.

Die vuilniszak belichaamde de weggooicultuur die met de komst van plastic was ontstaan. Eén rol bevatte twintig stuks vuilniszakken, waar ik ongeveer een maand mee deed. Het kwam neer op twaalf rollen per jaar. En op een mensenleven algauw duizend rollen. Alleen al de plastic zakken zelf zorgden voor een enorme berg afval, vergeleken bij die onverwoestbare zinken emmer – en dan had ik de inhoud niet eens meegeteld.

Vanaf de jaren tachtig werden wegwerpluiers populair. Binnen enkele decennia bestond bijna 10 procent van het huisvuil uit luiers. De wegwerpluiers waren inderdaad veel gemakkelijker dan katoenen luiers. Maar ze waren zo comfortabel dat kinderen nauwelijks doorhadden dat ze geplast hadden. Ze werden letterlijk gepamperd, hadden bijna geen prikkel om zindelijk te worden.

Ook de ouders voelden minder druk om hun kinderen te leren op de wc te plassen. Onderzoek wees uit dat sinds de introductie van de wegwerpluier de leeftijd waarop kinderen zindelijkheidstraining kregen, was verdubbeld. Die zindelijkheidstraining werd soms zelfs doorgeschoven naar basisschooldocenten: die kregen te maken met kinderen die op hun eerste schooldag nog in de luiers zaten.

Zo ver zou het bij onze kinderen niet komen; maar de tijdwinst die ik dacht te hebben geboekt door geen katoenen luiers te gebruiken, had ik voor een groot deel moeten inleveren, omdat mijn kinderen vanwege die pampers veel later zindelijk werden.

De grijze KOMO-rol was de scheurkalender van een gemaksverslaafde. Misschien waren de vuilcontainers daarom ondergronds gegaan: om de schaamte te verbergen over de onnodige zooi die we maakten. Pas wanneer de schaamlap van de afvalzak scheurde op straat, beseften we hoe ver we van huis waren geraakt.

14

DE LES VAN DE FLESSENLIKKER

De post had nieuwe sneakers bezorgd: een paar witte Nike Air Wildwood. 'Bijna exacte replica's van de klassieker uit 1989', had de internetadvertentie gezegd. De marketeers hadden mijn gedachten gelezen: in 1989 was ik negen jaar oud, dolgraag had ik toen echte Nikes willen hebben. Maar ik liep op B-merksportschoenen die ook nog eens afdankertjes waren van mijn oudere broers. Dat historische onrecht had ik nu gecorrigeerd: ik snoof de geur van nieuwe schoenen op uit de doos. En even later fietste ik met mijn felwitte schoenen naar Overschie, naar het kabouterhuisje.

Daar ergens lag het paradijs van de zinken vuilnisemmer. Ik trapte onder het treinspoor door, langs de dierentuin, richting het razende verkeersknooppunt Kleinpolderplein. De flat naast de snelweg stond er nog. Op het dak, hoog boven het knooppunt, had bijna een halve eeuw lang in rode en blauwe neonletters 'Van Leeuwen Buizen' gestaan. En daarnaast, in iets kleinere letters: 'Zwijndrecht'.

Ik had van die lichtreclame gehouden, ook jaren later: het was een baken bij de stadspoort. Deze neonletters probeerden je niets aan te smeren. Ja, buizen dus, maar nooit kwam je in de verleiding naar Zwijndrecht te gaan. En deed je dat toch, dan zou je daar inderdaad een buizenfabriek aantreffen, een familiebedrijf.

Er stond nog steeds een lichtreclame op het dak, alleen had die een update gekregen. Het waren geen neonbuizen meer, maar het was ledverlichting. En de tekst was iets aangepast: 'Van Leeuwen, *more than tubes*'.

Met het geraas in de rug fietste ik de luwte van Overschie binnen. Het voormalige dorp was tijdens de oorlog ingelijfd door de stad. Het lag ingeklemd tussen een vliegveld en een wirwar van snelwegen. Al voor de oorlog was het dorp in tweeën gesplitst door de aanleg van de Rijksweg A13. Aan de ene kant van de snelweg stonden beroete wederopbouwflats

– aan de dichtgetimmerde ramen te zien werden ze binnenkort gesloopt. Aan de andere kant van de weg, op nog geen halve kilometer afstand, lag een schilderachtige dorpskern met een neogotische kerk, stokoude bomen en zeventiende-eeuwse gevelhuisjes. Vlak achter die oude kerk liep de Schie, een zijtak van de Nieuwe Maas. En daarachter begonnen de weilanden.

Wij woonden vlak bij die oude kern. In de weilanden had ik weleens meegedaan aan een illegale drijfjacht op fazanten. Wij moesten de dieren opjagen, de stropers gaven ons als dank de nog warme hagelhulzen mee. Op de Schie voeren we met zelfgemaakte vlotten van pallets en jerrycans. We waanden ons Tom Sawyer.

Overschie was een dorp in een stad. Kneuterig en werelds tegelijk. Later, ik studeerde inmiddels in Leiden, zouden veel inwoners er op Pim Fortuyn stemmen, die beloofd had dat alles weer werd zoals het was. Minder Turken.

Ik fietste de Baumannlaan in, de belangrijkste winkelstraat van het dorp. De slagerij zat er nog, net als de bakker. Dezelfde plekken als toen, alleen waren de producten nu halal. Ook de katholieke Onze-Lieve-Vrouw van Altijddurende Bijstandkerk stond er nog, maar diende niet meer als godshuis; volgens een bouwbord kwamen er luxeappartementen. Verderop in de straat waren veel winkelpuien dichtgetimmerd.

De enige winkel die ik daar nog herkende, was de schoenmaker. Hij had weten te overleven, vertelde hij, door de handel over te nemen van veel winkeltjes die om hem heen waren verdwenen. Bijna niemand liet nog schoenen verzolen, wegwerpsneakers uit China waren goedkoper dan één nieuwe zool. Tenminste, dat dachten mensen, verzuchtte hij, want met die kwaliteitsschoenen van vroeger deed je jaren. En ze waren nog beter voor het klimaat ook.

Behalve schoenmaker was hij nu ook stomerij, fotozaak, kledingreparateur, tassenwinkel en pantoffelhandelaar. Zo had hij zijn hoofd boven water gehouden. Maar ik trof hem op een slecht moment: het pand waar zijn vader al in 1956 een schoenmakerij had, was net opgekocht door een Amsterdamse projectontwikkelaar die hem eruit wilde werken.

Ik verliet de winkel en wandelde de straat in waar ik vroeger woonde. Het was een verkeersluwe klinkerstraat met jarendertighuizen van bruin baksteen en met oranje dakpannen. Bijna geen huis had hetzelfde formaat. Het kabouterhuisje behoorde tot de kleinste, hoe dichter ik het naderde, hoe langzamer ik ging lopen.

Als je dierbare plaatsen uit je verleden bezoekt, kan je herinnering een kras oplopen; de kans bestaat ook dat het verleden juist nog mooier was dan je al dacht, zelfs gunstig afsteekt bij het heden, en dan loopt je huidige leven een kras op, want je kunt niet zomaar terug.

Tegenover ons huis had een bekende stoelenfabriek gestaan, de Galvanische Industrie Overschie. De hoogwaardige, duurzame stoelen die ze er fabriceerden, waren op internet nog tweedehands te koop. Een van mijn eerste herinneringen was hoe die fabriek werd gesloopt.

Ik was een jaar of drie en stond met mijn neus tegen het woonkamerraam toen graafmachines de muren omvertrokken. De fabrieksgrond bleek zwaar vervuild door afvalstoffen: er werden extreem hoge concentraties cadmium, koper, lood en chroom in aangetroffen. Het terrein werd afgezet met hekken.

Ondanks dat bodemgif groeide er algauw een soort prairiegras, sprongen er wilgenscheuten naar de hemel, kronkelden braamstruiken over het veldje. Binnen een paar lentes lag er een savannelandschap. Op wat kale plekken na, waar de aarde smaragdgroen en karmozijnrood schitterde, met aders van goud en zilver en opaal. Het gifgrondje, noemden we dit gebied. We duwden de hekken om, bouwden hutten, groeven tunnels, stookten vuurtjes, maakten sigaren van rietstengels.

Op de plek van het gifgrondje stond nu een nieuwbouwblok van rechthoekige rijtjeswoningen met platte daken.

Maar verder oogde de straat hetzelfde als vroeger.

Ik kwam zelfs een oude buurvrouw tegen, die hier nog altijd woonde. Zij herkende me van de stukjes die ik schreef voor de krant. Nog steeds was het een rustige plek, vertelde ze, waar kinderen op straat speelden. Ze zette haar auto vaak niet eens op slot.

Ik stopte tegenover het kabouterhuisje. De lavendelstruik was weg, de oranje pannen lagen er nog hetzelfde bij. In het steegje naast het huis geen zinken vuilnisemmer; wel een kinderfietsje op de plek waar ooit het mijne stond (naast nog zes fietsen en fietsjes).

Ik herinnerde me de vreugde van het herontdekken van mijn fiets na een zomervakantie.

Dezelfde dakkapel was er nog, ik dacht aan de ruiten waar in de winter ijsvarens op groeiden. Nu vast van dubbelglas.

Het raam stond op een kier, er waren mensen thuis. De woonkamer in gluren leek me ongepast. Aanbellen, vertellen dat ik hier had gewoond? Ik wist niet of ze dat prettig zouden vinden, of ik dat zelf prettig vond. Misschien was mijn komst trouwens al gesignaleerd, werd ik nu in de buurtappgroep besproken.

Het enige wat ik nog graag wilde zien, was de tuin. Er had een perenboom gestaan waar we een hut in hadden gebouwd. Er groeiden kruisbessen, waar mijn moeder zelf jam van maakte (veel te zuur, vonden we). Ik herinnerde me de geur van het wasgoed in de tuin, de lakens waar je in kon verdwijnen als in een wolkenhemel. Regenwormen onder keien. Kippen achter gaas. Halsbandparkieten, toen nog een zeldzaamheid waar we voor uitliepen.

Achter het huis liep een gangetje waarvandaan je de tuin zou kunnen zien. Ik liep een blokje om. Maar vanuit het gangetje zag ik alleen een haag van groen. Tussen het groen door klonken de stemmen van spelende kinderen. Rook ik daar nu zelfs wasgoed? Ik probeerde me te verbeelden dat ik het was die daar in de tuin rende, dat ik mijn nieuwe Nikes kon uittrekken en naar mijn jongere ik kon werpen. Dwaze gedachte, wat moest hij met maat 43.

Er kwamen intussen berichtjes binnen op mijn telefoon die me uit mijn gepeins haalden. Haar trein was vertraagd. Of ik toch de kinderen kon ophalen.

Wat zocht ik hier ook eigenlijk? Een zinken vuilnisemmer? Maar die had ik al. Ik moest niet zo sentimenteel doen.

Thuis, terwijl de kinderen op de bank *Pokémon* keken, probeerde ik zo nuchter mogelijk de balans op te maken. Tussen mijn geboortejaar 1980 en nu. Ik deed een wedstrijdje tussen de tijden:

> Vroeger was de gemiddelde Nederlandse man 8,6 kilo lichter, aldus het CBS, en de gemiddelde vrouw 7 kilo lichter.
>
> Vroeger was de planeet aarde 1 graad koeler.
>
> Vroeger hadden we een draaischijftelefoon die zo'n prettig geluid maakte.
>
> Vroeger hadden we nog geen Nintendo Switch.
>
> Vroeger werden schoenen nog niet gemaakt om weg te gooien.
>
> Vroeger hadden we de SRV-wagen, nu maaltijdbezorgers.
>
> Vroeger heetten mensen die ziek waren geen consumenten of cliënten.
>
> Vroeger aten we zelfgemaakte kruisbessenjam in plaats van Duo Penotti.
>
> Vroeger hadden we aan één vuilnisemmer genoeg.

Ik kon heus ook wel dingen bedenken die vroeger slechter waren:

> Vroeger was de gemiddelde Nederlandse man 3,8 centimeter korter.
>
> Vroeger rookte 55 procent van de mannen en 35 procent van de vrouwen.

Vroeger hadden vrouwen minder kansen.

Vroeger zat er lood in verf. En in benzine.

Vroeger kon je vrienden in het buitenland niet videobellen.

Vroeger waren Nike-schoenen te duur.

Vroeger had je zure regen en een gat in de ozonlaag.

Vroeger speelden kinderen in cadmium, koper, lood en chroom.

Vroeger was de hypotheekrente 13 procent.

Vroeger hadden we geen Nintendo Switch.

Vroeger moesten we zelfgemaakte kruisbessenjam eten in plaats van Duo Penotti.

Maar zo schoot het niet op. Het gevoel van weemoed toen ik langs die haag van groen liep, was niet te vatten in een rijtje met plussen en minnen. Het was bovendien een zinloze competitie: het verleden had sowieso verloren, want het was voorbij.

Wat nog wel kon: van het verleden leren. Het badwater weggooien, maar het kind bewaren. Dan hoefde ik alleen naar het verleden te kijken met in gedachten die Bijbeltekst, 1 Tessalonicenzen 5:21: 'Onderzoek alles, behoud het goede en vermijd elk kwaad, in welke vorm het zich ook voordoet.'

Neem nu die SRV-wagen. Dat was een rijdende supermarkt, een soort camper volgestouwd met boodschappen. De afkorting stond voor: Samen Rationeel Verkopen. Die wagens waren rendabel omdat er destijds nog veel vrouwen thuis in het huishouden werkten. Dat was niet iets om naar terug te verlangen. Toch? En mijn vader had zich vast ook het schompes moeten werken.

Maar wacht. Onderzoek alles, behoud het goede. Die thuisblijvende vrouwen lieten ook zien dat in 1980 kennelijk één salaris genoeg was om een gezin te onderhouden. Tegenwoordig had je minstens twee salarissen nodig. En je moest regelmatig zo hard werken dat er geen tijd overbleef om te koken, vandaar dat er een markt was ontstaan voor maaltijdbezorgers.

Wat als we die twee tijdperken niet tegen elkaar opzetten, maar lieten samenwerken? Dan zouden mijn vrouw en ik bijvoorbeeld beide een halve baan kunnen nemen. En geen stoommaaltijden meer hoeven opwarmen als we laat thuiskwamen. Win-win.

Als ik het kabouterhuisje door dat welwillende filter voor de geest haalde, dan was het leven er niet anachronistisch, maar juist eigentijds. We woonden in een tiny house. We leefden heel klimaatbewust. Gingen nooit op vliegvakantie, wel kamperen (en het waren fantastische vakanties). We sliepen onder heerlijk warme, wollen dekens. Droegen tweedehands kleren in plaats van Primark-rommel. Plakten de band van een fiets zelf. We hadden geen wasdroger, maar een waslijn: één enkel touwtje waarmee je kleren kon drogen met behulp van wind- en zonne-energie. We hadden een puddingvorm om zelf toetjes te maken. We voerden gesprekken tijdens het afwassen, in plaats van te kibbelen over wie de vaatwasser moest inruimen.

Wacht even, mijn broers en ik ruzieden vroeger ook over de afwas, daarom maakten mijn ouders op den duur toch een corveerooster? Maar oké, behoud het goede.

We hadden veel tijd voor elkaar, omdat we niet achter schermen zaten en op school niet continu hoefden te presteren. We leefden nog in een verzorgingsstaat in plaats van een thuisbezorgstaat. We fietsten naar de markt voor bijna al onze boodschappen (en eens per week gingen we met de auto naar de Dirk).

We hadden nog allerlei rituelen die als strekdammen het voortsnellen van de tijd afremden. Bij elke maaltijd lazen we uit de Bijbel en sloten we eerst onze ogen alvorens aan te vallen. Tweemaal per zondag gingen we naar de kerk.

In het leven van mijn ouders ging het niet om competitie, om winnaars en verliezers. Ze leken niet bezig met het beste uit zichzelf te halen, maar met het beste uit hun omgeving. Via de kerk hielpen ze alcoholverslaafden, alleenstaande moeders, vreemdelingen. Die kerk was weliswaar een bubbel, maar ze ontmoetten er toch mensen van allerlei rangen, standen en leeftijden (was mijn bubbel van hoogopgeleiden niet veel orthodoxer, veel benauwder?).

Het kabouterhuisje bevatte weinig spullen of apparaten. En de spullen die er waren, waren juist heel tijdrovend. Voor het uitlepelen van diepe glazen flessen met yoghurt bezaten mijn ouders bijvoorbeeld een speciaal voorwerp: een stokje met aan het uiteinde een halve maan van rubber. Een flessenlikker.

Ik herinnerde me dat bijna behoedzame uitlepelen, net zo lang tot de flessen weer blonken. Het uitlepelen van de flessen kwam niet enkel uit spaarzaamheid voort; het getuigde van kalmere handen en gedachten, van een andere, heiligere omgang met de dingen, met het leven, met de tijd.

Nu leefde ik zo snel dat ik niet eens probeerde om de potten met Duo Penotti leeg te lepelen voor ik ze weggooide. De vieze monden van mijn kinderen veegde ik onderweg naar school af met weggooidoekjes.

Mijn ouders waren juist de tijd de baas geweest dánkzij hun tijdrovende spullen en rituelen. De flessenlikker wees me op een weelde die me ergens in de afgelopen veertig jaar ontstolen was: tijd.

Maar wie waren de tijdsdieven?

15

DE REVOLUTIE WAAR IK OP SCHOOL NIETS OVER HAD GELEERD

In het voorjaar van 1981 – ik kon net lopen – voer er een schip de haven van Rotterdam binnen met een uitgehongerde Filipijnse bemanning. De Saudi Independence heette dit vrachtschip, dat tot voor kort nog onder de naam Karl-Marx-Stadt voer. De nieuwe eigenaar, de Saoedische rederij Orri, had om de kosten te drukken te weinig eten laten inslaan bij de laatste stop. De bemanningsleden leden honger en waren onderbetaald. Ze hadden visnetten gemaakt om hun dieet aan te vullen. Eenmaal aan de kade in Rotterdam dachten ze veilig te zijn en gingen ze in staking.

In die jaren liep het ene na het andere 'staakschip' de haven van Rotterdam binnen. Steeds hetzelfde patroon: bemanningen die bijvoorbeeld te weinig betaald kregen, of die zelfs honger en dorst leden, en die vervolgens hun werk neerlegden. En steeds stonden Rotterdamse havenwerkers dan klaar om de stakende zeelieden te helpen. Ze smokkelden bijvoorbeeld kippensoep aan boord. En ze zorgden er via de vakbonden voor dat zo'n schip 'besmet' werd: het werd geboycot door alle havendiensten en zou niet kunnen vertrekken. Schitterende verhalen, vond ik: wat is solidariteit waard als die zich enkel uitstrekt tot wie je al kende? Hun saamhorigheid had bovendien vaak succes: rederijen kozen doorgaans eieren voor hun geld, betaalden achterstallig loon uit, sloegen extra proviand in.

Ook de Filipijnen aan boord van de Saudi Independence kregen hulp van de havenwerkers. Een van hen was Nico Sannes. Hij ging namens de vakbond aan boord en zou er weken verblijven, terwijl de sfeer steeds grimmiger werd. Op een zeker moment kwam de kapitein zelfs met een revolver aan dek. Met de boodschap dat de bemanning – inclusief Sannes – tot veertig stokslagen was veroordeeld, te incasseren bij terugkeer in Saoedi-Arabië. Misschien was dat bluf, dacht Sannes, maar misschien ook niet. In de haven van Rotterdam gebeurden die jaren de gekste dingen. Zoals kapiteins die klappen uitdeelden aan hun bemanning of hen met messen bedreigden. Maar wat vervolgens gebeurde, daar had hij geen rekening mee gehouden.

De rederij stapte naar de rechter en eiste dat de stakers hun werk zouden hervatten. En tot ontgoocheling van de Filipijnen en van Sannes gaf de rechter de rederij gelijk: de staking was onrechtmatig. Want, zo redeneerde hij: op de Filipijnen was het afdwingen van hoger loon door middel van een staking verboden voor zeelieden.

De rederij had intussen al een andere bemanning ingehuurd en wilde de werkweigeraars op het vliegtuig zetten: via Saoedi-Arabië naar de Filipijnen. Nico Sannes liet hun vlucht nog gauw omboeken, zodat ze die eventuele stokslagen zouden ontlopen. Veel meer kon hij niet voor hen doen.

De afloop van de staking was tekenend voor een kenterend tij. Of zeg maar gerust: voor een revolutie. Eentje waarover ik op school nooit iets had geleerd.

In 1973 was er een oliecrisis uitgebroken, sindsdien was de wereldeconomie vastgelopen. Het aantal werklozen nam toe, in Nederland zou het oplopen tot een half miljoen. Rederijen kwamen in zwaar weer terecht en zochten manieren om kosten te besparen, bijvoorbeeld door minder water in te slaan.

Een van de belangrijkste trucs: schepen laten varen onder een zogeheten *flag of convenience* – ook wel goedkope vlag. Dat was een oude maritieme list, een soort voorloper van de moderne brievenbusfirma. Het idee was om je schip te laten registreren in bijvoorbeeld Panama of Liberia – of welk land dan ook waar ze het niet zo nauw namen met de belastingwetten, veiligheidseisen, regels over het dumpen van olie, enzovoorts. Die goedkope vlag was vooral goedkoop voor de rederijen; zeelieden (en de zee zelf) betaalden een hoge prijs. Om die reden was deze praktijk tot in de jaren zeventig verboden in de meeste Europese landen (of heel ingewikkeld gemaakt). Logisch.

Maar rond 1980 zouden de wetten van de zee veranderen. Het zou normaal worden dat, bijvoorbeeld, een Franse rederij een Grieks schip charterde dat onder Liberiaanse vlag voer met aan boord Oekraïense officieren en Filipijnse matrozen. Rederijen konden, mede dankzij die goedkopevlaggentruc, altijd wel ergens iemand vinden die, in de woorden van een vakbondsman, bereid was aan boord te stappen 'voor een handje rijst'. Vakbonden stonden steeds vaker machteloos. En zeelieden die nog staakten – of zelfs maar kritiek hadden – kwamen terecht op zwarte lijsten, kregen geen nieuwe contracten meer.

De gevolgen lieten zich raden: de omstandigheden aan boord verslechterden. Vandaar die golf aan staakschepen in Rotterdam. En de havenwerkers voelden haarfijn aan dat ze in hetzelfde schuitje zaten als de zeelieden, dat er een kentering gaande was die uiteindelijk iedereen zou treffen, ook hen. Ze streden samen, soms letterlijk met hun vuisten; toch zouden rederijen hun verzet breken.

Ik was hun verhalen tegengekomen terwijl ik bladerde in kranten van rond mijn geboortejaar. Het ging over krakersrellen, woningnood, een nieuwe auto genaamd Fiat Panda. En al flanerend door de vergeelde kranten las ik over die vergeten strijd. Op school had ik geleerd over de Bataafse Opstand, over de Tachtigjarige Oorlog, over de Indonesische Onafhankelijkheidsoorlog. Zelfs een beetje over het slavernijverleden. Maar vrijwel niets over de strijd die had plaatsgevonden onder mijn eigen neus: de logistieke revolutie. Terwijl die de wereld waarin we leefden misschien wel het meest had bepaald: van de spullen in je huis tot aan de stress in je hoofd; van de opkomst van het populisme tot aan de vervreemding van de mens.

Die golf van staakschepen had te maken met een nieuw geloof dat rond 1980 doorbrak: het geloof in de efficiëntie van de vrije markt. Het geloof dat een zuivere competitie tussen mensen de efficiëntste manier was om de beschikbare middelen te verdelen.

Het belangrijkste gebod van dat geloof: alle obstakels die de efficiëntie in de weg konden staan, moesten worden weggenomen. Vaste banen moesten weer vloeibaar worden, lonen gematigd, belastingen omlaag, arbeidsregels versoepeld. En als alle obstakels waren verdwenen? Dan zou de 'onzichtbare hand' van de vrije markt de wereld eerlijk reguleren. De economie zou opbloeien, iedereen zou profiteren.

Burgers bleken in die crisisjaren ontvankelijk voor het efficiencygeloof, kozen leiders die de vrije markt prezen. In 1979 won Margaret Thatcher de Britse verkiezingen, in 1980 won Ronald Reagan de presidentsverkiezingen in de vs. En in Nederland werd in 1982 de Rotterdammer Ruud Lubbers premier. De welvaartsstaat zagen ze als een sta-in-de-weg van de efficiëntie. Veel sociaaldemocratische verworvenheden verdwenen weer, zo ook de maritieme wetten die ooit ingevoerd waren om zeelieden te beschermen, zoals het verbod op de flag of convenience.

Je zou kunnen zeggen: de staakschepen die Rotterdam aandeden, waren tekenen van de naderende neoliberale omslag. Maar steeds als ik dat woord voor een stuk in de krant gebruikte, stuurde de eindredacteur het terug met een streep erdoorheen. Of ik geen ander woord had? En dan liet ik het woord inderdaad maar weg, ik wist eerlijk gezegd ook niet precies wat het betekende, niemand scheen dat precies te weten, de kenners kibbelden erover. En zelfs de mensen die deze ideologie aanhingen, wensten er niet mee te worden geassocieerd.

Gek was dat: de tijdgeest die onze levens zo bepaalde, had geen naam. Beetje alsof mensen die onder het communisme leefden het woord communisme niet zouden hebben gebruikt, zoals de Britse schrijver George Monbiot eens opmerkte. Neoliberalisme was een dood woord, een makkelijk scheldwoord voor alles wat misging in de wereld. Een containerbegrip.

Dus ik sleepte nog meer boeken over containers mijn hut in, over de logistieke revolutie waar Ed me al iets over vertelde toen we over de Maasvlakte sjeesden. Zoals *The Box* van Marc Levinson, het standaardwerk over de containerrevolutie. En titels als *Sinews of War and Trade* van Laleh Khalili, *The Deadly Life of Logistics* van Deborah Cowen en *Capitalism and the Sea* van Liam Campling en Alejandro Colás.

Die revolutie bleek veel duizelingwekkender dan ik eerder had begrepen.

Ik dacht dat containers gewoon slimme stalen dozen waren die het vervoeren van spullen van A naar B handiger maakten, waardoor ik goedkope spullen kon halen bij de Action. Maar die containers deden zich veel onschuldiger, sááier voor dan ze waren. Wat ze vooral hadden gebracht, was een andere manier van denken: een nieuwe levensovertuiging.

De stalen dozen zelf waren nog best onschuldig. Een container is een vrachtwagen zonder wielen, op zichzelf is-ie hulpeloos. Die containers waren ook maar het halve verhaal. In de jaren tachtig, toen ik begon te fietsen, werden glasvezelkabels over de bodem van de oceanen aangelegd, havenkades verbreed, rivieren uitgebaggerd. Die wereldwijde werkzaamheden gingen gepaard met een politieke verbouwing: belastingtarieven moesten worden versoepeld, grenzen werden opengesteld, invoertarieven gingen omlaag. Het was die combinatie van containers, moderne communicatie én die ideologische software die zou leiden tot de logistieke revolutie.

De stoelenfabriek die voor het kabouterhuisje had gestaan, was een vroeg slachtoffer van de omwenteling. Maar het verplaatsen van de fabrieken naar Zuidoost-Azië was nog maar *peanuts* vergeleken bij wat komen zou. Een Amerikaanse barbiepop kreeg een romp van Taiwanees plastic, een haardos uit Japan, de verf kwam uit de vs, de kleren die ze droeg waren in China gemaakt, schreef Marc Levinson – en dat was nog een simpel voorbeeld. Fabrieken zouden zich steeds verder opsplitsen in netwerken van tientallen, soms zelfs honderden deelfabriekjes verspreid over de hele aardbol.

In de vroege jaren tachtig raakte de wereld in de ban van just-in-timeproductie: een wijze van produceren waarbij alleen geleverd werd wat nodig is, precies wanneer dat nodig is, en in precies de benodigde hoeveelheid.

Dat was een Japanse uitvinding. De Japanse Toyota-fabriek had na de oorlog een methode van kostenbesparing ontwikkeld die draaide om het elimineren van wat de Japanners *muda* noemden: dat wat geen waarde heeft, afval, verspilling. Wat werd beschouwd als muda? Een lopende band die stillag, wachtend op onderdelen, bijvoorbeeld. Of: voorraden met onderdelen die lagen te verstoffen of te verroesten.

De managers van Toyota waren de hele dag bezig met het speuren naar muda. Ze kwamen toen met een ingenieus plan: wat als de fabriek zou stoppen met het zelf maken van onderdelen? Dat zouden toeleveranciers kunnen doen, volgens de strenge eisen die Toyota stelde. En als die toeleveranciers hun onderdelen precies op tijd leverden, had de fabriek geen dure voorraden meer nodig.

Het was een breuk met de klassieke manier van auto's maken. Voor de oorlog was de fabriek van het Amerikaanse Ford namelijk de wereldstandaard. Dat was een reusachtig complex met voorraadplaatsen, productiemachines en de beroemde lopende band. Ford produceerde bijna alles zelf: van de versnellingspook tot de complete auto.

De nieuwe Toyota-fabriek was daarbij vergeleken een kale bedoening: een lege hal, waar kant-en-klare onderdelen arriveerden. Die gemaakt waren door een netwerk van satellietfabriekjes: zelfstandige bedrijfjes die op contractbasis voor Toyota werkten. En die fabriekjes huurden soms zelf weer nog kleinere bedrijfjes in. Die weer nog kleinere bedrijfjes of freelancers inschakelden, enzovoorts.

Toyota zou uitgroeien tot de grootste autofabrikant van de wereld. Het managementmodel werd voor een breder publiek beschreven in de klassieker *Lean thinking. Elimineer verspillingen en creëer waarde in uw organisatie* van James Womack en Daniel Jones. En onder de naam *lean* maakte het efficiencygeloof vanaf de jaren tachtig school. Er verschenen vertaalde Japanse managementboeken met sleutelbegrippen zoals *hatarakigai*: het gevoel dat werk ertoe doet. Of *kaizen*: een verandering ten goede.

Veel grote bedrijven zagen toen het licht: die moderne toeleveringsketens maakten de Toyota-methode van het just in time leveren op veel grotere schaal mogelijk. De deelfabriekjes konden zich nu werkelijk overal op aarde bevinden, precies daar waar de grondstoffen, de kennis, de valuta en de belastingwetten het gunstigst waren. Een kledingmerk als Nike had op den duur zelfs helemaal geen eigen schoenenfabrieken meer: alleen nog een merknaam en een netwerk van leveranciers.

Maar was dat lean-denken zelf een kaizen: een verandering ten goede? Nee, concludeerden drie Britse onderzoekers. Ze bestudeerden autofabrieken waar managers waren overgestapt op de lean-methode. De arbeiders vertelden hun dat ze werden opgejaagd en dat hun feedback tegen hen werd gebruikt. Als een manager aan je vroeg hoe het ging met je werkplezier, en je bijvoorbeeld vertelde dat je weleens zat te lummelen, wachtend op een onderdeel, dan werd het proces zo aangepast dat die loze tijd verdween. Volgens sommigen stond lean dus gewoon voor: *less employees are needed.*

En de just-in-timewerkwijze? Die zette werknemers onder grote psychologische druk. In een wereld die van precies op tijd aan elkaar hing, kon je geen fouten meer maken. De Toyota-methode zorgde voor een toename van prestatiedruk en perfectionisme.

En wat merkte de planeet ervan? Ondanks al dat elimineren zorgde de managementmethode juist voor een toename van verspilling.

Stel je een familiebedrijfje voor dat zich gespecialiseerd heeft in het maken van leren autobekleding volgens de strenge kwaliteitseisen van Toyota. Op een dag gaat de machine van het bedrijfje kapot. Paniek: als de fabriek niet stipt op tijd levert, krijgt ze niets betaald. Bij Toyota halen ze de schouders op: ze bellen een ander productiebedrijfje. Het oorspronkelijke fabriekje blijft zitten met een lading overtollig leer en werkloze arbeiders. Dat overkomt me niet nog eens, denkt de directeur van dat fabriekje. En hij schakelt op zijn beurt ook sub-bedrijfjes en freelancers in. En zo groeit er een piramidespel van toeleveranciers, een bijna oneindige vermenigvuldiging van de verspilling.

De methode draaide niet om het voorkomen van verspilling, maar om het afwentelen ervan op anderen.

En dat afwentelen was niet mogelijk geweest zonder de snelle, betrouwbare en spotgoedkope containervaart. Met efficiënt transport had die container nog weinig te maken: grondstoffen gingen de wereld rond en weer terug, ik at voortaan appels uit Nieuw-Zeeland in plaats van uit de Betuwe. De container had vooral een wereldwijde vorm van kriskras koopjesjagen mogelijk gemaakt: een race naar de bodemprijzen, ten koste van mens en planeet.

Maar de containers hadden toch ook welvaart gebracht? Al die Chinezen die uit de armoede waren getrokken. Al die mooie spullen in mijn huis, de hele hoorn des overvloeds. Ja, maar de vraag was wie er de baas was: wij of die spullen.

Het kwartje viel pas na een zomervakantie in Bretagne, op een camping niet ver van de zee. Voor vertrek had ik op internet voor 79,90 euro een inklapbare, rode bolderkar gekocht. De kar had me handig geleken: in opgevouwen toestand paste het ding makkelijk in de achterbak, eenmaal op de camping zouden we onze strandspullen niet meer in losse tassen naar het strand hoeven te dragen. Ik zou geen pakezel meer zijn.

Maar ik had buiten de paradox van Jevons gerekend. Dat is een stelling van de negentiende-eeuwse Engelse econoom William Stanley Jevons. Hij deed onderzoek naar het gebruik van steenkool en ontdekte iets wonderlijks: als een fabriek technologische verbeteringen doorvoerde om steenkool efficiënter te gebruiken, dan verbruikte die fabriek vaak juist méér steenkool in plaats van te besparen. Voorbeeld: een fabrikant van een theeketel koopt een nieuwe machine die minder kolen gebruikt. Hij kan nu twee dingen doen: evenveel ketels produceren en kosten besparen op kolen. Of: meer ketels produceren, die tegen een goedkopere prijs verkopen en zijn bedrijf laten groeien. Fabrikanten kozen doorgaans voor die laatste optie: groei. Waarmee ze meer verdienden én meer kolen verbruikten.

Of simpeler gezegd: efficiëntie veroorzaakt groei. Dat effect beschreef Jevons in *The Coal Question. An Inquiry Concerning the Progress of the Nation, and the Probable Exhaustion of Our Coal Mines* (1865), maar dat boek kende ik niet toen we naar Bretagne reden.

En dus gebeurde dit: dankzij de bolderkar daalde de 'prijs' van het vervoeren van spullen naar het strand. Waardoor de kar zich vulde met schepnetten, klapstoelen, reserveluiers, scheppen, frisbees, vliegers, een parasol, flessen water, extra flessen water.

Voorheen had ik moeten kiezen: ons lichaam was de limiet, de menselijke maat bepaalde wat we mee konden nemen. Nu daalde ik steeds met een zwaarbeladen kar af naar de zee. Dat is het bolderkareffect: dingen die efficiënt lijken, hebben een aanzuigende werking, die de efficiencywinst tenietdoet. Mijn persoonlijke les: spullen die het leven makkelijker maken, maken het leven moeilijker. Ongemak dient de mens.

Een paar maanden na de aanschaf van de bolderkar overwoog ik om het ding voorgoed in te klappen en weg te stoppen, ergens achter een stapel nooit uitgepakte verhuisdozen, waar zich de schandelijke privécollectie van miskopen bevond. Tot ik bedacht: misschien kon ik die miskoop nog gebruiken om het zich alsmaar opstapelende oud papier weg te brengen naar de vuilcontainer, al die dozen die maar bleven komen.

En toen viel dat kwartje. Zoals ik was gevallen voor de bolderkar, zo was de mensheid verleid om over te stappen op containers. Het megaschip dat ik eens op de Maasvlakte had bezocht, was in feite een bijna vierhonderd meter lange bolderkar geweest. Al die schepen bij elkaar moesten haast wel de aanzuigende werking van zwarte gaten hebben: ze lieten niet alleen mijn huis dichtslibben, maar deden de aarde kraken: het woonhuis van iedereen.

Waarom borgen we de megaschepen dan niet op in de collectie van miskopen? Omdat ze ons niet alleen spullen hadden gebracht, maar ook dat geloof in efficiëntie. En aan een geloof ontsnappen gaat niet zo makkelijk, wist ik.

Die stakende havenwerkers en zeelieden wisten het ook: je moest letterlijk bereid zijn te knokken.

Maar de laatste massale wilde staking was in 1979 geweest. En nieuws over staakschepen kwam ik niet meer tegen in de moderne kranten. Wel kreeg ik in mijn mailbox de persberichten van het Havenbedrijf. In Rotterdam liep bijna elk jaar een nieuw 'grootste schip ter wereld' binnen. Ze voeren bijna altijd onder een goedkope vlag. Die ooit zeer controversiële praktijk was nu normaal geworden.

Op de Marshalleilanden – een ministaatje in de Stille Oceaan met minder inwoners dan de gemeente Katwijk – waren momenteel vijfduizend vrachtschepen geregistreerd. Zelfs landen als Luxemburg of Mongolië – zonder kustlijn, maar met lenige wetgeving – hadden nu op papier een forse handelsvloot.

Zeelieden sliepen tegenwoordig in hutten die gemiddeld kleiner waren dan voor de containerrevolutie, las ik in *Capitalism and the Sea*. En dat terwijl de schepen dus een keer of acht groter waren, met ook nog eens kleinere bemanningen. Maar efficiënt waren deze megaschepen niet: ze zorgden voor piekbelasting in de haven en gemiddeld 20 procent van de zeecontainers op schepen vervoert lucht, las ik in *The Box*.

Jaren geleden, toen ik met ons gezin voor het eerst naar het puntje van de Maasvlakte was gereden, had ik de haven als wereldwonder aanschouwd. Van die glans was weinig overgebleven. Ik kon het woord 'logistiek' op een vrachtwagen niet anders meer lezen dan als onlogistiek. En de megaschepen zag ik nu als megamonsters: ze joegen groei aan, ze verstopten de aderen van de planeet. Hun lading werd over onze wegen uitgesmeerd in de vorm van files. Elk megaschip was een blokkeerschip. En nee, niet alleen als het per abuis scheef lag in het Suezkanaal.

De gigantische schepen blokkeerden ook de democratie: ze stonden symbool voor de gekrompen macht van burgers ten opzichte van bedrijven. De drie gigantische allianties waarin de rederijen zich hadden verenigd, hadden inmiddels bijna 80 procent van de wereldmarkt in handen. Ze bleven grotere schepen bouwen, als economisch wapen tegen kleinere rederijen. En om havensteden tegen elkaar uit te spelen: als Le Havre geen nieuwe kade aanlegde, voer het schip wel door naar Hamburg.

Zelfs Rotterdam, de grootste haven van Europa, was een speelbal van de allianties. Die hadden alsmaar lagere haventarieven bedongen, zoals *Follow the Money* ontdekte. En de haven – wij, de burgers, eigenaren van de haven – bleef de kosten ophoesten van het uitbaggeren, van nieuwe kades, van die containerringweg van inmiddels een kwart miljard euro.

De container was als de doos van Pandora uit de Griekse mythologie, de grootste rampen kwamen eruit voort. We kregen precies op tijd te veel van het verkeerde en aan het goede bestond steevast een tekort: de haven was de efficiëntste organisatie van een weergaloze verspilling.

De belofte was dat we allen zouden profiteren. Zeker, de werkloosheid was weg, er waren nu banen, veel te veel banen: iedereen was altijd aan het werk, niemand had nog tijd; maar de inkomens waren gestagneerd, mijn gang stond vol dozen, de planeet ging stuk en de democratie haperde: je kon je stem nu laten horen door de keuze van de spullen die je kocht. Nog meer spullen.

16

RIVIER VAN WEEMOED

Overal om me heen, waar ik ook mijn blik richtte, stroomde er zooi. De kleurrijke en gespikkelde smurrie trok voorbij over transportbanden die in de lucht werden gehouden door een wirwar van steigerwerk. Het was een escheriaanse waterval van huisvuil, een onnatuurlijke stroom, die nu eens omhoogklom, dan weer omlaagviel, dan weer haaks de bocht omging. Het afval ging van de ene sorteermachine naar de volgende: langs trillende schudzeven en ballistische afvalscheiders, langs zuigmonden die met een achteloos zuchtje de vederlichte plastic tasjes uit de stroom oppikten.

Ik was het spoor van mijn vuilniszak gevolgd en was bovengekomen in een enorme hal in het Botlekgebied, waar alle vuilniszakken van Rotterdam werden uitgestort. Tussen de transportbanden waren looppaden aangebracht, zodat je een wandeling kon maken vlak langs de watervallen. Ik hield de reling goed vast en volgde Mohammed, op de rug van zijn overall stond 'Too Good to Waste'.

Ik wilde de belangrijkste rivier van de stad zien, niet de Nieuwe Maas, niet de Nieuwe Waterweg, maar de hoofdstroom waar al het huisvuil uit de wijde omgeving terechtkwam. In deze hal in de Botlek werd al het vuil efficiënt gesorteerd, zodat bewoners het zelf thuis niet hoefden te scheiden. Liefst 230 ton huisvuil per dag stroomde zo door de machine, die als een spijsverteringskanaal alles wat waarde had aan de stroom onttrok: drankkarton, plastic tasjes en flesjes. Wat resteerde, het overgrote deel, ging op weg naar de verbrandingsovens van de aanpalende elektriciteitscentrale. Wat as en zwartgeblakerd metaal bleven over. Slakken, heet dat.

De stank in de hal viel me nog mee: een zachte walm van rot, als bij een herfstwandeling langs een veenmoeras. Vreemd vertrouwd, alsof je je eigen vuilniszakken rook, en dat was in theorie best mogelijk, alleen was de geur minder herleidbaar. Niet de pasta met zalm van gister; eerder een anoniem parfum van gisting en bederf: een gepast parfum voor een stad wier naam was afgeleid van het woordje 'rotta', ofwel troebel, rottend water.

Overal droop drab, her en der waren stalagmieten gegroeid van vuil. Het voelde als een tijdreis door een negentiende-eeuwse wondermachine die voor één keer tot leven was gewekt en nu trilde, pufte, sidderde en hijgde. En toch was de fabriek nog maar een paar jaar oud. Het was een volautomatische afvalsorteermachine, een van de modernste van het land. Slechts drie operators hielden de rivier in de gaten.

Mohammed bekeek de rivier normaal gesproken vanuit de controlekamer. Daar waren eenentwintig videoschermen. Zolang alles stroomde, was alles goed. Het leek het kapitalisme wel. Maar soms was er een blokkade: een opstopping in een van de trilzeven of ballistische scheiders.

Dan moesten de operators hun schermpje verlaten en de smerige hal in. Soms waadden ze tot aan hun knieën in het vuil naar de plek waar het misging. Het enige leuke van die klus was dat je dan eens goed zag hoe bizar onze huishoudens geworden waren. Ze troffen er de vreemdste troep aan. Karkassen van geiten of schapen, koppen van herten of wilde zwijnen. Gasflessen. Trouwalbums. Hele dozen dildo's, sekspoppen. Met een haakstok trokken ze dan die vreemde obstakels weg uit de vastgelopen machine tot de rivier weer stroomde.

Maar toen ik later een collega van Mohammed vroeg naar het gekste dat hij ooit had aangetroffen, gebaarde hij naar de hele rivier: 'Gewoon, dit.'

Stof tot stof, de cirkel van het leven: een 'permanente catastrofe van verdwijning', in de woorden van de Franse filosoof Paul Virilio. De omloopsnelheid van bijna alles was tegenwoordig hoger geworden: van onze spullen, onze banen, onze liefdes. We swipeten mensen weg, we hopten van opdracht naar opdracht, maar hoe achteloos ook: elk weggooien, zelfs van een snoepwikkel of chipszak, was een afscheid.

Zou dat misschien het bitterzoete gevoel kunnen verklaren dat steeds vaker de kop opstak als ik door de stad dwaalde? Soms dook het zelfs thuis op, in een onbewaakt ogenblik, als ik zonder te kijken een nieuwe zak afscheurde van de grijze scheurkalender: pijnscheuten van een te vroeg afscheid, nauwelijks waarneembare oprispingen van weggooiverdriet. Zou het kunnen dat ergens in onze ziel de melancholie over al dit miniverlies zich had opgehoopt, zoals microplastics in een rivier?

Havensteden waren van oudsher plaatsen van weemoed, van verlaten kades, krijsende meeuwen, migrantentristesse. Elke havenstad kende haar eigen variant. Lissabon had de *saudade*: een intense hunkering naar het onmogelijke. In Istanbul ervoer men de *hüzün*: een bitterzoet gemis om tijden die niet terugkeerden, liefdes die men schieten liet, afstand tot God. Over de *ennui* van het Egyptische Alexandrië waren romans volgeschreven.

En Rotterdam, de grootste, de modernste havenstad, de stad waarin wij allen woonden? In Rotterdam mocht weemoed niet bestaan. Hier heerste het vierkante denken: de overtuiging dat ons leven een logistiek proces is dat even efficiënt moest worden ingericht als een containerhaven.

Maar het bloed kroop waar het niet gaan kon. Het glipte soms toch tussen de naden door van de leisteengrijze tegels in het winkelhart, het kon zich zomaar aandienen nadat je thuis op de bank op je laptop had gelezen over het verband tussen palmolie en verdwijnende regenwouden, waarna je even van je scherm had opgekeken, peinzend over wat dat voor je kinderen zou betekenen, om vervolgens bij je online boodschappen toch maar Duo Penotti aan te vinken, omdat ze daar zo van hielden. Het diende zich aan als je langs de ten hemel geheven handen fietste van het beeld van Zadkine, als een mistroostig besef dat niet alleen het hart van deze stad herbouwd was om de doorstroom te dienen, maar ook je eigen hart: dat je klemvast zat in die cyclus van slapen, werken, zakken afscheuren en weer doorwerken, altijd maar doorwerken en alles weer vergeten – maar hoe hard je ook werkte en hoeveel je ook vergat, je hield altijd het gevoel dat je ergens in tekortschoot.

In Rotterdam was de weemoed een kwijnend verdriet om alles wat verloren ging door hoe we leefden, een weggedrukt besef dat alles wat werkelijk waarde had zo weerloos was.

In Rotterdam mocht weemoed niet bestaan, precies dat was hier de weemoed: verdriet om afwezig verdriet, gevoelens die je had verdreven als herfstbladeren met een bladblazer.

In Rotterdam mocht de weemoed geen naam hebben, dus ik noemde hem: Rotterdam.

17

DE VLAKTE VAN HET VIERKANTE DENKEN

Op een winterdag in februari fietste ik over een vrijwel geheel witte vlakte. De wielen van mijn gravelbike glipten soms bijna weg op het ijzige fietspad. Voor het eerst in jaren was er een strenge winter gekomen, de afgelopen dagen hadden we geschaatst op de singel om de hoek, in ons achtertuintje hadden we een sneeuwpop gebouwd.

De laatste sneeuwpoppen en schaatsers had ik al lang achter me gelaten toen ik de heuvel zag die de toegangspoort van de Maasvlakte markeerde. De bult bestond uit deponie C2 en deponie C3, twee stortplaatsen die in de jaren tachtig waren aangelegd voor giftige industriële afvalstoffen als asbest, havenslib en licht radioactieve restproducten uit de fossiele industrie. De gifstort was afgedekt met aarde, waarop gras was gegroeid. Er stonden hekken omheen met waarschuwingsborden. Maar nu, besneeuwd, gezien vanuit de verte, oogde de heuvel als een vriendelijke Kilimanjaro.

De westenwind was guur, ik trok mijn muts verder over mijn oren en trapte door, de vlakte op. Dieren of menselijke gedaanten waren niet te zien, het knerpen van het ijs onder mijn banden was het hardste geluid. Ooit, in de tijden van stukgoed, kon je de haven overal ruiken, de geur van koffie en nootmuskaat, van pinda's en peper. En de herrie, 'het lied van de haven', zoals stadsschrijver M.J. Brusse die had genoemd, woei altijd over de hele stad.

Deze sneeuwdag had ik vooral mijn ogen. De mossen en het toendragras van de vlakte hadden een donslaag gekregen. Ik fietste in Siberië. Juist nu de vlakte was toegedekt, was ze naakt: je zag helder hoe alles hier geregeerd werd door één vorm.

Het was de vorm van de container. Vierkant waren de kleurrijke containerstapels in de verte, vierkant waren de grijze dozen van de distributiecentra, vierkant was het groene reuzenschip dat net aanmeerde in de Amazonehaven. Zelfs het water, al droegen de bekkens de namen van wild kronkelende rivieren, was hier rechtlijnig.

De zeecontainer was hier de maat der dingen: die vormde de kranen, de robotwagentjes en zelfs snackbar Smickel-Inn. De mens, de zwakke, wispelturige, opstandige mens – de mens was hier een sta-in-de-weg. Dit was de vlakte van het vierkante denken.

En vandaag leek ik de enige hier. Leek – want ik wist inmiddels wel beter. Op de zeeschepen, in hun hutten, op de dekken, verbleven honderden Filipijnen, Pakistani en Russen. En ook in al die distributiecentra werkten honderden mensen, al kon je ze van buiten niet zien. De grijze dozen hadden geen ramen, de vrachtwagens die er aankwamen parkeerden met hun achterzijde tegen de dozen, alsof niemand mocht zien wat daar werd uitgewisseld. In de magazijnen waren Poolse en Bulgaarse orderpickers aan het werk, aangestuurd door computerstemmen op hun koptelefoons, in hallen zonder daglicht.

Misschien hadden die distributiecentra wel geen ramen, dacht ik, om dezelfde reden dat de IKEA geen daglicht had: het ontnam de mensen het besef van het verstrijken van de tijd, dan gingen ze langer door.

Midden op de sneeuwvlakte stond een spitse vuurtoren van ruim zestig meter hoog. De toren was aan alle kanten omsloten door land, een wachter in de woestijn. In 1974, toen hij werd gebouwd, lag hier het strand. Maar de haven was steeds verder de zee in gekropen, de kustlijn lag nu kilometers verderop en het kustlicht was in onbruik geraakt.

Op de toren stond een gedicht dat er een halve eeuw eerder was aangebracht, toen de eerste Maasvlakte net gereed was. Het gedicht leek een artistieke uitspatting op die vlakte waar verder alles functioneel was.

'Kustlicht Maasvlakte', heette het, van Max Dendermonde, een schrijver die ik had bewonderd. Het gedicht verwelkomde de zeelieden met onder meer deze strofen:

Nu springt van zand, koppig op zee veroverd,
het hartsignaal van de landrotten over:
uw leven is ons méér dan enkel handel.

De zeelieden die nu in de haven van Rotterdam waren, in hun scheepshutten en op de dekken, zouden het welkomstgedicht niet lezen. Misschien maar beter, leek me, niet vanwege de kwaliteit van zijn gedicht, vooral omdat het diende als smeerolie voor de aanleg van deze vlakte, die nu juist enkel om de handel was aangelegd. De poëzie leek hier al even functioneel als de containers, diende niet de schoonheid of de troost maar de doorstroom.

Of was ik nu zelf te rechtlijnig? Kwam het door de straffe wind? Nee, ik was op deze heldere winterdag naar de vlakte gekomen om die te zien zoals ze was. 'Rotterdam is niet romantisch', had de beroemdste dichter van de stad toch geschreven, maar 'vierkant hoog en hoekig'.

De torens in de stad waren in dezelfde periode gaan groeien als de schepen op de Maasvlakte. Net als megaschepen waren megagebouwen niet efficiënt. Vanaf ongeveer zeventig meter was er zo veel extra staal en beton nodig om de constructie veilig te houden dat dat het slimme gebruik van het grondoppervlak tenietdeed. Ook veroorzaakten ze vaak meer klimaatschade per vierkante meter woonoppervlak dan lagere gebouwen. Toch groeiden er alsmaar nieuwe staven de hemel in.

De skyline van Rotterdam was een staafdiagram van scheefgroei. En die scheefgroei was op deze vlakte begonnen.

Rem Koolhaas, de architect van De Rotterdam – de blokkentoren waar ik jaren eerder een weekend had doorgebracht – was ook een van de evangelisten van de Tweede Maasvlakte geweest. Misschien oogde De Rotterdam daarom als een verzameling slordig rechtop gezette grijze containers.

In 1997, een jaar nadat de Erasmusbrug was opgeleverd, publiceerde Koolhaas het boekje *Maa$vlakte*. Hij schreef het met econoom Eduard Bomhoff, op verzoek van werkgeverslobby VNO-NCW. De haven en de stad waren uit elkaar gegroeid, stelden Koolhaas en Bomhoff, maar bleven elkaar lastigvallen. Nu moesten ze helemaal worden losgekoppeld. Daarom moest die Tweede Maasvlakte er komen: dan zouden de laatste stadshavens uit de stad kunnen vertrekken.

Er deed zich een kans voor die te vergelijken was met het bombardement op de stad, stelden de architect en de econoom. Dat bombardement was 'een bevrijding' die Rotterdam 'een onverslaanbaar concept' had gegeven. 'Rotterdam is de enige stad in Nederland waar verandering geen kwade reuk heeft, waar moderniteit nog kan en waar transformatie de enige permanente traditie is geworden.'

Nu zou het tijd zijn voor een nieuw bombardement. 'De Tweede Maasvlakte biedt opnieuw een bevrijding. [...] Niet meer door de haven getekend, bevrijd van een dominerende en overleefde identiteit, kan Rotterdam onbekommerd nieuwe identiteiten omhelzen.'

En: 'Hoe minder identiteit, hoe groter de manoeuvreerruimte, hoe ruimer de marge.'

Dat nieuwe bombardement op Rotterdam bedoelden ze tamelijk letterlijk: er moest een 'wederafbraak' komen van de stad. Want er waren te veel huurhuizen in Rotterdam en te weinig koophuizen. Dus de oude, vooroorlogse stadswijken moesten niet worden gerenoveerd (niet 'de zoveelste moeizame opknapbeurt') maar tegen de vlakte.

Niet alleen de huizen moesten worden gesloopt, vonden Koolhaas en zijn kompaan, ook de vaste banen. De lonen waren te hoog, stelden ze, wat slecht was voor de haven, de vakbonden waren nog te sterk. De Rotterdamse havenarbeiders konden nog steeds het raderwerk stilzetten, flexibele banen moesten hun macht breken.

Europa werd bekneld door 'de mythe van het authentieke', schreven ze. We moesten onze blik richten op Azië: daar hield men niet nostalgisch vast aan het oude, vertrouwde, daar veranderde men de kustlijn alsof het een kwestie was van Photoshop. Dat was de toekomst, stelden ze: denken en handelen als een computerprogramma, met 'amorele moeiteloosheid'.

Nu moesten we doorpakken, besloten de twee hun pleidooi: het bombardement voltooien, alle obstakels effenen: 'Trek de markteconomie door naar de einder.'

Profetisch. Oude buurten zoals de Tweebosbuurt zouden tegen de vlakte gaan, de Tweede Maasvlakte zou er inderdaad komen, de haven trok naar zee.

En tegelijkertijd kwam de haven terug naar de stad. Niet de fysieke haven, wel het vierkante denken.

'Tweede Maasvlakte aangelegd door Filipijnse slaven', kopte weblog *GeenStijl* in 2010. Die kop was overdreven, maar niet heel erg. De arbeidsinspectie had ontdekt dat de baggerbedrijven die de nieuwe Maasvlakte aanlegden – Van Oord en Boskalis – illegale arbeiders inzetten. De bemanning op hun sleephopperzuigers kreeg veel minder loon dan waar ze recht op hadden. En veel minder dan hun Nederlandse collega's met wie ze zij aan zij werkten. Terwijl: de sleephopperzuigers werkten zeven dagen per week, vierentwintig uur per dag, en de klus zou jaren duren, van 2009 tot 2013. Zolang dat nieuwe land niet af was, probeerden de baggerbedrijven de uitbuiting goed te praten, werkten de Filipijnen feitelijk nog niet in Nederland, dus zou het Nederlandse arbeidsrecht voor hen niet opgaan.

De trukendoos van de zee werd op land opengetrokken. Vanaf 2004 kwamen er ook Filipijnse bemanningsleden te werken op Nederlandse binnenvaartschepen. Die matrozen werden gerekruteerd via uitzendbureaus. De reclameslogan van een van die uitzendbureaus luidde: 'Bij Oceanriver moet je zijn, voor de goedkoopste Filipijn'. Die 'goedkope' Filipijnen voeren algauw niet alleen op binnenvaartschepen, maar ook op bijvoorbeeld Rijncruises, waar ze vaak ver onder ons minimumloon betaald kregen.

Niet veel later zetten de 'goedkope' Filipijnen ook echt voet aan land: als vrachtwagenchauffeurs, rijdend onder de aan de zeevaart ontleende goedkope vlag. Ze werkten bijvoorbeeld voor een Slowaaks-Duits-Filipijns bedrijf, maar in de praktijk woonden en werkten de chauffeurs in Nederland. Of nu ja, ze kampeerden langs de kant van de weg, in de cabine van hun vrachtauto, tienduizenden kilometers van huis, als zeelieden in hun hut.

'Wij zijn wegwerpartikelen', zei een van die Filipijnse chauffeurs eens in een reportage van bekroond onderzoeksjournalist Sjors van Beek in *De Limburger*. Of zoals de kop boven het artikel zei: de chauffeurs waren 'slaven op wielen'.

Ik fietste door. Schitterend licht en stil was de vlakte. De grond onder mijn wielen was aangelegd door halfslaven, koloniale hiërarchieën bepaalden de modernste haven. Ik zocht redenen om het niet te zien. Filipijnen verdienden voor hun doen toch bakken met geld, je zou er toch riant van kunnen leven in Manilla?

Maar ze waren nu juist niet in Manilla.

Een jonge Nederlandse vrachtwagenchauffeur die vaak op de Maasvlakte kwam, had me eens een foto laten zien die hij had gemaakt van een stel Filipijnse collega's: ze kampeerden op kerstavond op een afgelegen industrieterrein onder de rook van Rotterdam. Ze zaten met mutsen op in een lege container, bliezen wolkjes rond een wegwerpbarbecue: hun geïmproviseerde kerstmaaltijd.

Ik dacht aan de woorden van wijlen fotograaf Allan Sekula, uit zijn boek *Fish Story*: voor zeelieden zijn schepen een ontsnappingspoging in de vorm van een gevangenis.

Een baan met een salaris dat vijf keer hoger is dan in je eigen land, maar waardoor je wel jarenlang kerst viert ver van vrienden en familie: was het een vrije keuze als je dat offer bracht om aan de armoede te ontsnappen?

Ik was blij dat ik die vraag nooit had hoeven beantwoorden. En misschien was die vraag ook niet relevant: door deze vlakte zou bijna iedereen, ook ik, een beetje in een zeeman veranderen.

Onder invloed van de zee zou de hele Nederlandse arbeidsmarkt in de jaren negentig veranderen. Niet alleen buitenlandse zeelieden, maar miljoenen Nederlanders werden beschikbaar op afroep, hadden tijdelijke contracten, bouwden geen pensioen op. Bijna nergens in Europa zou het flexwerk zo ver oprukken als bij ons, las ik in het boek *Uitgebuit. Het verhaal van de Nederlandse werkvloer* van Emiel Woutersen.

Veertig jaar geleden, voor de containerrevolutie, hadden bijna alle werknemers in ons land een vast contract; inmiddels werkte één op de drie 'flexibel'. Sinds 2003 waren een kwart miljoen vaste banen verdwenen. Miljoenen Nederlanders waren op goedkope Filipijnen gaan lijken.

Ook de logistieke filosofie van lean en just in time was vanuit de schepen als een vogelspin uit een bananenschip aan land getrippeld. Op een plank in de Centrale Bibliotheek vond ik liefst zevenentwintig managementboeken over lean. De meeste gingen over hoe je de filosofie toepaste op sectoren waar die nooit voor was bedoeld: scholen, overheidsdiensten, ziekenhuizen.

Je hoorde steeds dat cliché dat het onderwijs of de zorg gerund werd 'als een fabriek', waar het draaide om winstmarge en de liefde verdwenen was, maar dat was ook letterlijk zo: om precies te zijn de Toyota-fabriek.

Ik googelde op bedrijven en publieke instanties, elke keer was het raak. Ook de Belastingdienst, het UWV, de politie: allemaal hadden ze met de lean-methode gewerkt. Allemaal waren ze bezig geweest met kosten besparen, muda wegwerken.

Het vierkante denken was ook de bron van onze deadlinestress. 'De permanente race om alles onder minimalisering van arbeidskosten "net op tijd" te leveren, leidt tot een wereld waarin permanent gerend moet worden', schreef de Rotterdamse denker Willem Schinkel in zijn boek *De hamsteraar*.

Zelfs thuis was ik onbewust gaan werken volgens de just-in-timelogistiek: ik had die fragiele keten van toeleveranciers, oppassen, schoonmakers. En als er eens een 'kink in de kabel' was tijdens het 'spitsuur', dan sprak ik van een 'logistiek probleem' – alsof we geen gezin vormden maar een '*supply chain*'.

Het lied van de haven klonk overal. Maar bijna nergens zag je het vierkante denken zo helder als op de Maasvlakte, zeker als het had gesneeuwd. Hier op de ijsvlakte van de efficiëntie lag het hart van de stad waarin wij allen woonden.

Wreed en stil strekte de vlakte zich uit. Ik fietste in gedachten door die beroemde luchtfoto van jaren na het bombardement. Op die kale vlakte, waar ook toendragras gegroeid was, stond tenminste nog een godshuis, de Laurenskerk. Het was nog geen zuivere tabula rasa geweest.

Maar hier? Alles wat de efficiëntie niet diende, leek hier geëlimineerd. Het bombardement was voltooid. Toen de wind me te guur werd, keerde ik om.

Later, thuis op de bank, las ik het boek *The Container Principle*, van Alexander Klose. Het ging over hoe containers en logistiek ons denken hadden veranderd. Logistiek was van oorsprong een militair woord, leerde ik. Pas in de twintigste eeuw, na de logistieke revolutie, was het ingeburgerd als een civiel woord. Het had inderdaad niets met logica te maken. In het zeventiende-eeuwse Franse leger had je een *maréchal général des logis de la cavalerie*, een officier die moest regelen dat het leger bevoorraad bleef en onderdak had. Daar kwam het woord dus vandaan: van legers die ergens 'logeren'.

En mensen logeerden tegenwoordig ook letterlijk in containers. Containerwoningen waren steeds populairder geworden. De eerste containerwoningen waren nog bedoeld als een noodoplossing, om mensen te huisvesten die buiten de maatschappij stonden. Asielzoekers, asocialen. De overheid noemde het inmiddels geen containers meer, maar flexwoningen. Een innerlijke tegenstrijdigheid, zoiets als vloeibaar vastgoed: het tekende de onzekere tijd.

Containers waren uit zichzelf ook zeer ongeschikt om in te wonen. De staalharde behuizing veranderde in een oven als de zon scheen. In de winter werden containers juist steenkoud. Toch gingen mensen tegenwoordig ook vrijwillig in containers wonen.

Op Instagram volgde ik het account Container Dreamhouse. Het had 126.000 volgers. Ze kregen tips en instructies over het omtoveren van een container tot een droomhuis. Een ander account, Container House Plans, telde 382.000 volgers. Ook hier: foto's van 'droomhuizen' opgebouwd uit afgedankte zeecontainers.

Om nog te zwijgen over alle containers die als bar, galerie of museum dienden.

Zelfs veel appartementen in de luxe woontorens die nu in de stad verrezen, leken bij nadere beschouwing containers. In de Zalmhaventoren, de hoogste toren van Nederland ('excellent wonen op niveau'), kwamen straks tweehonderd identieke huurappartementen. 'Kan ik zelf een badkamer en/of keuken uitkiezen?' las ik op de website. 'Nee, de woningen worden voorzien van een volledig uitgeruste keuken en badkamer.' Sindsdien dacht ik steeds als ik de toren zag aan tweehonderd maal dezelfde witte keuken met aanrechtblad van composiet, Siemens-vaatwasser en -combimagnetron.

Zou het kunnen dat mensen het vierkante denken zo geïncorporeerd hadden dat ze liefde waren gaan koesteren voor hun stalen kooi?

Ik herlas *Blokken* van de Rotterdamse schrijver Ferdinand Bordewijk, een sciencefictionroman over een stad waarin alles al even efficiënt was georganiseerd. Het verscheen in 1931, eerder dan *Brave New World* van Aldous Huxley en *1984* van George

Orwell. Het dunne boek was een waarschuwing tegen het totalitarisme, niet specifiek dat van de nationaalsocialisten of de communisten, maar tegen totalitaire rechtlijnigheid.

Bordewijk beschreef een stad waar hoogwaardige technologie het leven beheerste en het hele leven mathematisch was georganiseerd. De bewoners hadden geen naam meer, maar kregen bij geboorte een code van drie letters plus een cijfer. Ze woonden in vierkante woonwijken, werkten in vierkante werkwijken, met hoekige huizen en kaarsrechte straten, omdat de kubus nu eenmaal de efficiëntste vorm was. Ze vertrouwden geheel op technologische doorbraken, zoals ruimteschepen, waarmee men op zoek ging naar nieuwe planeten om te bewonen. Er was geen religie, behalve de aanbidding van het vierkant, want 'sterrenkunde had de godsdienst gedood'. De inwoners hadden volmaakte gebitten, er waren geen auto's in de stad, 'de vrouw was de volkomen gelijke van de man geworden, doordat zij zich aan diens formule had aangepast'.

De blokkenstad van Bordewijk was een technologisch vergevorderde, totalitaire staat. Wie kritiek had, belandde in een vierkante cel, waar de gevangenen het overigens goed hadden. Eens per jaar haalde de staatsraad een van die gevangenen zijn cel uit, steeds dezelfde dissident, 'een stem uit het verleden'. Hij mocht dan een lezing geven ter vermaak van de leiders van de stad.

En op een dag beklom die inmiddels stokoude gevangene met lang, wit haar het podium. Hij stak een lofzang af op alles wat rond was, zoals de aardbol, onze schedels, ogen en lichaamsrondingen. 'Wat gij wilt ligt niet in de aard van de mens', hield hij zijn gehoor voor. 'Wat hebt gij uw steden opgebouwd tot blokkendozen, uw perken gelegd als vierkanten, uw straten als lijnen! Gij zijt verliefd, met de harde liefde van uw zielen, voor de harde lijnen, figuren en vormen. Gij drijft de idee van het blok door in al haar excessen, ge zijt de kubisten van de praktijk. Ge zult u ten dode verwonden aan de scherpe kanten van uw levensstaat.'

18

DE STAD DER BLINDEN

We waren met de kinderen de stad uit gegaan voor een meivakantie in een dorp in de Betuwe. Vanuit de stad over de A15 was het maar een uur rijden, toch voelde het als een tijdreis. We verbleven in een omgebouwde schuur op het erf van een boerderij, waar onze kinderen onbekommerd konden rondscharrelen tussen de kippen. Op zondag ging bijna het hele dorp in een stoet van zwarte kleren ter kerke. Het gehucht lag tegen de dijk aan van de Waal, er stroomde hetzelfde water als in Rotterdam, met daarop dezelfde binnenvaartschepen, maar ze deden de dingen hier anders.

Op een middag maakte ik een wandeling. Ik wilde een dwarsdoorsnede maken door de riviervallei, van de dijken van de Waal naar de dijken van de Nederrijn. Aan de rand van het dorp, in de voortuin van een vrijstaand huis, zat een roodharige jongen van een jaar of twaalf met een geweer op schoot, vermoedelijk een luchtbuks. Een meter of vijftien verder stond een wit, rond doelwit opgesteld. Hij laadde de buks, de knal woei weg in de velden. In de verte, boven de appelboomgaarden, hingen de pluimen van afvalvuurtjes.

Even bekroop me de gedachte dat hij aan het trainen was voor de lokale militie. Op internet had ik gelezen dat deze idyllische streek een eigen burgerwacht had, samengesteld uit alerte huisvaders die beschikten over professionele apparatuur, zoals infraroodcamera's en drones. Tijdens hun patrouilles door de velden liep er ook een Mechelse herder mee.

Ik wandelde door, per slot van rekening was ik hier een vreemdeling, een pottenkijker, straks zou er nog een herdershond naar mijn kuiten happen. En toch wekte dit tafereel een gevoel van vrijheid op. Het deed me denken aan de roadtrips die ik had gemaakt over het Amerikaanse platteland in Missouri.

In de stad waar ik nu woonde, zou dat in elk geval nooit kunnen: in je voortuin schieten met een buks. Zelfs een vuurtje maken was daar niet de bedoeling. Ik had thuis een gloednieuwe vuurkorf, een verjaardagscadeau, die ik nog niet had durven gebruiken: de buren zouden zich kunnen storen aan de rook.

Tijdens de vakantie in de Betuwe maakte ik me er zelfs zorgen over dat ik vergeten was het automatische lichtsnoer in de tuin thuis uit te schakelen. De lampjes werkten op zonne-energie, bij het vallen van de avond knipperden ze in discokleuren. Ik had al overwogen om 'sorry' te zeggen in de buurtapp.

Als kind in de stad had ik onbekommerd vuurtjes kunnen maken op het gifgrondje tegenover het kabouterhuisje. In datzelfde Overschie lag het stoken van een vuur tegenwoordig heel gevoelig, kwam ik achter.

Bij een snackbar in Rotterdam had ik een flyer zien liggen die uitnodigde voor 'Kampvuur Overschie'. Het kampvuur bleek georganiseerd door een jonge kunstenaar; ze wilde de buurt dichter bij elkaar brengen. Tess, zo heette ze, had jarenlang in de psychiatrie gewerkt, zowel in de crisisdienst als in de langdurige zorg. Daar had ze zich gestoord aan de strakke protocollen en de stopwatchmentaliteit. Vroeg een jongen met autisme haar bijvoorbeeld om een kwartiertje extra aandacht – helaas, geen tijd voor. Dan kon de 'cliënt' wel een drukvest krijgen: een apparaat van 1.400 euro, een technologische omhelzing.

Ze vond de wereld te koud worden en wilde die opwarmen, met een vuurtje dus. Maar haar plan stuitte op weerstand. Lokale politici spraken over 'georganiseerde hinder door houtrook'. Het had tot een mediastormpje geleid; zelfs een kampvuur bedoeld om mensen samen te brengen werkte tegenwoordig polariserend, terwijl die politici vaak zwegen over het meest vervuilende vuur in Rotterdam: de havenindustrie met al die raffinaderijen en stookolie.

Je mag ook niks meer, wilde ik al bijna mopperen – maar er mocht nog steeds van alles, zolang je je maar aan strakke regels hield. Het kampvuur mocht ook doorgaan. Mits het vuur gestookt werd volgens de regels van de 'Toolkit Houtrook' van het RIVM, waarin de te gebruiken houtsoorten en hun vochtigheidsgraad tot in detail waren beschreven. Er moest een evenementenplattegrond komen, er moesten securitymedewerkers aanwezig zijn om het vuur en het publiek te monitoren, er moest een dranghek om het vuur komen.

Tess stuitte op de protocollen die ze juist had willen ontvluchten. Toch kreeg ze het vuur aan de praat, in een donker stadspark langs de snelweg. Er was een gitaar, er was gelach, wijn ging rond, marshmallows smolten. Er kwamen kinderen op af die nooit een kampvuur hadden gezien.

Die protocollen waren natuurlijk wel ergens goed voor: ze maakten de wereld veiliger en schoner. Maar de stad werd kouder, saaier. Het viel me weer op toen we na een week in de Betuwe terugkeerden. In mijn straat patrouilleerde dan wel geen burgerwacht, toch voelde ik me er minder vrij om gekke dingen te doen. Het leek alsof dorp en stad stuivertje hadden gewisseld.

Dorps stond ooit voor: benepen, kleingeestig, benauwend. Maar buiten de grote steden vond je nu veel eerder de afvalligen en dissidenten, het kwaad en de anonimiteit. In dorpen begonnen nu de volksopstanden: denk aan de boeren die met trekkers naar de steden trokken.

Vroeger was juist de grote stad een oord van zonde en gevaar; vol steegjes, vol botsingen, vol verrassingen, spannende ontmoetingen – vol chaotische scheppingskracht. Maar de stad van de toekomst? Die blonk uit in orde, voorspelbaarheid en morele monitoring: even strak gereguleerd als de Maasvlakte. In de jaren zestig trokken studenten in de binnensteden de straatstenen uit de grond. Om barricaden te bouwen, om ze naar de politie te smijten, als ode aan de verbeelding. 'Onder de straatstenen ligt het strand!' riepen de oproerkraaiers in het Parijs van de jaren zestig. Stedelingen van nu leken hooguit bezig met 'tegels wippen' voor hun geveltuintjes.

Steden waren in slaap gesukkeld, universiteiten waren diplomafabrieken geworden, vuige kroegen waren veranderd in wijnbars, krakers waren nu kopers. Niemand had nog de tijd, het geld of de geestelijke bandbreedte om subversief te zijn; zelfs de voorheen zo ongebonden studenten hadden nauwelijks oog voor andere zaken dan studeren, werken, slapen. En ze woonden vaker bij hun ouders omdat de kamers te duur waren. Kunstenaars zagen zich genoodzaakt om brave muurschilderingen te maken voor de gemeente. Voor krakers, zwervers en zonderlingen bestond geen tolerantie meer. Zoals de grutto bijna was verdwenen uit het weiland, zo waren de paradijsvogels, de hanenkammen, de flierefluiters uit de binnensteden verjaagd.

Samen met de nieuwe 'kansrijke' bewoners leek ook de burgerlijke geest van suburbia neergedaald over de binnenstad. Dure huizen hadden saaie mensen gemaakt.

Het vuur was gedoofd.

De stad was een '*smooth city*' geworden, een gladgestreken stad, waar alle stedelijkheid uit was verdwenen. Die term was gemunt door de architectuurcriticus René Boer: Alle gebouwen lijken nieuw of gerenoveerd en zijn over het algemeen in een uitstekende staat', schreef hij in zijn essay 'Smooth City Is the New Urban'. 'De openbare ruimtes zijn goed ontworpen, goed onderhouden, schoon en veilig – als u zich aan de regels houdt. Alle ruimtes lijken te zijn gescript volgens de dominante normen en de behoeften van het kapitaal, en worden bevolkt door een sociaal, cultureel en esthetisch homogene menigte. Nieuwe technologieën bieden naadloze, on-demand services voor bijna alles.'

De gepolijste stad was een benauwde plaats: een 'stad zonder adem'.

Herkenbaar verhaal, vond ik eerst. Ook Rotterdam werd schoongepoetst. Als een van de laatste grote steden weliswaar, en er waren nog volop rauwe kanten. Of werd de vunzigheid vooral onder het tapijt geveegd?

Ik dacht aan het schitterende nieuwe Centraal Station, met die zilveren kuif van een stationskap. Rotterdam cs was het eerste station in Nederland dat met poortjes werd afgesloten. Elke keer als ik incheckte bij die poortjes, dacht ik aan een weetje waar krakers me op hadden gewezen: dat die poorten werden geproduceerd door wapenhandelaar Thales, die ook apparatuur leverde voor de grensbewaking van fort Europa. En net als de muren van dat fort lieten de poortjes vooral mensen toe die over geld en papieren beschikten. Of nu ja, een pasje met minstens twintig euro tegoed.

Als kind kwam ik vaak op het oude station; er hingen heroïnejunks, straatprostituees, alcoholisten en zwervers. Bij het nieuwe station zag je nog zelden heroïnegebruikers, maar was de stad minder verslaafd?

Dagelijks werden er in Rotterdam liefst 40.000 lijntjes coke gesnoven, bleek uit schattingen op basis van rioolonderzoek. Cocaïne was een drug van hogeropgeleiden, de prestatiedruk bij uitstek, een drug die je achter de voordeur genoot, buiten het zicht. Ook prostituees waren nog volop aanwezig: ze werkten alleen niet langer op straat, maar hadden via internet hun werk voortgezet.

Het nieuwe treinstation was schoner én harder. Net als de stad zelf, zo leek: het gladstrijken was bij het station begonnen, vandaar over de West-Kruiskade gekropen, en had ook ons pleintje bereikt.

Maar op een dag kwamen er ook barstjes in dat gepolijste stadsbeeld. Ik had altijd gedacht dat het gladstrijken draaide om het wegjagen van de mensen zonder geld. Dat verdringen had ik ook met eigen ogen zien gebeuren. We zaten eens op een terrasje op het duivenpleintje toen een medewerker van het restaurant wat jongemannen, die ook op het pleintje wilden zitten – gewoon op een publiek bankje, maar vlak bij een terras – wegstuurde. Geen witte jongemannen.

Ook de vermaarde *black hair*-kapper Carmen, die al dertig jaar haar zaak had in de wijk, zou later moeten verkassen.

Maar als verdringen het plan was, dan leek het toch te mislukken. Ik herinner me de avond dat we wat aten bij een nieuw tentje om de hoek, een Franse bistro. De droom van de vastgoedondernemer leek te zijn uitgekomen: het pleintje was in Parijs veranderd – ook de zwerver die naast ons tegen de muur zat, paste goed bij het beeld.

De dure wijn smaakte minder goed, zoals het lastiger genieten is van een unheimisch hete dag in de late herfst.

Op een dag kregen we een nieuwe buurman, een hoogleraar in Delft. Hij woonde er nog maar net toen hij 's ochtends op zijn fiets bijna werd klemgereden door politiewagens. Agenten renden met getrokken pistool om de verbijsterde buurman heen en richtten hun wapens op een zwarte Volkswagen Polo – waar vermoedelijk een cocaïnedealer in zat. 'Is dat normaal hier?' vroeg hij later in de buurtapp. Nee, normaal was het niet. Net zoals die crackpijp die andere buren een paar maanden later op hun stoep vonden: dat was toch iets van vroeger?

Er kwam een kogelgat in het raam van een shishalounge, er was een nachtelijke arrestatie van een drugsdealer. De straten werden gepolijst én het aantal harddrugsgebruikers nam toe. Bij de ingang van de supermarkt om de hoek hing een erehaag van bedelaars. De huizenprijzen stegen, maar de daklozen lieten zich niet wegjagen.

Rotterdam, een van de laatste grote steden die gepolijst werden, leek ook een van de eerste waar het proces stokte.

In de tijd dat het pleintje was opgeknapt, waren ook de eerste slimme deurbellen in onze straat verschenen. Ze hadden oogjes die constant filmden, waren de digitale variant van de burgerwacht in dat Betuwse dorp.

De opkomst ging razendsnel: een paar jaar na de introductie waren er in Nederland een half miljoen van die slimme deurbellen geïnstalleerd. Ze hadden praktische voordelen, zeker voor mensen in bovenwoningen: je hoefde niet naar beneden te lopen om te zien wie er was. Niet toevallig hield de opkomst van de slimme deurbel gelijke tred met de bloei van pakketbezorging.

Een van de bekendste slimme deurbellen was de Nest van Google, die deed ook aan gezichtsherkenning, onder het motto: 'Weet wie er voor je deur staat'. De slogan van de concurrent, de Ring van Amazon, luidde simpelweg: 'FUCK CRIME'. Amazon had al een patent aangevraagd op speciale Rekognition-software: een algoritme dat automatisch alarm kon slaan bij verdachte mensen op je stoep. In Nederland deelde de politie al gratis slimme deurbellen uit in de hoop dat bewoners de beelden zouden delen.

Nog maar een paar jaar eerder, in 2016, bracht de oud-politicus en kinderboekenschrijver Jan Terlouw het halve land tot tranen met een nostalgisch pleidooi over die tijd dat er nog touwtjes uit de brievenbussen bungelden. Die touwtjes stonden symbool voor vertrouwen: in elkaar, in de overheid. Maar toen kwamen Google en Amazon met hightech deurbellen van enige honderden euro's per stuk en zeiden we massaal: doe toch die maar.

Ook ik stoorde me aan het toenemende aantal harddrugsgebruikers en zwervers voor mijn deur. Ik was zelfs eens woest de straat op gerend om zo'n wildplasser die wat fietsen bezoedelde weg te sturen. Een extra oogje leek dan handig: om een vreemdeling op je stoep te beoordelen, hoefde je die persoon niet meer in de ogen te kijken. En je had nog bewijsmateriaal ook.

Maar hun blikken waren niet onschuldig. In een essay van Doortje Smithuijsen las ik over onderzoek naar de effecten van slimme deurbellen in gentrificerende wijken in New York City.

Straten vielen uiteen in kijkers en bekekenen, rijken en armen, constateerden de onderzoekers. 'Na verloop van tijd gingen de mensen zonder Ring Bel steeds vaker in de camera's spugen of probeerden ze die kapot te maken', zo gefrustreerd waren ze over het feit dat hun buren hen konden bespieden.

Diezelfde onderzoekers ontdekten dat appgroepen in zulke gentrificerende wijken vooral bevolkt werden door de 'nieuwkomers': rijkere mensen die recent verhuisd waren, niet door sociale huurders die er al decennia woonden.

Herkenbaar. In onze 'superdiverse' wijk, waar meer dan honderd verschillende culturen door elkaar heen zouden leven, spraken we vooral andere witte mensen uit Kansrijke Gezinnen. De buurtapp vormde een dorpje op zich.

Soort zoekt soort. Het onzichtbare filter was soms zelfs aandoenlijk. Op een zaterdag bezochten we met ons gezin een biologische markt in een arme volkswijk in Rotterdam-Noord. Nergens stond een hek of toegangspoort, maar op het pleintje waren we omringd door louter mensen zoals wij: hoogopgeleide mensen in de rij voor dezelfde geitenkaas. O zo menselijk.

Een bubbel kan een uitvalsbasis zijn. Maar ook een bastion. En dan krijgen de onzichtbare filters scherpe kanten: ze schaden het weefsel van de stad.

Het beleid om rijkere mensen aan te trekken was officieel bedoeld om wijken te 'mengen': 'sterke schouders' zouden minderbedeelden meenemen in de vaart der volkeren. Het was geen slecht idee: mijn wijk was ooit gebouwd volgens die verheffingsgedachte. In de lanen en aan de singels waren huizen voor rijkeren, in de zijstraten woonde de rest. Maar om te verheffen zijn er contactpunten nodig: plaatsen waar mensen elkaar treffen. Voorheen kende mijn buurt nog opbouwwerkers, een wijkjurist, een politiepost. Juist zulke trefplaatsen waren verdwenen.

En inderdaad kwamen er weer rijkere mensen wonen. Maar dat wilde nog niet zeggen dat ze hun buren verhieven. Het aantal kinderen dat in de eigen wijk naar school ging daalde juist, bleek uit Rotterdams onderzoek naar de effecten van het 'mengen'. De nieuwkomers, vaak witte mensen met goede banen, stuurden hun kinderen naar omfietsscholen in plaats van naar de school om de hoek. Ook het aantal buurtwinkels nam af. Net als het burencontact.

Het weefsel rafelde. Het plan om wijken te mengen was 'succesvol' als je keek naar de instroom van gezinnen met hogere inkomens: dat waren ook vrijwel de enigen die zich hier nog konden vestigen.

Als buren van elkaar vervreemden, kan wantrouwen makkelijker woekeren. Onbekend maakt onbemind – en angstig. Dan groeit de behoefte aan securitymaatregelen, zoals slimme deurbellen. Die het vervreemden juist versnellen, omdat je de deur niet meer open hoeft te doen en elkaar nog minder spreekt. Stereotypen worden pas echt schadelijk als ze niet meer aan de werkelijkheid worden getoetst. Dan bevriezen mensen in hun hokjes: Tesla-rijders, junkies en slimmedeurbelbezitters; bakfietsers, wappies en tokkies.

Die buren in dat Betuwse dorp vertrouwden vreemden vast ook niet, maar ze gingen tenminste nog de beslotenheid van hun huizen uit, patrouilleerden op straat, spraken mensen aan. Rotterdam dreigde een hightech dorp te worden. Een stad der blinden: een oord waar bewoners elkaar weliswaar begluurden, maar weinigen elkaar nog zagen staan.

19

DE STERKE SCHOUDERS VAN NADIA

In de tijd dat de torens ten hemel klommen, woonde er in Rotterdam-West een vrouw die vaak naar bed ging met een lege maag. Ze woonde in een bovenwoning, een alleenstaande moeder met vier kinderen, de oudste al bijna een puber, de jongste nog een baby. Ze moest die vier zien te voeden met de vijftig euro die ze na aftrek van de vaste lasten overhield. Daarom struinde ze de aanbiedingen van de Lidl en de Aldi af, plaatste ze oproepjes op Facebook voor tweedehands kleren, bracht ze de kinderen lopend naar school, kilometers heen, kilometers terug. Toch hield ze soms niet genoeg geld over om alle monden te voeden. Dan spaarde ze het voedsel uit haar eigen mond.

Nadia, zo heette ze, had een opleiding gevolgd in zakelijke dienstverlening, had een goede baan gevonden, eerst bij de gemeente, later bij de Belastingdienst, afdeling Douane. Ze was getrouwd geweest met de liefde van haar leven – geen vanzelfsprekendheid in de Marokkaanse cultuur waar ze vandaan kwam, maar haar vader was een ruimdenkend man. Ze hield van wandelen, lezen, als ze uitging met haar vriendinnen was zij de gangmaker. Het leven had haar toegelachen, zelf lachte ze terug. Tot de brief kwam.

Net als wij had Nadia haar kinderen, voordat ze in de basisschoolleeftijd waren, naar een opvang gebracht. En net als wij had ze daar van de overheid een toelage voor gekregen. Om die te krijgen, moest je een formulier invullen met een lijst vragen, ‘ja’, ‘ja’, ‘nee’, ‘nee’, en dan je handtekening zetten. De overheidsbijdrage werd dan automatisch gestort. Bijna tien jaar geleden kreeg Nadia bericht van de Belastingdienst, die de toelagen regelde, dat er iets was misgegaan. Zal wel een foutje zijn, dacht Nadia, die altijd heel secuur was, eerst nog. Ze stuurde de gevraagde afschriften en andere bewijsstukken, belde met ambtenaren.

Ouders, hoorde ze, moesten kunnen aantonen dat ze de toeslagen daadwerkelijk aan kinderopvang hadden besteed. De Belastingdienst hanteerde daarbij een zogeheten alles-of-niets-benadering. Als er bijvoorbeeld één bonnetje ontbrak, over de maand mei, dan moesten ouders soms alle toeslagen van het hele jaar terugbetalen. In een extreem geval leidde de aanpak er bijvoorbeeld toe dat een moeder die een bedrag van 77,32 euro niet kon verantwoorden 27.554 euro moest terugbetalen. Ook als ze het foutje per ongeluk hadden gemaakt, het bonnetje kwijt waren. En zelfs als de fout niet bij de ouders lag, maar als het gastouderbureau een fout had gemaakt of fraude had gepleegd: de computer accepteerde alleen een 1 of een 0 en niets daartussen.

Wat Nadia precies fout had gedaan, zou ze nooit te horen krijgen. En hoeveel bewijsstukken ze ook opstuurde, ze moest al het geld terugbetalen dat ze in die jaren had ontvangen. Bijna 20.000 euro.

Dat kon ze nooit betalen. Een coulante betalingsregeling kreeg ze ook niet. En zo begon een domino-effect van schulden. Want intussen bleven de rekeningen komen. Het water, de energie, de huur, de zorgkosten. De aanmaningen en de vorderingen stapelden zich op in de fruitschaal op tafel. Ze leende geld van familie. Haar schuld werd niet kleiner, maar groter.

Ze vocht de beslissing van de Belastingdienst aan bij de rechter. Die stelde de Belastingdienst in het gelijk. Haar familie wilde haar op den duur geen geld meer lenen, omdat Nadia kennelijk zelf een fout had gemaakt, of misschien wel bewust geld achterover had gedrukt – anders zou de rechter toch anders hebben beslist?

Ze kreeg zelfs ruzie met haar grote liefde. De buren hoorden hun geschreeuw, de kinderen praatten erover op school: 'Papa doet schreeuwen, papa heeft mama geslagen.' Toen kwam de kinderbescherming langs. Nadia was doodsbang dat ze haar kinderen zouden afnemen. Toen dacht ze: dat nooit, dan maar scheiden. Haar moeder zei: 'Had je maar met je neef moeten trouwen, dan was dit niet gebeurd.'

Ze kon de huur niet meer betalen, dreigde het huis uit te worden gezet. Als het 's ochtends licht werd, dacht ze: 'Waarom blijft het niet donker? In godsnaam, wat doe ik hier nog op deze wereld?'

Nadia was ook aan zichzelf gaan twijfelen, alleen voor haar kinderen hield ze zich groot. Maar soms viel ze zelfs tegen hen uit, bijvoorbeeld als het stortregende en ze zich opgesloten voelden daar op vier hoog, als er net weer een aanmaning was gekomen. Dan probeerde ze door te gaan, zei ze: hup, iedereen naar buiten, laarzen aan. En dan renden ze naar beneden om in de plassen te stampen totdat ze weer lachten.

'Je doet neplachen, mama', zei haar dochtertje soms.

Ze was intussen in de schuldsanering terechtgekomen. Arm zijn was een fulltimebaan. Continu was ze bezig met het regelen van eten en kleren, de trappen van haar bovenwoning leken steeds steiler te worden. 'Waarom neem je niet een zwart bijbaantje, schoonmaken of zo?' vroeg haar benedenbuurvrouw. Maar dat durfde ze niet: de ambtenaren van de bijstand en de schuldsanering controleerden je tandenborstels en je bankafschriften, als ze haar betrapten op zwart werk was ze nog verder van huis.

Het behang bladderde intussen van de muren af. In Marokko, in de streek waar haar vader vandaan kwam, was ook veel armoede. Maar daar was iedereen arm; in Rotterdam, terwijl ze verder de grond in zakte, zag ze vanaf haar balkon de torens groeien.

Haar kinderen hield ze intussen voor dat ze dankbaar moesten zijn, want het kon altijd erger. Op een dag kwam haar zoontje thuis: 'Mama, er was een kindje, zijn jas was veel te klein. Ik heb toch nog mijn ouwe jas, mag hij die niet?'

Toen de monteur het gas kwam afsluiten, smeekte ze: 'Meneer, meneer, dit kunt u niet doen.' De kinderen schaamden zich. Het energiebedrijf gaf drie dagen respijt. De buurvrouw, die zag dat Nadia in tranen was, betaalde de rekening.

Eén keer stortte Nadia in, midden op straat. De ambulance kwam. De ambulancearts vond niets bijzonders. 'Heeft u veel stress, mevrouw?' vroeg de ambulancebroeder. Zij: 'Je wil het niet weten.' De huisarts verwees haar later naar een psycholoog. Daar kon ze haar hart luchten – maar de psycholoog zou haar problemen niet oplossen. Die zaten niet in haar hoofd, die bestonden uit enveloppen met rekeningen.

Op een dag ging ze naar de voedselbank, maar er stond een lange rij (veel meer mensen hadden honger in deze stad). Om toch eten voor de kinderen te hebben, ging ze naar de Dirk. Ze pakte fruit, boter, kaas. Verstopte het in een tas. Maar stelen? Ze wist niet goed hoe je dat deed, de beveiligers betrapten haar meteen. Ze kwam er met een boete vanaf.

Erger was de walging: ze kon zichzelf niet meer in de spiegel aankijken. Tegen haar kinderen was ze altijd streng: als ze thuiskwamen met een bal die niet van hen was, stuurde ze hen er onmiddellijk mee terug naar het trapveldje. Voortdurend was ze bang dat de oudsten op het verkeerde pad zouden komen. De verleidingen waren groot in deze wijk. En nu was ze zelf een crimineel geworden.

En toch – ze zou het wéér proberen. En wéér werd ze gepakt. Ditmaal kwam ze er niet met een geldboete vanaf; ze zat een nacht in de cel.

De mensen van de politie waren heel aardig. Ze zagen dat ze kapot was van verdriet. De vrouw van de reclassering gaf haar, buiten de regels om, voedselpakketten. Zo waren er meer goede mensen op haar pad geweest, hun gezichten kon ze zich nog stuk voor stuk voor de geest halen.

Zoals de rechter, een vrouw van rond de vijftig. Haar oordeel was hard geweest: de Belastingdienst had gelijk, Nadia moest alles terugbetalen. Na het vonnis pakte de advocaat van de Belastingdienst haar tas met dossiers en was weg. Nadia bleef in tranen achter, een wrak. En de rechter keek haar aan, gaf haar een glaasje water, vroeg hoe het met haar ging.

Als ze die rechter ooit zou tegenkomen, zou ze haar het liefst een knuffel geven. Niet alleen om dat glas water; vooral om wat ze zei. De exacte woorden kon ze zich niet meer herinneren, wel de strekking: de rechter had gezegd dat de jurisprudentie haar geen ruimte bood om anders te beslissen, maar rechtvaardig vond ze het niet en vroeg of laat zou dit onrecht naar buiten komen, want Nadia was niet de enige.

Er zou bijna tien jaar verstrijken tussen de eerste terugvorderingsbrieven en de ochtend waarop Nadia de televisie aanzette en hoorde dat de Belastingdienst inderdaad grove fouten had gemaakt met de toeslagen – nieuws dat aan het licht was gebracht door speurwerk van *RTL Nieuws* en dagblad *Trouw*. Later kreeg ze een standaard-excuusbrief van de premier. En kreeg ze het standaardbedrag van 30.000 euro op haar rekening gestort ter compensatie.

Maar dat bedrag kon alle gemaakte schulden niet dekken. Arm zijn is extreem duur, had de Amerikaanse schrijver James Baldwin ooit gezegd. Dat gold ook in Nederland, waar schulden zich gauw vermenigvuldigden, bijvoorbeeld door de hoge rentes en boetes van commerciële incassobureaus.

Nadia durfde het compensatiegeld aanvankelijk ook nauwelijks aan te raken. De hele ellende was begonnen met geld van de overheid. Nog steeds was ze bang om post te openen of ergens een handtekening onder te zetten. En ze bleek ook nog op zwarte lijsten van wanbetalers te staan, waardoor ze geen eigen telefoonabonnement kon afsluiten.

Bovendien: welk geldbedrag zou ooit genoeg zijn om die bijna tien jaar aan verloren levensgeluk te compenseren? Haar stukgelopen liefde, het plezier van jonge kinderen onbekommerd te zien opgroeien in een vredig huis, kinderen die niet gepest werden om hun kleren? Alle kansen die ze hun niet had kunnen geven. Een van haar zoons was een groot voetbaltalent, zowel door Ajax als Feyenoord gescout, maar ze had hem niet naar de trainingen kunnen brengen. Een van de eerste woorden die haar jongste dochter had geleerd: 'Belastingdienst'.

Toch gaf de compensatie lucht. Ze nam haar kinderen mee naar de binnenstad, om nieuwe kleren te kopen. Ze moest haar tranen bedwingen toen haar kinderen langs de kledingrekken gingen. Zelf nam Nadia rijlessen, zodat ze haar zoontje naar voetbaltraining kon brengen en makkelijker werk kon vinden.

Intussen had ze bericht gekregen dat de sociale huurwoning waar ze woonde binnen enkele jaren gerenoveerd zou worden: ze zou haar huis uit moeten. Dat vond ze niet eens erg, integendeel, deze onheilsplek zou ze graag verlaten. Ze wilde een nieuwe start maken, het liefst in een buurt zonder hangjongeren.

Nog steeds voelde ze zich een wrak, maar ze droomde weer. Haar jongste dochter zou bijna naar school gaan en de 'klantmanager' van de bijstand had al gepolst wanneer Nadia werk zou zoeken. Iets in de zorg, daar dacht ze aan. Kraamverpleegkundige, misschien. Iets met mensen, niet met computers.

En elke vrijdag bezocht ze een bijeenkomst met andere getroffenen. De gemeente had die praatgroepen opgezet. Ze keek uit naar die vrijdagen: de kans om ervaringen te delen. Het was eerst eng geweest om haar schaamte te overwinnen en te bekennen dat ze had gestolen om haar kinderen te voeden, totdat de een na de ander begon te snikken: omdat ze hetzelfde hadden gedaan.

En op een dag zou ze zelfs de moed vinden om met enkele honderden lotgenoten de straat op te gaan. In het najaar van 2021 liep Nadia met honderden moeders in een stoet vanuit het stadhuis op de Coolsingel, over de Erasmusbrug, richting het belastingkantoor waar Nadia zelf ooit werkte. Ze waren van allerlei kleuren, maar witte vrouwen waren in de minderheid. Mannen waren er bijna niet, want het zijn vaak vrouwen die de opvang regelen (zo was het ook bij ons thuis gegaan).

Op hun protestborden stond 'Wat willen wij? Gerechtigheid!' of 'Ik ben meer dan mijn achternaam!' De vrouwen leken bevangen door euforie, ze voelden zich sterk, bevrijd: ze keken om zich heen en wisten dat hun eenzame opsluiting voorbij was, ze vormden een menigte.

Daar, bij het Belastingkantoor, sprak ik voor het eerst met Nadia. Ze deed in een paar zinnen haar verhaal, we wisselden telefoon- en adresgegevens uit. Haar adres klonk me bekend. En toen realiseerde ik me dat ze op nog geen vijftig meter afstand van me woonde.

Later, toen ze haar verhaal had gedaan in een urenlang gesprek bij haar thuis, kon ik mij haast geen sterkere schouders in de stad voorstellen dan die van haar.

En toch. Zelfs toen ik uren met haar gesproken had – en daarna nog eens, om bepaalde details na te vragen – kon ik haar verhaal nauwelijks geloven. Zo erg kon het toch niet zijn? Er was misschien iets heel erg misgegaan, maar dit was Nederland, toch, geen bananenrepubliek?

Ik kreeg de neiging om haar extra bewijsstukken te vragen – precies zoals de Belastingdienst had gedaan. Maar toen ik in de vele overheidsrapporten en onderzoeken dook die inmiddels over het toeslagenschandaal waren verschenen, moest ik toegeven dat het echt zo erg was – nee, erger dan Nadia me had verteld.

Juist in Rotterdam. In geen andere stad waren zo veel ouders door de Belastingdienst ten onrechte als fraudeur gebrandmerkt als daar. Minstens 5.600. Stel dat deze 5.600 ouders, conservatief geschat, gemiddeld anderhalf kind hadden, dan ging het om 14.000 direct getroffenen. Bijna één op de vijftig inwoners van de stad.

Waarom zo veel in Rotterdam? Het CBS deed onderzoek naar de herkomst van de slachtoffers. Landelijk gezien bleek 70 procent van de gedupeerde ouders een migratieachtergrond te hebben. Een doorsnee Marokkaanse Nederlander had zes keer zo veel kans om vals beschuldigd te worden van fraude, vergeleken met een Nederlander zonder wortels in een ander land. Een Caraïbische Nederlander liep liefst dertig keer zo veel kans. Vooral arme mensen met een migratieachtergrond waren geraakt. Precies die groepen waren in Rotterdam oververtegenwoordigd. Die CBS-cijfers verklaarden ook waarom het aantal getroffenen per wijk flink kon verschillen: in een relatief arme wijk met veel migranten waren het er meer.

Onze straat lag in de wijk Delfshaven: daar was liefst één op de zes gezinnen getroffen. Dat cijfer stond op een poster op het raam van de basisschool van onze oudste zoon. De poster was een oproep aan ouders om naar de 'Volhoudersbijeenkomst' te komen. 'Je bent niet alleen', stond erbij. Nee, niet bepaald: ik bleek omringd door mensen als Nadia. Als er iets wonderlijk toeval was, dan wel het feit dat ik nooit eerder een andere gedupeerde gesproken had. Wellicht zei het iets over de eenzijdigheid van mijn appgroepen.

Maar hoe kon het nu dat de Belastingdienst juist ouders met buitenlandse wortels ten onrechte als fraudeur had gebrandmerkt? Waren mensen van kleur soms eerder tot fraude geneigd? Dat was in elk geval hoe de Belastingdienst naar deze burgers keek: die had jarenlang juist mensen met een migratieachtergrond aan extra controles onderworpen. Medewerkers kregen de instructie om het risico op fraude mede te baseren op zaken als nationaliteit en zelfs uiterlijk van mensen. Dat bleek uit onderzoek van de Autoriteit Persoonsgegevens, dat later werd bevestigd door intern onderzoek van de Belastingdienst zelf.

De Belastingdienst hield er jarenlang een naslagwerk op na met de namen van honderdduizenden Nederlanders. Dat was de Fraude Signalering Voorziening (FSV). Stond je naam op die zwarte lijst, dan was je voor de Belastingdienst bij voorbaat verdacht. Dan verloor je soms bijvoorbeeld de mogelijkheid van een coulante terugbetalingsregeling. Dan kreeg je bijvoorbeeld extra controles. En door die alles-of-niets-benadering kon één foutje enorme gevolgen hebben.

Die namenlijst bevatte soms ook allerlei privé-informatie die er niet thuishoorde, zoals medische gegevens, paspoortfoto's en de tweede nationaliteit van veel Nederlandse burgers. En die gegevens stonden niet zomaar op de lijst, zoals de Belastingdienst aanvankelijk beweerde; de ambtenaren gebruikten de informatie om te bepalen of een burger extra gecontroleerd werd.

Had je bijvoorbeeld een Turkse, Marokkaanse of Oost-Europese nationaliteit? Dan kon je zonder goede reden nader onderzocht worden. De combinatie 'hoge medicijnkosten' + 'Oost-Europees klinkende achternaam' zag de Belastingdienst bijvoorbeeld als een signaal van mogelijke fraude. Net als de combinatie 'Marokkaans' + 'giften aan een moskee'. Plat gezegd: een zieke Pool of een gulle Marokkaan was verdacht. 'Het hele systeem was op een discriminerende manier ingericht en werd ook als zodanig gebruikt', stelde Aleid Wolfsen, voorzitter van de Autoriteit Persoonsgegevens.

Bij het zoeken naar fraudeurs keken de ambtenaren van de Belastingdienst soms ook naar hoe je eruitzag, ontdekte het gerenommeerde accountantsbureau PricewaterhouseCoopers. Dat bureau had in opdracht van het ministerie van Financiën onderzoek gedaan naar de gevolgen voor burgers die op de zwarte lijst stonden, de FSV. De accountants deden wat steekproeven in de mailboxen van medewerkers en zagen dat de fraudeambtenaren grappen maakten over allochtonen, ontdekten dat de ambtenaren bij controles in hun systemen zochten op achternamen die bijvoorbeeld op -ic eindigden en constateerden dat ze 'met enige regelmaat' hun risicoanalyse maakten aan de hand van niet alleen nationaliteit, maar ook 'uiterlijk voorkomen' van de burger. En deze gevallen waren nog maar bijvangst geweest van een steekproef.

De onderzoekers troffen in het naslagwerk van verdachte burgers ook handmatig toegevoegde scans van paspoorten aan. Wat die scans daar deden, konden ze niet meteen achterhalen. Maar op de pasfoto's waren de 'uiterlijke kenmerken', zoals de huidskleur en de kleur van de ogen, in ieder geval goed te zien.

Moet je maar geen fouten maken, kon je zeggen. Maar stel eens dat de politie vooral auto's van de weg zou halen van mensen met een migratieachtergrond. En stel dat één foutje, zoals een kapot remlicht, dan aanleiding zou zijn voor een boete, niet van honderdvijftig euro maar van tienduizenden euro's. Dan kon je wel zeggen: had die persoon maar niet moeten rondrijden met een kapot achterlicht. Maar dan vergat je dat je zelf nooit van de weg werd geplukt en dat de boetes bizar hoog waren.

Als de Belastingdienst mijn aangiftes of toeslagenformulieren eens grondig had bekeken, had hij ook oneffenheden ontdekt. Niemand is perfect, toch? Maar bepaalde groepen in dit land moesten dat wel zijn. En zelfs als ze perfect waren, konden ze alsnog worden gepakt, bijvoorbeeld omdat het gastouderbureau de papieren niet op orde had.

Ja, het beleid was precies zo absurd: alsof de verkeerspolitie je van de weg haalde en een boete van tienduizenden euro's gaf omdat je garage had gesjoemeld.

En het absurdste van alles was dat het mij nooit eerder was opgevallen. Want voor veel Rotterdammers om me heen was het de normaalste zaak van de wereld: de overheid bekeek hen met een boos oog. Het wantrouwen speelde niet alleen bij de Belastingdienst, ook bij andere instanties, van de bijstand tot de politie.

Ik hoefde maar rond te vragen bij wat buren en het was raak. Aan het duivenpleintje woonde bijvoorbeeld een witte man van eind vijftig. Hij leefde van de bijstand in een sociale huurwoning, we maakten soms een praatje. Ik bood hem eens aan om te helpen snoeien in zijn tuin en een busje te huren om de boel af te voeren. Maar hij sloeg het af, uit vrees dat hij gekort zou worden op zijn bijstandsuitkering. Ik had wel gehoord van die 'boete op helpen', toch leek zijn reactie me wat overdreven.

Dat was die niet helemaal, bleek later, toen hij vertelde over die keer toen een controleur van de schuldsanering zijn bankafschriften van dat kwartaal doorploos. Ze stuitte bij die standaardcontrole op een bijboeking van tien euro.

O ja, dacht de buurman, zijn dochter had hem eens uit de brand geholpen toen hij krap bij kas zat. De controleur sloeg de kasboeken dicht en gebood een diepgaande controle over het hele jaar.

Ook Ahmed zag als postbode dagelijks hoe bang bewoners waren voor de overheidspost die hij rondbracht. Zelf wist hij ook niet beter of hij was verdacht vanwege zijn afkomst. Toen hij in Nederland was komen wonen, waren er net speciale teams opgericht die Somaliërs extra streng controleerden. Daartoe waren ze aangemoedigd door de toenmalige staatssecretaris van Sociale Zaken. Dat profileren op Somalische komaf was een vorm van rassendiscriminatie, oordeelde de rechter toen. De staatssecretaris werd later premier en dat was hij nog steeds.

De gevolgen van de kafkaëske overheid had hij aan den lijve gevoeld. In zijn geval ging het om de zorg- en huurtoeslagen: die werden net als de kinderopvangtoeslagen achteraf verrekend met je daadwerkelijke inkomsten. Het probleem was dat die inkomsten flink konden variëren, omdat hij leefde van flexibel werk. Als hij een periode veel werk had, kon dat later tot nare verrassingen leiden. Dan moest hij de toeslagen in één klap terugbetalen.

Dat de ernst van de toeslagenaffaire zo traag doorsijpelde bij politici en journalisten, is alleen te begrijpen 'vanuit hun sociale afstand tot de meest kwetsbaren', schreef Trudie Knijn, emeritus hoogleraar sociale wetenschappen, in *de Volkskrant*. Ahmed stuurde me het stuk door, hij had het vaak over die 'sociale afstand': de kloof die was gegroeid tussen de mensen aan de knoppen en de mensen die de gevolgen ondervonden. Daarom vond hij het zo belangrijk om met iedereen te praten. En daarom had Ahmed al in 2017 aan de bel getrokken over het toeslagensysteem. Onder de titel 'Gelijke kansen zijn een lachertje' schreef hij een opiniestuk waarin hij waarschuwde voor de gevolgen van dat ondoorzichtige toeslagenstelsel. Het stuk verscheen op een overheidswebsite, maar de woorden waaiden weg in de wind.

Ahmed zelf kon niet wegzappen van het boze oog. Het computerracisme was een digitale voortzetting van wat hij op straat had meegemaakt. Zoals de keer dat hij een nacht in de cel doorbracht omdat een agent hem ten onrechte verdacht van het stelen van een scooter.

Ahmed belandde ook eens meerdere nachten in een cel vanwege een niet op tijd betaalde boete. Incassobedrijven kochten tegenwoordig databases met schulden op en inden die op hardvochtige wijze. Zo was hij flink in de problemen gekomen door twee dvd's die hij te laat had teruggebracht. De boete van enkele tientjes liep, enkele jaren en een verhuizing verder, op tot 428,43 euro.

In de meest oostelijke blokkentoren van De Rotterdam, vertelde Ahmed, huisde zo'n commercieel incassobedrijf. Het heette CIB, ofwel Centraal Invorderings Bureau. Hij was er als postbode eens binnen geweest: de sfeer was volgens hem die van een start-up in Silicon Valley, met jonge, hippe mensen, veel luxe, een onwerkelijk fraai uitzicht over Rotterdam.

Dat CIB verschilde maar met één letter van het CJIB, het Centraal Justitieel Incassobureau van de overheid. Ook het postadres van dat bedrijf verschilde nauwelijks van dat van de gemeente, die in de middelste toren van De Rotterdam zat. Een teken des tijds, leek me: de overheid zat in een corporate toren en was nauwelijks nog te onderscheiden van de andere bedrijven.

En zo was Rotterdam voor veel inwoners een technodystopie. Niet de blokkenstad van Bordewijk, maar een hokjesstad, waar ambtenaren de levens van burgers konden ruïneren met de 'amorele moeiteloosheid' van de computer.

Shit, dit werd een wel erg depri verhaal. En het wás ook vreselijk, maar op wie kon je boos worden, behalve op het systeem? Die racistische algoritmen waren ook een manifestatie van efficiëntiedenken: het scheelde tijd als je mensen kon beoordelen op uiterlijk; op de container, niet op de inhoud.

En goedkoop bleek weer eens duurkoop: het compenseren van de gedupeerden kostte inmiddels miljarden (ook omdat die compensaties al even automatisch werden rondgestrooid). Kennelijk zaten we muurvast in dat vierkante denken. Waren we willoze schakelaartjes op een complex en duister moederbord.

Die ambtenaren van de Belastingdienst stonden zelf onder druk, ook hun overheidsdienst was lean geworden. En daar waar stress is, bloeit racisme. In dezelfde periode dat de overheid een bv werd en managers het efficiency-evangelie verkondigden, gaven politici als Frits Bolkestein en Pim Fortuyn migranten de schuld: ze benoemden migranten als de nietsnutten die de solidariteit zouden ondermijnen.

De ambtenarencomputers waren gevoed met die aloude software van *Hassan hep een nieuwe jas an*.

Maar het waren nog steeds mensen van vlees en bloed geweest die de hendels van alles of niets hadden bediend. En er waren mensen geweest, zo ontdekte ik toen ik verder las, die 'nee' hadden gezegd toen ze de hendels moesten overhalen.

Ik wilde weten hoe het nu zat met die ene rechter die aan Nadia min of meer had toegegeven dat haar eigen rechterlijke beslissing onrechtvaardig was. Waarom nam ze die beslissing dan, had ik me afgevraagd. Daar bleken die rechters zich zelf ook het hoofd over te hebben gebroken, jaren geleden al: waarom nemen we beslissingen die zo evident *fout* zijn?

Vanaf 2011 verschenen er in de zaaltjes van de Rotterdamse bestuursrechters steeds vaker moeders die helemaal aan de grond zaten. Om de stroom toeslagenzaken aan te kunnen – het zouden er zo'n 2.500 worden in nog geen tien jaar tijd – had de rechtbank Rotterdam een speciaal team van bestuursrechters gevormd.

Die rechters wisten toen nog niet eens dat die slachtoffers daar op basis van racistische criteria waren beland. Maar ze voelden aan hun theewater dat de alles-of-niets-aanpak van de Belastingdienst – één foutje, alles kwijt – niet deugde. En ze zagen dat die aanpak doorgaans vrouwen trof die toch al op de bodem leefden, zoals mensen die veel schulden hadden. Zo'n extra schuld was voor hen vaak een genadeklap.

'De alles of niets-benadering [...] knelde steeds meer en voelde onrechtvaardig aan', aldus een van die bestuursrechters uit het clubje, L.H. Waller, in het rapport *Recht vinden bij de rechtbank. Lessen uit kinderopvangtoeslagzaken*. 'We wilden ons niet verschuilen achter vaste rechtspraak.'

Anders gezegd: de rechters kwamen in gewetensnood. En ze wilden handelen naar hun geweten.

Wij voerden slechts een strenge fraudewet uit, die de wens was geweest van de politiek – dat was, kort samengevat, het standpunt van de Belastingdienst. En de hogere rechter, de Raad van State, steunde de Belastingdienst hierin vrijwel blindelings. Dus wat kon je als lagere rechter dan nog doen?

Toch best veel. Zoals: extra tijd nemen. De wettekst en de parlementaire geschiedenis ervan goed bestuderen. Er samen over praten, nieuwe juridische argumenten bedenken. En dat deden die rechters. Ze deden wat eigenlijk iedereen had moeten doen: constateren dat die alles-of-niets-benadering helemaal niet onverbiddelijk uit de wet volgde.

Toen besloten ze tot iets wat rechters zich hoogst zelden permitteren: verzet. De Rotterdamse rechters weken als enigen in het land lange tijd bewust af van de landelijke lijn. Onder het motto 'proportionaliteit, redelijkheid en menselijke maat' keerden ze zich met hun uitspraken een jaar lang, van 2013 tot 2014, tegen die alles-of-niets-benadering. Ouders die een klein foutje hadden gemaakt, raakten voortaan niet langer alles kwijt.

Om hun protest kracht bij te zetten, schreven ze ook een brandbrief aan de Raad van State. Het alles-of-niets-beleid was 'niet evenredig en disproportioneel', schreven ze. 'Goedwillende burgers dreigen de dupe te worden van gastouderbureaus die hun zaakjes niet op orde hebben.' Want die benadering trof juist ouders die géén fraude hadden gepleegd, uitzonderingen daargelaten, aldus de Rotterdamse senior rechter R.J.A.M. Cooijmans in dat rapport *Recht vinden bij de rechtbank*: er was geen vuur, zelfs geen rook.

Ze wilden iedereen wakker schudden. Alleen: de Belastingdienst ging hardnekkig tegen hun uitspraken in beroep. En de Raad van State stelde de Belastingdienst dan bijna automatisch in het gelijk. Ook aan de brandbrief gaf de Raad van State geen gehoor.

Waarna die ouders, die eerst opgelucht waren, soms alsnog alles moesten terugbetalen.

Dus op den duur staakten de Rotterdamse bestuursrechters hun verzet. Ze wilden de ouders niet langer valse hoop geven.

Achteraf konden die dissidente rechters zich de haren wel uit hun kop trekken van spijt: ze zaten op het juiste spoor. De alles-of-niets-benadering volgde inderdaad helemaal niet uit de wettekst; daaruit volgde hooguit dat ouders het *te veel* ontvangen bedrag moesten terugbetalen (en dus niet alles). Ook tijdens de parlementaire behandeling van die wet hadden de Tweede Kamerleden niet over zo'n ijzingwekkend strenge interpretatie gesproken. Ja, politici hadden geroepen om het keihard bestrijden van *fraudeurs*. Maar dat was natuurlijk iets totaal anders dan het genadeloos straffen van *onschuldigen*.

Waar kwam die aanpak dan wel vandaan? Uit de koker van de Belastingdienst zelf. Met ruggensteun van de Raad van State, die steeds partij koos voor de staat in plaats van de burger. Beide instanties moesten later toegeven dat ze helemaal fout zaten – veel te laat, natuurlijk, het leed was al geschied.

Dat maakte het verhaal van die dissidente rechters niet minder inspirerend. Als de wereld één groot computersysteem lijkt, hoef je zelf nog geen robot te worden. Als zelfs rechters ruimte zien om in te gaan tegen 'de regels', dan heeft ieder mens die speelruimte.

We hadden nog veel eigenwijzer moeten zijn, vonden de bestuursrechters achteraf. En inderdaad: ze hadden hun actie langer door kunnen zetten, ze hadden nog meer brieven kunnen sturen. Maar misschien beseften ze niet wat ze al bereikt hadden, zelfs toen ze tegen hun geweten in moesten beslissen. Bijvoorbeeld gewoon door mensen aan te kijken.

Dat vertelde Nadia mij: ze zou de ogen van de rechter nooit vergeten. En ze vertelde ook dat die paar woorden van de vrouw – vroeg of laat wordt dit onrecht wereldkundig – haar al die jaren op de been hadden gehouden. Dat toen ze overwoog om er een einde aan te maken, ze door die woorden toch was doorgegaan.

20

DE DOOMSDAY DOOS

Mijn veertigste verjaardag vierde ik met een select gezelschap en wat glazen Elvis Juice in ons favoriete restaurant Holy Smoke. Van grote feestjes hield ik niet, sowieso had ik nog steeds maar een handjevol vrienden in de stad. Vaak waren ze toevallig op mijn pad gekomen, zoals onze buren wier zoontje naar dezelfde school ging als onze oudste.

Van hen kreeg ik als verjaardagscadeau een aluminium trommel met daarop 'Doomsday Doos'. Onder het deksel: paracetamol, ducttape, een mesje, touw, een minizaklamp, een reddingsdeken, spijkers, ijzerdraad, visdraad – er zat zelfs een rietje met filter in, waarmee ik zuiver water kon opslurpen uit een regenplas.

Mijn buurman had de inhoud samengesteld. Hij was een videokunstenaar en verdiepte zich in zijn vrije tijd in het *preppen*. Ofwel: je voorbereiden op een ineenstorting van het systeem (preppen komt van het Engelse werkwoord *to prepare* – voorbereiden). Hij keek bijvoorbeeld YouTube-filmpjes over hoe je van een stuk plastic – een *tarp*, in jargon – een tent vouwde. Hij deed research naar primitieve wapens, zoals kruisbogen. En hij had zelf een *bug-out bag* samengesteld: een rugtas vol overlevingsspullen. Het aluminium doosje dat ik kreeg was een miniversie van zo'n tas, een starterspakket.

Typisch een cadeau voor de klasse der zorgelozen, natuurlijk. Anders dan sommige buren had ik altijd genoeg te eten. Als ik het comfort van mijn eigen huis inleverde, deed ik dat voor de lol, bijvoorbeeld als ik ging kamperen. Typisch een geval van *stuff white people like.*

Maar mijn buurman had een vooruitziende blik. Hij had na de bankencrisis bitcoins gekocht die nu de waarde van goudstaven hadden. Ook zijn voorbereidingen op het vastlopen van de wereld zouden profetisch blijken. Een paar weken na mijn feestje zouden er tekorten zijn in de supermarkten en de ziekenhuizen.

Ik had het kunnen zien aankomen. Op 25 januari vierde Rotterdam Chinees Nieuwjaar. De jaarlijkse drakenoptocht over de

West-Kruiskade, langs China Town, was stiller dan voorgaande jaren. Veel Chinezen waren weggebleven. Ze wisten al wat er gaande was toen ons land nog in de ontkenningsfase verkeerde. Een maand later zou Jaap van Dissel de bevolking nog geruststellen: het nieuwe coronavirus leek niet heel anders dan een gewone griep.

Toen er ook bij ons veel doden begonnen te vallen – van het verzorgingshuis aan de West-Kruiskade zou binnen enkele weken bijna de helft van de dementerende ouderen overlijden – brak er paniek uit. Er kwamen filmpjes voorbij van mensen die in supermarkten vochten om de laatste rollen wc-papier.

Mijn buurman was een veelgevraagd videokunstenaar geweest, totdat de cultuurbezuinigingen kwamen. Kunstenaars moesten entrepreneur worden, was het idee. Hij wilde zijn ziel niet verkopen met commerciële projecten en was gaan werken in de thuiszorg. Hij bezocht kwetsbare mensen in de wijk, vaak mensen met een verslaving of psychische problemen, meestal een combinatie. Aangestuurd door een app van zijn werk ging hij hun huizen langs. Hij kreeg een notificatie als hij ergens moest zijn. Zijn managers sprak hij nooit. Hij verdiende netto 12 euro per uur.

Al voor de pandemie was het geen ongevaarlijk werk. Soms stond een 'klant' – zoals hij de patiënten noemde, om de absurditeit van de term 'cliënt' extra te benadrukken – hem op te wachten met een knuppel. Nu het virus rondwaarde, werden de risico's nog groter. Een vaccin was nog ver weg, maar afstand houden kon niet bij zijn werk. Het zorgbedrijf waar hij voor werkte, gaf hem geen mondkapjes. Ook als hij lichte covidsymptomen had, zoals een verkoudheid, kreeg hij te horen dat hij door moest werken. Mijn buurman vreesde dat hij als een engel des doods de huizen van zijn klanten langs zou gaan.

En hij vreesde voor zijn eigen gezondheid. Hij had één professioneel mondkapje, online gekocht. Dat gebruikte hij steeds opnieuw, ontsmetten deed hij het met een uv-lamp.

Survivaltechnieken om zijn werk te doen. Hij wist niet eens of het ontsmetten echt werkte, maar het hielp tegen de angst.

Mijn buurman kon wel een ontsnapping gebruiken. En dus gingen we, slechts gedeeltelijk voor de grap, oefenen met overleven. Ik stelde voor om dat op de Maasvlakte te doen, we moesten immers afstand houden van mensen.

We parkeerden bij de Smickel-Inn Balkon van Europa. Van daaruit gingen we te voet verder tot we een met braamstruiken begroeide heuvel zagen. Vol schrammen kwamen we boven. Daar maakten we een klein vuur, waar we biefstuk op roosterden, gewoon van de Albert Heijn.

De schemering was allang gevallen, het vuur bijna gedoofd, en het ene na het andere containerschip liep de haven binnen. Aanvankelijk, vlak na de pandemie, was ik opgelucht dat de schepen de stad in bleven varen met hun ruimen vol mango's, tin en kobalt.

De pandemie liet zien hoe kwetsbaar de toeleveringsketens waren. Opeens stokte de aanvoer van zaken die we het hardst nodig hadden. Beademingsapparaten, mondkapjes, zelfs aan bedden was er een tekort. Dat was geen toeval, zo hadden we de samenleving georganiseerd: volgens de logistieke filosofie van net genoeg en precies op tijd.

Vroeger zou men gezegd hebben: houd in ieder geval een buffer achter de hand. Natuurlijk zou de pandemie de samenleving hoe dan ook hebben ontwricht, zoals onze dijken niet zomaar bestand zouden zijn tegen een tsunami – maar ze hadden tenminste de golven gedempt, we hadden er tijd mee gekocht. Zoals buurlanden als België en Duitsland, waar de paniek minder groot was.

Eén spaak in het wiel van een aanvoerlijn en het systeem kukelde in elkaar. Ja, de schepen bleven varen, we konden nog volop spullen bestellen – chips, computerspellen, bolderkarren – maar de aanvoer van precies dat wat we het hardst nodig hadden

– mondkapjes, beademingsapparaten – stokte. Even leek het, zoals preppers zeggen, TEOTWAWKI. *The end of the world as we know it.*

Maar ook voor de pandemie was het systeem al absurd geweest. Tekort aan het goede, toestroom van troep. Overvloed hier, schaarste daar. Nederland was een van de grootste voedselexporteurs van de wereld, het leeuwendeel van al dat vlees en die aardappelen werd in Rotterdamse silo's en koelhuizen overgeslagen. En toch gingen in die stad honderden kinderen zonder ontbijt naar school.

Wáren we maar preppers geweest, dacht ik, dan hadden we niet alleen genoeg wc-papier gehad. Preppen was het tegenovergestelde van de just-in-timefilosofie. Het was een voor-het-geval-datfilosofie: verstandig voorraadbeheer. Preppen was niet iets voor gekkies, vroeger had ieder huis een goedgevulde provisiekast. Dat woord kwam van het Latijnse *providere*, vooruitzien.

Ik sliep die nacht op de Maasvlakte onder een stuk plastic. Het was ijskoud. En toch. Eindelijk weg uit de benauwende coronakooi, weg van de zorgen en de angst. Nu het gewone leven een survivaltocht was geworden, leek survivallen op wellness. Het werd bijna lente, ik had hoop dat alles zou vertragen.

Maar het tegendeel bleek waar. Schip moest steeds harder varen. De aandelenkoersen stegen. De consumptie steeg. Nog geen halfjaar nadat in het Suezkanaal de Ever Given was vastgelopen, onthaalde de Rotterdamse haven een nog groter schip, de Ever Ace van Evergreen, het grootste containerschip ter wereld. De rederijen hadden geen last van de crises die ze veroorzaakten. Sterker, daar profiteerden ze van. De stremming zorgde voor tekorten, waardoor de transportprijzen stegen. De containerrederijen draaiden daarna hun beste jaar in tijden, schreef onderzoeker Charmaine Chua in *Boston Review*. Het vermogen van de tien rijkste mensen ter wereld verdubbelde tijdens de pandemie. En wij kropen nog dichter achter onze beeldschermpjes en we bestelden, we bestelden maar.

21

HET STRAATPROTEST VAN DE AFVALRAPERS

Nevelflarden losten op boven de rivier, korstmossen groeiden en ik liep langs de oever van de Nieuwe Maas met een afvalknijper in de hand. Ik speurde naar bierblikjes, snoepwikkels, mondkapjes; naar boterhamzakjes, chipszakken, voetbalplaatjes. Vandaag dwaalde ik niet doelloos langs de rivier, ik wilde wat doen: de schepping van alle vuil verlossen: de snippers van Nestlé, Unilever, PepsiCo en Shell.

Wacht: daar glinsterde iets onder een struik. Behendig stuurde ik mijn grijper de struiken in. Hap deed de tang. Beet. Een blikje.

Ik was het beu om alleen te observeren; een afvalraper was een flaneur met een missie.

Hoppa, daar ging weer een petflesje mijn vuilniszak in.

Ik liep in een erehaag van glimlachjes en goedkeurende blikken. Mijn grijpstok was een karmapuntenraper. O, wat ging dit lekker.

Hap, een blikje Red Bull. Getver, het smerige drankje sijpelde er nog uit. Ja, ik maakte vieze handen, maar ik deed tenminste iets. De afvalgrijper gaf grip, het besef dat niet alles hopeloos was. Het was een flessenlikker waarmee ik de hele stad wilde schoonlikken.

De schepen bleven varen, ja, er viel niet tegenop te rapen, maar er veranderde wel iets in mijn hoofd. Mijn cynisme verminderde. Was het domweg de frisse lucht?

Door te rapen, zou je kunnen zeggen, hield ik het systeem in stand. De stad had op de gemeentelijke afvaldienst bezuinigd en deelde intussen gratis zwerfvuilpakketten uit, zogeheten 'participatiemiddelen'. Ook mijn raper kwam uit zo'n pakket. Hoe meer burgers er gingen rapen, hoe meer er bezuinigd kon worden op de reiniging. Ik raapte niet het vuil van het systeem; ik was een nuttige idioot die het systeem juist hielp. Toch?

Ik diende al rapend zelfs de plasticindustrie. In de jaren vijftig, toen plastic aan een opmars begon en het weggooien werd uitgevonden, raakten de straten vol met troep. Dat zwerfvuil gaf plastic een slechtere naam. Toen begon de plasticindustrie een lobby, las ik in een artikel van wetenschapsjournalist Tamar Stelling: ze bracht de fabel de wereld in dat niet weggooiverpakkingen het probleem waren, maar ons gedrag. Zolang we de troep maar netjes in de prullenbak zouden gooien, was er niks aan de hand. '*People start pollution, people can stop it*', was in 1971 de reclameslogan van de organisatie Keep America Beautiful, een lobbyclub van de plasticindustrie.

Ook Nederland had zo'n lobby, Nederland Schoon geheten, opgericht door de verpakkingsindustrie. Deze club stimuleerde opruimacties, deelde gratis hesjes en grijpers uit aan vrijwilligers. Want als we de troep zelf opruimden, zag je het probleem niet meer. En zo kon de plasticindustrie blijven groeien: inmiddels was er voor elke aardbewoner ongeveer 1.000 kilo plastic in omloop.

Ook de overheid, die in die tijd de bondgenoot werd van bedrijven, steunde de campagnes. Zo liep vanaf eind jaren tachtig de reclamecampagne 'Een beter milieu begint bij jezelf'. De overheid riep burgers op iets aan het milieu te doen. En dus niet Shell, Unilever, Tata Steel.

De rivier van vuil bleef stromen, nu was ik medeplichtig: ik wiste de sporen.

Maar het was precies dat voortdurende besef van medeplichtigheid, de schaamte, die ons allen zo leek te verlammen. Dat geselen van onszelf – of blameren van anderen – leverde per saldo niets op.

Ik dacht aan een speech van een Rotterdamse klimaatactivist, Vatan Hüzeir. Van alle uitstoot in Rotterdam kwam 90 procent van de haven, zei hij. En natuurlijk leverde die haven de spullen die wij consumeerden, maar daarvoor moesten we ons niet schamen. Schamen was de schuld bij jezelf leggen, zo zag de industrie het graag. Terwijl, we waren geboren in een systeem dat ons vasthield in een cyclus van consumeren, we konden daar niet zomaar uitbreken. Ook niet door anders te consumeren, door over te stappen op vegan shampoo bijvoorbeeld.

Wat je wel kon doen: jezelf niet langer als louter consument beschouwen, maar weer de burger worden die je was. En wij, de burgers, waren nog altijd grootaandeelhouder van het Havenbedrijf: we konden de verspilling stoppen bij de bron.

Baudelaire, de flaneur die in de negentiende eeuw door Parijs zwierf, was gefascineerd door de lompenverzamelaars die met hun prikstokken door de winkelstraten schuifelden. Die rapers kwamen uit de laagste kasten; ze zagen ook het beste de barstjes in het kapitalistische droompaleis, het waren *malcontents*, misnoegden – potentiële revolutionairen. 'Hier hebben we een man', schreef hij eens, 'die het afval van de afgelopen dag in de hoofdstad moet verzamelen. Van alles wat de grote stad wegwierp, alles wat zij verloor, alles wat zij verachtte en alles wat zij kapottrapte, legt hij een register aan en verzamelt het. Hij stelt de annalen samen van de uitspattingen [...].'

In mijn stad kwamen de afvalrapers niet meer alleen uit de onderklasse – al had je die ook nog, je zag ze zelfs steeds vaker, omdat de armoede weer toenam: de peukenrapers, de petflesverzamelaars. Maar de meeste rapers waren welgestelde mensen zoals ik, mensen die het nietsdoen zat waren. Gepensioneerden die normaliter wandelden met nordicwalkingstokken, liepen nu met vuilgrijpers over straat. Kajakkers die voorheen louter voor hun eigen plezier rondpeddelden, begonnen nu grachten van plastic te ontdoen. Hardlopers die voorheen gefocust waren op hun hartslagmeters en stappentellers, bukten nu om een blikje op te pakken.

Je had de onopvallende rapers, zonder hesje of knijpstok, die met een handschoen het vuil uit de struiken gristen. Je had de passief-agressieve rapers, die hoofdschuddend raapten en hardop klaagden over het verval van de buurt. Wat hen allen verenigde, was modern onbehagen over een maatschappij waarin passief consumeren ons lot leek. We wilden weer burgers zijn.

En inderdaad: het bleek een kleine stap van afval naar afvalligheid. Wie gefocust is op vuil, gaat het vanzelf overal zien: het verband tussen de schepen en de snippers. De opkomst van de afvalraper was een teken van een toenemend politiek bewustzijn.

En terwijl we zwierven, waren we minder alleen, minder opgesloten. We vormden een legioen van afvalligen, een aarzelend ontluikend straatprotest. Misschien was al dat zwerfplastic slechts een voorwendsel om het verdwenen weefsel van de stad weer te herstellen. We verzamelden moed.

Nog steeds bestelde ik wekelijks drie blauwe boodschappenkratten vol verpakkingsmateriaal. Maar juist het besef dat je vastzat, kon een bevrijdende gedachte zijn. Zonder dat besef kon geen enkele veranderingsliefde ontluiken.

We hadden alleen een ontsnappingsplan nodig.

In die periode kocht ik op internet voor 269 euro het grootste stuk plastic dat ik ooit had bezeten, een zak pvc van vier meter lang: een knaloranje opblaaskajak.

22

DE KAJAK EN HET CONTAINERSCHIP

Een scheepshoorn klonk toen ik in mijn opblaaskajak de Nieuwe Maas wilde oversteken. Ik wilde de schepen stoppen, maar dat viel niet mee. Aan bakboord naderde een binnenvaartschip met containers, een witte schuimkraag sierde de boeg. Het schip was nog ver van ons verwijderd, ongeveer een kilometer, schatte ik, maar je verkeek je makkelijk op die afstanden. Deze rivier bewoog traag, op wandeltempo, maar de binnenvaartschepen voeren bijna zo hard als speedboten.

Toeterde de kapitein naar ons?

'Toch maar even wachten!' riep ik naar Jaco, die iets voor me lag. Hij had een ranke vouwkajak, die veel sneller was en minder wind ving dan de grote ballon waar ik in zat. Jaco was een muzikant uit Amsterdam, ik was hem daar ooit tegengekomen op een schrijversfeest. Toen had hij me verteld over het zeekajakken.

Hij liet zijn peddel rusten. We dobberden.

Jaco's bootje bestond uit een aluminium frame waarover een huid van kunststof was gespannen. De boeg en de achterzijde staken iets omhoog, het ontwerp verschilde nauwelijks van de huidenkajaks waarmee de Inuit voeren. Met dit bootje had hij metershoge golven bedwongen in Vuurland; bij Groenland had hij solotochten gemaakt tussen ijsschotsen en ijsberen.

Vandaag peddelden we in Rotterdam, we waren onder de Willemsbrug en de Erasmusbrug door gevaren naar Schiedam. Jaco lag meestal op me voor, soms maakte hij duikelingen met zijn bootje om de tijd te doden. Dan zag ik enkele seconden alleen de zwarte onderzijde van zijn kajak, die als een walvissenhuid gepokt en gemazeld was, vol krassen en reparatiestickers, waarna hij met een behendige peddelslag weer overeind kwam.

Aan de andere oever, in de Waalhaven, lag een schiereiland. En op de kop van dat eiland bevond zich een klein bos met het oude quarantaineterrein van de stad. Het werd gebouwd in de jaren dertig van de vorige eeuw, tijdens de depressiejaren, om zeelieden die vreemde ziekten meebrachten te isoleren.

De ziekenkolonie bestond uit een verzameling gebouwen, waaronder een keukengebouw, een isoleerbarak, een wasplaats, een lijkenhuis. Vlak voor de oorlog werden op dit terrein, achter prikkeldraad, Joodse vluchtelingen gehuisvest die vanuit Duitsland hun heil hadden gezocht in de stad. Kort na de oorlog woonden er Nederlanders die leden aan tyfus, cholera of pokken. Toen die ziekten vrijwel uitgeroeid waren, werden er psychiatrische patiënten gehuisvest. En weer later, vanaf de jaren tachtig, waren de gebouwen leeg komen te staan. Er trokken krakers in: muzikanten en beeldend kunstenaars. Sommigen van hen woonden er nog steeds.

Het schiereilandje was inmiddels voor grote delen overwoekerd door groen. En op de punt van het eiland bevond zich een natuurlijk zandstrandje. Het was een van de weinige plaatsen waar we onze kajaks konden laten landen: een gele zandreep met daarachter een jungle, een oase te midden van de havenindustrie.

Ongeveer driehonderd meter scheidde ons nog van die veilige haven. We moesten dwars door de vaargeul voor vrachtverkeer, die met groene en rode boeien was aangegeven.

Een paar jaar eerder, ik woonde nog in Amerika, was ik met een vriend in een oude kano de Missouri afgezakt en een stukje van de Mississippi. We hadden allebei geen ervaring, we hadden alleen een kano van gebutst aluminium.

Dat bleek afdoende, de rivier deed het meeste werk. Zelden voelde ik me zo vrij en licht als toen op dat water. En toen de pandemie het leven goeddeels stilgelegd had – zelfs de cruiseschepen kwamen niet meer – dacht ik: waarom was ik hier eigenlijk nooit het water op gegaan? Ik woonde per slot van rekening in de delta van de grootste rivieren van Europa.

Al een paar jaar dwaalde ik door de stad, ik was door bijna alle straten gefietst. Maar al die tijd was ik nooit in het centrum geweest. De rivier.

Je moet zien wat het water ziet – schreef de dichter Joseph Brodsky niet zoiets? Dat ging over Venetië, maar het was evengoed van toepassing op het Venetië van deze tijd.

De eerste keer dat ik de kajak op de stoep begon op te pompen, voelde ik me zoals Noach zich gevoeld moest hebben toen hij midden in de woestijn timmerde aan een schip. Na een kwartier zat ik al op de Kralingse Plas. Later peddelde ik ook een stukje over de Rotte.

In een kajak zit je laag, de blik kantelt. De blik der zwanen. De drukke binnenstad bleek ook kalme wateren te hebben. Onbetaalbaar was het zien van de zonsondergang op de Kralingse Plas met de skyline in de verte.

Dankzij mijn kajak werd de stad een opblaasbaar stiltegebied. En ik wist dat de stad zo was bedoeld, ik peddelde in het kielzog van de allereerste stadsbewoners. Die hadden bootjes die nauwelijks langer waren dan mijn opblaaskajak. Maar wie tegenwoordig in zo'n notendopje de rivier op ging, kreeg algauw een scheepshoorn om zijn oren.

Die nacht had ik slecht geslapen van de zenuwen. De Nieuwe Maas was geen Rotte. En viel zelfs niet te vergelijken met de Missouri, want daar was nauwelijks verkeer geweest. Ongeveer honderdduizend binnenvaartschepen deden jaarlijks de haven van Rotterdam aan, ofwel bijna driehonderd per dag. De meeste daarvan voeren door het centrum. De rivier die Rotterdam doorkliefde, was een snelweg. En nu wachtten we op een gaatje om over te steken.

Ik was de afgelopen jaren banger geworden. Misschien omdat ik nu kinderen had. Maar ook omdat de tijd was veranderd: toen ik klein was, lieten mijn ouders ons nog dobberen op de Schie, met onze houtje-touwtjevlotten van jerrycans en afvalhout. Dat zou ik mijn kinderen niet meer laten doen.

Nu was ik tot in de puntjes voorbereid. Ik had een zwemvest gekocht met een alarmfluitje, ik had een marifoon geleend, een app gedownload met de live locaties van de schepen, ik had research gedaan bij kajakclubs. Ik had de havendienst gebeld – daar zagen ze de pleziervaart als driewielers op de snelweg: hinderlijk, maar verboden was het niet.

Ik had van mijn schoonvader, een zeezeiler, een oude stroomatlas geleend, uitgegeven door de Dienst der Hydrografie van de Koninklijke Marine. De atlas bevatte kaarten en tabellen met per uur de gemiddelde stroomrichting en de stroomsnelheid van de benedenrivieren. Hij stamde uit 1977, maar de tijdstippen van het rijzende en vallende water en alle kenteringen zouden nog tot op de komma moeten kloppen.

Toch was ik als een ongelovige zelfs die atlas nog gaan controleren. Ik fietste naar de oever van de rivier en keek naar de groene en rode boeien. Soms stonden ze schuin naar rechts, soms schuin naar links. Soms kaarsrecht: doodtij. Om zeker van de zaak te zijn, gooide ik nog een stukje hout in het water. En inderdaad: er veranderde veel in de wereld, maar de maan bleef op dezelfde wijze trekken aan het water.

Dat water begon in een kristalhelder bergmeertje op twee kilometer hoogte in Zwitserland. Het groeide uit tot de Rijn; de naam komt van het Indo-Europese *rei* dat 'stromen' of 'rennen' betekende. Een woord dat verwant was aan het *rhei* uit *panta rhei*, alles stroomt, de beroemde uitspraak van de Griekse filosoof Heraclitus.

En rennen, dat deed de Rijn: een waterval van 1.233 kilometer lang. Pas bij Rotterdam stopte de rivier, leek te aarzelen, keerde een stukje naar de bergen terug. De vloed van de zee duwde de rivier daar terug richting de Alpen.

Deze stroming kenterde normaal gesproken één à twee uur voordat het hoogwater was bij Hoek van Holland. Dat zou vandaag om 16.48 uur zijn. Wat zou betekenen dat we tot ongeveer een uur of drie de rivier mee hadden naar zee. Dan konden we mooi pauzeren op dat quarantainestrandje. En als we weer het water op gingen, konden we met de gekeerde stroom terugkeren naar het startpunt.

Toen ik de nacht voor vertrek eindelijk sliep, droomde ik over de scheepsschroeven van binnenvaartschepen die mijn ballonnenbootje aan flarden scheurden.

Eenmaal wakker bond ik de kajak op mijn bagagedrager en fietste naar een strandje, stroomopwaarts van het stadscentrum. Ik pompte het oranje gevaarte op en stelde de marifoon in op VHF-81 sector Maasbruggen.

Alles verliep volgens plan. De rivier duwde ons met een vaart van één knoop (dat is 1,852 kilometer per uur) richting zee. We werden gedragen door alpensneeuw aangelengd met hemelwater en een scheut zeezout.

We lieten het toeterende binnenvaartschip passeren. En toen zetten we alsnog koers. Ik peddelde als een bezetene. Ik bad dat de peddel niet brak, dat mijn armspieren niet zouden verzuren, dat de wind niet opeens zou opsteken. Ik hield mijn blik gericht op de gele streep. Ik dacht niet aan mijn voorouders die op dit water vissers waren geweest. Ik dacht ook niet aan de vissen in de diepte onder mijn billen. Ik peddelde als een koffiemolen tot ik zand tegen de bodem voelde schuren.

Op het strand waren geen voetstappen behalve de onze. We aten onze boterhammen. De rivier lag stil, aarzelend tussen de bergen en de zee. Achter ons gekwinkeleer uit de jungle vermengd met de metalen symfonie van de haven. Steeds als er een schip was gepasseerd – binnenvaartschepen, bolle tankers, drijvende bokken, bunkertankers, hopperzuigers – volgde na een seconde of twintig het schuimen van de branding.

Deze stad had twee stromen, die van de natuur, die uit de bergen kwam, en de stroom van de economie, die even naturel probeerde te ogen.

Toen de kentering kwam, voeren we terug.

Later kwam ik bij de oever van de rivier, niet ver van de Van Brienenoordbrug, een man tegen die niet in wonderen geloofde. Hij zat in een scootmobiel en dronk uit een blik bier. De man staarde naar het water. Er was daar een aanlegsteiger waarop allemaal oranje en gele bloemen lagen. Ook naast hem, tussen de blikjes rondom een prullenbak, lagen verwelkte bosjes.

De man nam een teug en vertelde me dat dit een strooiplek was. Hindoestanen kwamen hier om de as van overledenen uit te strooien. 'Dat moet van hun geloof', zei hij. 'Ze denken dat de as naar zee stroomt.' Hij was even stil. Toen lachte hij, als om een binnenpretje. 'Soms drijven de as en de bloemen helemaal naar Dordrecht!'

De man had gelijk: sinds de Waterweg was aangelegd, een streep naar zee, dwars door de duinen, en sinds de oevers steiler waren geworden, reikte de zeetong steeds dieper het land in. Dus inderdaad: de ziel voer niet op bootjes van bloesem naar de hemel, maar spoelde vaak in Dordrecht aan.

Legenden werden zelden verteld aan dit deel van de Rijn, er was geen Lorelei-rots, geen riviernimf. Zoals de rivier hier recht was gemaakt, zo waren de mensen aan haar oever gestopt met geloven in wonderen.

Ook ik was vergeten hoe wonderlijk het water was. Hoe heilig en hoe oud. Dat we op bronwater peddelden, dat er vlak onder onze billen nog steuren zwommen en meterslange meervallen. Deze rivier was miljoenen jaren ouder dan wij en zou nog miljoenen jaren ouder worden. De snelweg was tijdelijk, de kades niet absoluut.

Pas toen ik mijn kajak had gekocht, was ik er echt op gaan letten. Er waren altijd landingsplaatsen, kiertjes in de oever. Op de terugweg van het quarantaineterrein zag ik zelfs een plek, midden in de stad, niet ver van de Willemsbrug, waar een klein schiereiland van nog geen twintig bij twintig meter uit de kade stak. Het leek het restant van een brughoofd of iets industrieels. Het uitsteeksel lag ook maar net boven het water; ik was er vaak voorbijgefietst zonder het op te merken. Het was begroeid met wilgen en wilde bloemen. Vanaf het eilandje liep er een ijzeren brandtrap langs de kadewand omhoog.

Later, op een zomeravond, ging ik er met mijn geliefde naartoe. Eindelijk hadden we weer eens een oppas gevonden, eindelijk hadden we een lege avond in de weken die maar voortraasden, want ondanks de pandemie was het werk gewoon doorgegaan. We hadden klapstoeltjes mee en een gekoelde fles wijn. Via de brandtrap klauterden we naar beneden.

De zon stond al laag, de torens in de verte werden silhouetten. Ooit verbleven we in een van die torens, maar dit uitzicht was mooier en zo gratis dat we het bijna niet geloofden.

Hier ging het om in het leven: het vinden van plaatsen waar je uit de stroom kon breken. Kiertjes vinden. Over de rivier scheerden visdiefjes die soms, plons, beethadden. In het water begonnen wonderwezens te kronkelen in paars en oranje en inktblauw.

23

SLAAP-WEDSTRIJD IN EEN GRAANSILO

Het was een vrijdagavond in december, we bliezen wolkjes in de schemering, wachtend op de busjes van de winteropvang. Om beurten schuifelde er iemand van ons naar voren, naar de beveiliger, die een infraroodthermometer in de vorm van een pistool op het voorhoofd richtte. Wie geen koorts had mocht door.

Een man met een spits gezicht kwam met een nerveus loopje naar voren. Hij was kort van stuk, droeg een nieuwe jas die te groot was en die ritselde als een regenpak. Hij sprak met een plat Rotterdamse tongval. 'Die lange wil me vermoorden', riep hij tegen de beveiliger. Hij knikte naar een gedaante in de schemering. 'Hij denkt dat ik zijn jas heb gejat.'

De beveiliger leek niet onder de indruk, maande hem vriendelijk door te lopen. Toen kwam de man met de krakende jas op mij afgewaggeld en ging dicht naast me staan. We kwamen in hetzelfde busje terecht. Vanaf dat moment zou hij die avond niet van mijn zijde wijken.

Laat ik hem Bram noemen. Waterige, grijsblauwe ogen.

Een tijdschrift had me gevraagd om een bijdrage te leveren aan een themanummer over George Orwell, de Britse schrijver die beroemd werd met zijn romans *Animal Farm* en *1984*. Zijn sterfdag was alweer zeventig jaar geleden, de redactie wilde graag weten wat de schrijver nog relevant maakte in onze tijd. Naast romans schreef Orwell ook veel journalistieke reportages. Vaak trok hij daarvoor op met mensen die buiten de boot waren gevallen. In zijn essay 'Nachtasiel' uit 1931 beschreef hij bijvoorbeeld een nacht tussen de daklozen.

Toevallig was in Rotterdam net een nieuw nachtasiel voor daklozen opengegaan, in een oude graansilo aan de Maashaven. Het leek me een goede aanleiding om Orwell na te volgen. Zo belandde ik in dat busje.

We gingen dwars de stad door, van Noord naar Zuid, langs alle highlights. Over de drukke Coolsingel, langs de warm opgloeiende koopgoot, waar mensen kerstinkopen deden. Toen over de Erasmusbrug: ik wierp een blik op De Rotterdam, de lichtjes brandden. Het ging verder, langs de Rijnhaven, waar de bouwput lag van het duurste huis van Nederland. Schijnwerpers schenen op de witte bouwschutting: '*Something beautiful is on the horizon*'.

We reden de donkere kade op. De betonnen silowand verhief zich hoog boven ons. Vroeger meerden hier van over de hele wereld graanschepen aan. Langs de kade stonden nog de roestige skeletten van enkele graanelevatoren: stofzuigers zo hoog als huizen, waarmee graan werd gelost.

Als kind was ik honderden keren langs de graansilo gefietst op weg naar de basisschool in de Tarwewijk – toen werd er nog graan overgeslagen. Later werd de silo omgebouwd tot evenementenlocatie. En vanavond werden er busjes met ontheemden ontscheept, van over de hele wereld: Polen, Antillianen, Roemenen, Marokkanen, Bulgaren, Tsjechen.

Bram was een van de weinige Nederlanders. Hij was geboren in Rotterdam-Feijenoord, op een paar kilometer van waar we nu stonden te wachten, opnieuw in de rij voor de beveiliging, ditmaal werden onze kleren doorzocht op alcohol en wapens. We kwamen in een hal waar tientallen veldbedden stonden opgesteld in strakke rijen, rondom elk bed was met gele tape een rechthoekige ruimte afgezet op de betonvloer.

'Ik slaap naast hém', zei Bram tegen de beveiliger. Hij wees met een priemende vinger naar mij. Ik kreeg een bed toegewezen naast een jonge, kalende Pool. Het bed van Bram was een rij achter me. Hij wilde zijn stretcher over het plakband naar mij toe slepen; een man in een hesje wees hem weer op zijn plek.

Bij de winteropvang kwamen de moeilijke gevallen. Af en toe waren er opstootjes, had een man van de stichting die de noodopvang organiseerde me verteld, de politie stond altijd paraat. Anders dan bij de gewone daklozenopvang mocht iedereen hier naar binnen.

Ook de zogeheten 'niet-rechthebbenden'. Een rare, orwelliaanse beleidsterm: ieder mens had recht op een dak, zo was het vastgelegd in de Universele Verklaring van de Rechten van de Mens? Maar de praktijk was anders. Niet ieder die aanklopte bij de daklozenopvang kon daar terecht. Oost-Europese arbeiders, bijvoorbeeld, konden er geen aanspraak op maken.

Ook een 'gewone' Nederlander had tegenwoordig een certificaat nodig om te tellen als dakloos. Je moest je eerst melden bij het Centraal Onthaal, waar een ambtenaar je ondervroeg en beoordeelde of je niet bijvoorbeeld bij een neef op een bankstel kon overnachten. Slaagde je voor die proef, dan doorliep je een langere test: de Zelfredzaamheid-Matrix®, een afvinklijst met dertien vragen om te 'meten' hoe het met je ging. Als je geluk had, kreeg je daarna een pasje. Daarmee kon je slapen in de nachtopvang.

Deze winteropvang was voor wie geen pasje had. Bijvoorbeeld zware drugsverslaafden of mensen met een ernstige psychiatrische stoornis die de reguliere opvang meden. Bijvoorbeeld omdat hun levenswijze niet te combineren viel met die opvang, waar drugs en alcohol verboden waren en waar de poorten om tien uur sloten. Maar de grootste groep niet-rechthebbenden bestond uit aan lagerwal geraakte arbeidsmigranten uit met name Oost-Europese landen.

Normaal, als de noodopvang gesloten was, sliepen deze 'niet-rechthebbenden' onder snelwegtaluds, in parkeergarages of in parken. Ze leefden van genade of diefstal. Soms stroopten ze een vis of zelfs een meerkoet, had ik op rijnmond.nl gelezen. Je zag ze zelden, deze mensen zonder recht, alleen in de vroege uren, als ze in de parken hun slaapzak oprolden terwijl even verderop de eerste bootcampers en buitensporters hun yogamatjes juist uitrolden. De wisseling van de wacht van de *haves* en de *have-nots*.

Ik was hun kampeersporen overal tegengekomen: aan de voet van de Euromast, onder de Willemsbrug, in een steegje bij de Blaak, zelfs onder de Erasmusbrug: elke highlight van de stad had zijn verstekelingen. Hun geïmproviseerde kampementen deden me denken aan de tentenstadjes die ik had bezocht in de grimmige Amerikaanse stad St. Louis, Missouri. Soms kampeerden de Rotterdamse daklozen ook onder de blote hemel, zoals de vrouw die ik eens sprak aan de Rijnhaven. Haar dak bestond uit een parasol die ze met touw had vastgemaakt aan een bankje.

Nu was het winter geworden, uit alle hoeken en gaten waren de onzichtbaren naar de noodopvang gekomen. Die ging alleen open als de gevoelstemperatuur onder het vriespunt daalde.

'Ben je Turks of Nederlands?' vroeg Bram. Nadat ik antwoord had gegeven, kwam hij nog iets dichterbij staan. Hij wees naar een groepje mannen in de hoek van de zaal. Die mensen, de 'Russen', hadden slaapmiddel in zijn koffie gedaan, zodat ze hem straks iets aan konden doen. Gelukkig had hij het net op tijd doorgehad. Daarom ging hij nu een nieuwe beker halen.

Het eten was erg goed. Gul gevulde groentesoep en voor ieder ook twee belegde broodjes (kipfilet en tonijnsalade). We aten zittend op onze veldbedden of aan de lange tafels, zwijgend als monniken. Ik schoof aan tafel naast een Chinees met ingevallen wangen die soep naar binnen lepelde. Voor me kauwde een man in een vieze, gele werkjas zwijgend een broodje weg. Nog drie uur te gaan voor het licht in de hal zou doven.

Even later gingen Bram en ik naar buiten. Er scheen een heldere maan, ik rookte een sigaret mee. Het bekken van de Maashaven was een zilverzwart zwembad in de nacht. Stadsgeluiden woeien aan: een ambulancesirene, het onweersgerommel van een verre metro. Op de kade zong iemand een melancholisch lied in een taal die ik niet kon thuisbrengen, misschien Bulgaars. In de verte lag het grijswitte stoomschip Rotterdam, behangen met lichtjes. Daarachter de verzameling torens van de Kop van Zuid. Die week had ik gelezen dat er hier aan de Rijnhaven weer een toren bij zou komen, tweehonderd meter hoog.

Er voegde zich nog iemand bij ons. Een jonge, zwarte man in een Winnie-de-Poeh-jumpsuit, alsof hij net van een verkleedfeest kwam. Hij bietste een sigaret.

'Geef mij zo'n penthouse en een goede computer en ik regel mijn eigen *3D gay parties*', mijmerde Winnie de Poeh, onnavolgbaar maar opgewekt.

Poeh ging al snel weer naar binnen. Daarna zei Bram: 'Hij deed nu wel aardig, maar hij hoort ook bij hun.' Hij knikte naar een groepje even verderop, daar waar het melancholische lied vandaan was gekomen.

Hij boog zich naar me toe, vertelde dat ze misschien wel slaapmiddel in de thermosfles hadden gedaan: dat betekende dus dat ik straks ook als een blok in slaap zou vallen. Hij maande me wakker te blijven, alert, anders namen ze mij ook te grazen.

Ik was zijn reddingsboei. Of zijn menselijk schild? Nog twee uur voor het licht uitging.

Uit mijn rugtas haalde ik het boek *Waarom ik schrijf*, een bloemlezing van essays en reportages van Orwell, en ging aan een van de tafels zitten. Naast me een oude man met haardos als Tolstoj, gebogen over een krantenpagina met sudoku's. Tegenover me een jongeman in een gebreide wollen trui, gebogen over een mobieltje dat in stukken op tafel lag. Hij peuterde met een ijzerdraadje. Even later drukte hij het oortje van de koptelefoon tegen zijn oor, er verscheen een glimlach op zijn gezicht.

Geritsel van een jas. Bram kwam naar de tafel.

'Ze gaan me vannacht in het gezicht branden', wist hij. Hij smeekte me om niet te gaan slapen. 'Ze zijn nu mensen aan het ronselen, met coke en zo.'

In de doucheruimte bij de wasbakken trof ik mijn buurman, de Pool. Hij was naakt, op een blauwe korte broek na. Maanbleke huid met wat blauw-groene tatoeages. Ik poetste mijn tanden. Hij zette zijn voet op de wasbak, verzorgde zijn teennagels secuur als een edelsmid.

De meeste van de enkele tientallen daklozen hadden hun

bed al opgezocht. Ik maakte mijn bed op voor de nacht, de essays legde ik onder het dunne kussen.

Bram liep nerveus heen en weer langs zijn veldbed. Hij was zachtjes aan het zingen. Eerst 'Let It Be' van The Beatles en daarna een gospellied, '*to tuuurn my life around*' was het refrein.

'Wat bleef je lang weg', zei Bram. 'Er gaat iets gebeuren vannacht. Ik weet het, jij weet het, wij weten het straks allemaal.'

Een man in een hesje stuurde hem terug naar zijn eigen stretcher. Om elf uur stipt doofde het licht. Een groengele schemering bleef hangen boven de rijen bedden.

En zo lagen we met zijn zesenveertigen in de graansilo. Vier kaarsrechte rijen van gebroken mannen in allerlei houdingen onder dezelfde Rode Kruis-dekentjes van blauw polyester. Bij de ingang van de hal stonden mensen in gele hesjes. Het was alsof we slaaptentamen moesten doen.

Een kale Hagenees, die als een van de laatsten was binnengekomen – foeterend op de politie die hem van een bankje in de stad had verjaagd –, sliep als een van de eersten. Hij vlijde zijn grote lijf op de stretcher, trainingsbroek nog aan. Nu ronkte hij in embryohouding.

Een rij verder lag Winnie de Poeh, de muts met berenoren over zijn hoofd getrokken.

Mijn buurman uit Polen lag ronkend op zijn rug.

Soms schuifelde er nog iemand naar de wc, af en toe klonken kreten, soms flarden van zinnen, murmelend uitgesproken in de halfslaap.

Jaha... dat krijg je er nou van als je ghb gebruikt.

Was soll ich machen? Junkie life, weisst du.

Kankerzooi.

Maar algauw steeg er uit het ene na het andere bed gesnurk op. Het zagen en reutelen en raspen klom op langs de betonnen wanden, naar het hoge plafond.

Ik was een beginner, ik was nog niet moe genoeg om te slagen voor het slaaptentamen. Ik woelde. Mijn kleren had ik aangehouden, ik droeg mijn bezittingen op mijn lijf. Ik schrok als een jong katje van elk geritsel. En misschien had ik niet hard genoeg gewerkt, was ik domweg niet moe genoeg.

Ik pakte mijn telefoon en vertelde een vriend waar ik was. Hij appte me:

> Ik vind het echt niet kunnen wat je doet, dit is gewoon aapjes kijken
>
> Serieus
>
> Er een soort pretpark van maken
>
> Het is nooit hetzelfde gevoel
>
> Scheid van je vrouw, vergok al je geld en wees elke nacht afhankelijk van asiel. Dan voel je pas hoe het is

Dat was natuurlijk waar. Ik was waarschijnlijk de enige in deze zaal met een huis. De kans dat ik echt op straat zou belanden, was vrijwel nihil. En ik was ook helemaal geen Orwell: die trok maanden op met hen die *down and out* waren.

Je hoorde weleens: dakloosheid kan iedereen overkomen. Dat was sympathiek bedoeld, zo van: daklozen zijn mensen zoals jij en ik, met wat meer pech. Maar dat was domweg niet waar. Er waren juist heel duidelijke risicofactoren voor dakloosheid, zoals een traumatische jeugd, een zeer lage opleiding, psychische aandoeningen.

De daklozen in deze zaal hadden bovendien niet zomaar pech gehad; ze waren de gevolgen van recent beleid.

Een deel van de daklozen in deze zaal bestond uit mensen die de politie tegenwoordig registreerde onder de code E33: 'overlast door persoon met verward gedrag'. In de afgelopen tien jaar waren die E33-meldingen verdubbeld. De toename was begonnen nadat er was bezuinigd op de zorg voor geesteszieke mensen. De gedachte was dat die vaker zelfstandig zouden kunnen wonen, dan konden er bedden verdwijnen in de psychiatrische klinieken.

Tegenwoordig werden de 'verwarde personen' ook wel 'mensen met onbegrepen gedrag' genoemd. Dat etiket leek me beter: het legde de bal bij de samenleving, wíj waren het die iets nog niet begrepen hadden. Want die toename viel best uit te leggen.

Maar de grootste groep in de zaal bestond uit Midden- en Oost-Europese arbeidsmigranten. Ze waren hier gekomen om paprika's te plukken, pakjes te sorteren, huizen te bouwen, tulpenbollen te poten. Ik lag tussen de mensen die mijn bestellingen bij de Albert Heijn hadden ingepakt. Het waren witte mannen van gemiddeld rond de veertig jaar oud.

Veel van die mensen waren hierheen gelokt onder valse voorwendselen: ze waren gijzelaars geweest van malafide uitzendbureaus. Die betaalden weliswaar het minimumloon van 10,14 euro per uur, maar daar haalden de uitzendbureaus de kosten van huisvesting vanaf. Die huisvesting was soms een gammel bed, niet veel beter dan deze opvang, soms in een klein huis met tien anderen. Van het uurloon hielden de werknemers soms maar 7 euro per uur over.

En sommigen waren gestruikeld over het ritme van de havenstad. 'Ze halen de targets niet met hun pakketjes en raken ook hun huisvesting kwijt', las ik in een interview met een maatschappelijk werker.

Natuurlijk, het systeem was niet de enige reden dat hun levens waren stukgelopen. Veel Oost-Europeanen kwamen hier hun heil zoeken terwijl ze al in de problemen zaten: geldgebrek, verslavingen. Maar het waren wel die uitzendbureaus die hen uitbuitten en daarna uitspuugden als menselijk afval.

De wildgroei aan louche uitzendbureaus was het gevolg geweest van een akkoord dat werkgevers en vakbonden in 1996 hadden beklonken. Voortaan hoefden uitzendbureaus geen vergunning meer te hebben; in ruil daarvoor kwam er een cao waarin de rechten voor uitzendkrachten werden vastgelegd.

Dat was vooral een goede deal voor de werkgevers: er kwamen duizenden nieuwe uitzendbureaus die heel goedkope werknemers leverden. En die cao? Die bleken de uitzendbureaus makkelijk te kunnen omzeilen via creatieve boekhoudkundige constructies of door arbeidsmigranten aan te nemen.

De gevolgen van dat beleid lagen nu om me heen.

Zodra het buiten ietsje warmer werd dan 0 graden, zouden de poorten weer sluiten. Anders zou de opvang maar 'aanzuigende werking' hebben, had de wethouder gezegd. Daar had hij misschien gelijk in. Het eten was hier goed, het personeel uiterst vriendelijk. Als deze opvang permanent open zou zijn, dan zou die elke avond volledig bezet zijn, daklozen genoeg.

Deze winter was de opvang, door de wisselende buitentemperaturen, aan- en uitgefloept als een kapotte tl-buis. Op den duur verkozen veel daklozen daardoor hun tentje in het park, ondanks de kou. Want wie zijn kampeerplek verliet en na drie nachten in de graansilo terugkeerde, had kans dat iemand anders zijn plaatsje had ingenomen. Vandaar dat de bedden van de graansilo zelfs deze koude nacht niet eens voor de helft bezet waren.

Dat argument over 'aanzuigende werking' hoorde je wonderlijk genoeg zelden over de malafide uitzendbureaus. Die uitzendbureaus waren dan ook essentieel om onze economie draaiende te houden. Er woonden en werkten liefst 600.000 arbeidsmigranten in Nederland. In sommige Rotterdamse wijken, zoals Carnisse, bestond bijna een kwart van de inwoners uit Europese arbeidsmigranten. En vaak woonden ze in pensions die al even overvol waren als de verkamerde panden die ooit aanleiding waren van de 'Turkenrellen'.

De mensen in deze zaal waren het restproduct van de flexmarkt, bijna even ingecalculeerd als het huisvuil. De gebroken levens werden hier al even efficiënt gescheiden als in de afvalverwerkingsfabriek, getuige bijvoorbeeld de rechte lijnen tape rond elk bed. Geheel volgens de just-in-timefilosofie gingen de deuren van de graansilo alleen open als dat echt noodzakelijk was.

Ooit, had ik gelezen, was deze kade een epicentrum van verzet geweest. Dat had te maken met die roestige graanliften: ze waren de eerste robots in de haven. Begin vorige eeuw, toen de eerste graanzuigers verschenen, waren de havenwerkers in opstand gekomen: de machines bedreigden hun banen. In de Maashaven braken stakingen uit, in de Tarwewijk waren er rellen, de politie sloeg ze neer.

De elevatoren kwamen er alsnog. Die hinderlijke, stakende mensen waren alleen maar reden om ze versneld in te voeren. Algauw hadden de robots alle graanoverslag in handen. 'Het graan stroomde zoo snel in de lichters, het leek dikke gele olie', schreef Bordewijk in *Karakter* over de zuigers rondom de schepen. 'Zij lagen daar stil en vraatzuchtig, zij hadden het heele schip in hun macht, het bloedde aan hun zuignappen dood.'

Die graanstakers leken misschien op de luddieten uit de negentiende eeuw, de textielarbeiders die tegen machines vochten. Ze hielden de toekomst tegen. Maar die luddieten en die graanstakers hadden ook een vooruitziende blik gehad. In de loop van de geschiedenis zouden er steeds weer nieuwe machines, automaten en robots komen, en steeds zouden die leiden tot verslechterde arbeidsomstandigheden. En niet tot minder werk.

Ook hier speelde het bolderkareffect: efficiëntie leidt tot groei. Voor één product waren er misschien minder mensenhanden nodig, maar omdat het totale aantal producten groeide, waren er per saldo meer mensenhanden nodig. In de jaren zestig verwerkte Rotterdam nog nauwelijks containers, nu 15 miljoen TEU per jaar (TEU: de standaardmaat van de twintigvoetscontainer). Die miljoenen containers zaten vol dozen en spullen. Iemand moest ze in- en uitladen. Een duizelingwekkend gegeven: de aloude sjouwer bestond nog steeds, alleen sjouwden ze nu in die raamloze hallen en heetten ze orderpickers. De meeste efficiencyslagen zouden juist zorgen voor meer vermoeide ruggen, getuige de uitgeputte arbeidsmigranten om me heen. Een doorsnee orderpicker liep liefst dertig kilometer op één dag, ofwel driekwart marathon.

Tegenwoordig was staken zeldzaam – ondanks de zware werkomstandigheden. Er was vooral die staking van het lichaam, dat neerzeeg als een overbelaste ezel.

'Er gaat vannacht iets gebeuren', had Bram gezegd. 'Het is in Gods handen.'

Maar er gebeurde die nacht juist helemaal niets. Geen opstand, geen staking, alleen de diepe slaap van kapotte mannen die sliepen als kinderen in de rusteloze stad. Hun geprevelde dromen stegen op als een gezamenlijk gebed en sloegen stuk tegen het rechthoekige betonplafond van de oude graankathedraal.

24

EEN MAN MET EEN DOOS OVER ZIJN HOOFD

Er wandelde een man over straat met een kartonnen doos over zijn hoofd. Ik had net mijn zoontje naar school gebracht, wilde naar mijn schrijfpaleis gaan, toen we elkaar passeerden, ter hoogte van coffeeshop London. Misschien was hij in de war, een geval van E33. Toch liep de man – ik vermoedde tenminste dat het een man was – mij met een doelgerichte tred voorbij.

En ik moest denken aan die keer dat ik zelf het aanbod kreeg om een doos over mijn hoofd te trekken.

In mijn geval ging het om een opvouwbare kubus van nog geen één bij één bij één meter. De wanden waren van hout dat met vilt was bekleed, één zijde was opengelaten. Je kon de doos op je bureau of je keukentafel zetten. Dan had je een '*tiny office*', een 'alles-in-een minikantoor dat omgevingsprikkels verlaagt', aldus de advertentie op Instagram. 'Een productieve week gewenst!'

De DeskCube, zo heette het ding, kostte driehonderd euro. Je had ook varianten die knus waren aangekleed: met een miniprikbord, een miniboekenplankje, voorwaar zelfs een minikamerplantje. Ze leken zo schattig als poppenhuisjes en oogden tegelijk wat schrijnend, een beetje zoals die schattige *tiny houses* schrijnend kunnen zijn, omdat hun bestaan vaak voortkomt uit een crisis.

De kantoorkubus, vond ik, stond symbool voor hoe heilig productiviteit geworden was. En hoe we daaraan ten onder dreigden te gaan. Nee, niet alleen orderpickers, ook hoogopgeleide mensen zoals ik.

Al wilde ik dat zelf eerst niet zien: in die graansilo had ik mijzelf nog zo gelukkig geprezen. En om de DeskCube moest ik aanvankelijk vooral meewarig glimlachen. Die gekke moderne mensen toch.

De DeskCube deed me denken aan de beroemde *cubicles* die ik kende uit Amerikaanse tv-series als *Seinfeld*. De uitvinder van die kantoorhokjes, Robert Propst, had ze in de jaren vijftig ontworpen om werknemers te bevrijden van de omgevingsprikkels van de werkvloer, zoals de herrie van typemachines of telefoons en de rook van sigaretten. Later zag Propst tot zijn leedwezen dat de cubicles van kantoorvloeren juist een soort legbatterijen hadden gemaakt, waar werknemers op efficiënte wijze werden uitgeknepen. Een '*hell hole*', zo noemde hij die moderne kantoren later.

Sindsdien stond de cubicle symbool voor de eenzame, geatomiseerde kantoorslaaf. De DeskCube ging een stap verder: de kantoorkubus drong de huiskamer binnen. En de DeskCube was benauwder dan de cubicle of moderne callcenterhokjes. 'Uitgeklapt biedt DeskCube een eigen domein van 90 x 80 x 75 cm', las ik. Anders dan bij de klassieke cubicle zat er een dak op de DeskCube. Weliswaar kon je daar tegen een meerprijs van vijftig euro een dakraampje in laten zetten, zodat er licht kon binnenvallen, maar dat deed denken aan de mop van de man die met een autodeur door de woestijn wandelde zodat hij een raampje kon opendoen als het te heet werd.

Op de productsite las ik enthousiaste recensies. 'Gefocust en comfortabel werken!', 'Geweldige workflow!' – enzovoorts. Ik begreep de praktische voordelen ook wel. De DeskCube was een hulpmiddel om jezelf af te sluiten van de ruis van je huisgenoten, een focusdoos. Geconcentreerd werken in een rumoerig huis met rondrennende kinderen, dat ging nu eenmaal niet, had ik wel gemerkt tijdens de eerste maanden van de pandemie. Alleen in de wc kon ik echt ongestoord mijn mails lezen.

Maar als werken en een sociaal leven niet goed samengingen, waarom probeerden we het dan toch uit alle macht? Toen de pandemie uitbrak, dipte de arbeidsproductiviteit even. Maar eenmaal van de schrik bekomen, gingen hogeropgeleiden juist harder werken. Terwijl de wereld stilviel en de toekomst ongewis was, steeg hun productiviteit tot boven het niveau van voor de pandemie. Alsof alles mocht vergaan, behalve onze arbeidsproductiviteit.

Het deed me denken aan wat die voorzitter van de Kamer van Koophandel na de oorlog tegen de Rotterdammers had gezegd, toen de stad in puin lag: 'Harde arbeid, de enige manier, waarop wij onze doden kunnen gedenken.'

Toch zou ik zelf precies dat doen in mijn schrijfpaleis aan de Oude Haven: keihard werken, mijzelf sociale zuurstof onthouden. Ik had dan wel geen DeskCube, maar mijn werkruimte was al even schattig aangekleed met een boekenplank, kamerplantjes en een hangmat. Aanvankelijk had ik nog veel gebruik gemaakt van die hangmat om powernaps te doen. Maar gaandeweg hing de lap stof roerloos in het stalen frame. Op het cocktailtafeltje dat bij mijn hangmat hoorde, stonden geen glazen met parapluutjes, wel lag er een stapel boeken. Bovenop lag een sociologische klassieker: *De protestantse ethiek en de geest van het kapitalisme* (1905) van Max Weber. Het ging over waarom mensen zo idioot hard werken. Tenminste, dat dacht ik, ik had het boek nog niet uitgelezen, geen tijd voor.

Naast de boeken groeiden stapels notitieboekjes met interviews en observaties. Een uitdijend heelal van informatie en ervaringen. Ik werd een *hoarder* van snippertjes stad. Nog steeds dompelde ik me onder in werelden die ik nog niet kende, mijn lijst met noodzakelijke avonturen groeide harder dan ik afvinken kon. Intussen moest ik krantendeadlines halen.

Soms als ik na uren gefocust schrijven weer buitenkwam, voelde de buitenwereld overweldigend en bevreemdend aan, als een soort omgekeerd stendhalsyndroom: een overrompeling niet door schoonheid, maar juist door het alledaagse. Praten werd stotteren, kijken werd knipperen – ik was als de gevangene uit de grot van Plato die buitenkwam en duizelde van het felle licht. Een bedrieglijk signaal. Het lijkt of je overprikkeld bent. En dus heb je de neiging terug te duiken in je werkgrot. Maar in feite ben je ernstig ondervoed.

Eenzaam worden gaat geniepig. Bijvoorbeeld omdat je dénkt dat je veel mensen spreekt omdat je voortdurend met mensen appt en chat. Of omdat je thuiskomt in een huis waar het nooit stil is. Intussen maken sociale media de drempel om mensen echt te spreken steeds hoger (wie belt er nu nog spontaan bij iemand aan?). En thuis ben je vaak zo hard aan het rennen en boterhammen met Duo Penotti aan het smeren dat je elkaar nauwelijks meer echt spreekt.

Ik merkte het pas toen ik smoesjes ging bedenken om even te gaan winkelen, troost te kopen in de binnenstad – opeens had ik acuut een nieuwe kamerplant nodig.

Op een dag kocht ik potten warmrode verf en schilderde mijn bureau. Ik haalde leunstoelen bij de kringloop. Maar er kwamen weinig mensen langs om in de stoelen te zitten. De andere creatievelingen in het pand sprak ik ook nauwelijks: ze waren druk met het verwezenlijken van hun eigen meesterwerken, in klei, papier, pixels. Mijn paleis werd een hok. En ik werd eenzaam als een vogel in een kooi in een kelder van een verlaten kasteel.

Ik volgde mijn hart, hield ik mijzelf voor, ik was eigen baas. Ik was geen orderpicker, ik mocht niet klagen. Zelfs toen ik uiteindelijk constateerde dat ik verpieterde, gaf ik mijzelf daarvan de schuld, noemde ik die eenzaamheid *dom*. Alsof ik een tactische blunder had begaan, terwijl – misschien was er iets mis met de maatschappij?

'Eenzaamheid is een negatief beleefde situatie van gemis aan betekenisvolle sociale contacten met andere mensen', las ik op de Feitenkaart Eenzaamheid van de GGD Rotterdam-Rijnmond. En: 'In 2016 was rond 47% van de inwoners van de regio Rotterdam-Rijnmond eenzaam.'

Ik las de zinnen nog eens, omdat ik niet kon geloven wat er toch echt stond: bijna de helft van de mensen in deze stad had te weinig betekenisvolle sociale contacten. Ik was niet de enige, ik was omringd door honderdduizenden eenzamen. Alleen zag of sprak ik ze niet, de moderne maatschappij was kennelijk heel bedreven in het camoufleren van eenzaamheid.

Er bestonden ook allerlei eufemismen voor: zelfstandige zonder personeel, focus, vrijheid, kamerplanten. Maar al die geatomiseerde kamerplanten van de wereld vormden bij elkaar een huilend regenwoud.

Toch bleef ik er grappen over maken. En ik werkte zelfs door als dat echt niet kon, zoals de keer toen ik geopereerd was aan mijn ogen. Niets ernstigs, de operatie verliep goed, maar ik ontwaakte uit de narcose met hechtingen in mijn beide oogbollen en het gevoel alsof ik was gepeppersprayd. Ik kon een week niet lezen en ook niet door de stad flaneren. Toen ging ik alsnog in de hangmat liggen.

Maar ik dacht slim te zijn: ik schakelde over op mijn oren. Ik downloadde een luisterboekenapp en verslond in mijn hangmat met bloeddoorlopen ogen flarden van boeken en podcasts over de rol van werk in het moderne leven. Zoals het recente manifest *Fully Automated Luxury Communism* van Aaron Bastani, over hoe we in het paradijs kunnen komen als computers ons werk doen. En een podcast over *Grip*, een boek over het geheim van slimmer werken.

Ik had de krant een essay toegezegd. Ik maakte van de nood een deugd: nu ik niet de straat op kon, zou ik over mijzelf schrijven, over waarom het niet lukte te niksen. Terwijl ik in de hangmat met bloeddoorlopen ogen podcasts luisterde, leek ik een performancekunstenaar die de idiotie van deze tijd uitbeeldde: niets kon onze arbeidslust meer stuiten.

Ooit werd werken juist als straf voor de zonde gezien. Volgens het Bijbelboek Genesis moest Adam het paradijs verlaten na het eten van de verboden vrucht, voortaan moest hij werken voor zijn geld ('In het zweet uws aanschijns zult gij brood eten'). Inmiddels geloofde bijna niemand in mijn omgeving nog in dat verhaal, toch werkten we door, en niet alleen voor wat dagelijks brood. We zagen ons werk als een passie.

De meeste hogeropgeleiden althans, die orderpicker wist nog wat het 'zweet des aanschijns' was en klokte na tien uur sjouwen opgelucht uit. De Britse econoom John Maynard Keynes voorspelde in 1930 dat zijn kleinkinderen zouden kunnen rondkomen van vijftien uur werken per week. Twee werkdagen: de maandag en de dinsdag; de andere vijf zouden ze vrij kunnen zijn, de voortschrijdende technologie zou dat mogelijk maken. Zijn voorspelling zou zijn uitgekomen, als we die techniek niet hadden ingezet om nog harder te werken.

Het beste voorbeeld was de smartphone. Die telefoon zou communicatie makkelijk maken, maar had van alles werk gemaakt. Ik begon de dag met het pakken van mijn telefoon en eindigde de dag met het neerleggen ervan: mijn werkdag telde zestien uur. Ook thuis op de wc zat ik te werken. Zelfs als ik door de stad slenterde, als ik probeerde die onbevangen flaneur te zijn, had ik steeds mijn telefooncamera in de aanslag. Ik keek met Instagram-ogen: hoe kon ik dit beeld verzilveren, hoe kon ik hier een hit van maken.

Nee, ik was nog steeds geen orderpicker, werkte niet voor Jeff Bezos van Amazon: ik gaf mijn tijd gratis weg aan Mark Zuckerberg.

Je las weleens dat Nederlanders relatief weinig zouden werken vergeleken met inwoners van andere landen. Sinds de mobiele telefoon en internet bestonden, leken die statistieken me onbetrouwbaar. Ze telden de officieel gewerkte uren; terwijl mensen sinds de komst van de smartphone 'altijd aan' stonden.

Zelfs revaliderend in mijn hangmat was ik productief, met de telefoon in mijn hand. De populariteit van het genre podcast kan mede verklaard worden vanuit die moderne dwangneurose om alles uit je leven te halen, dacht ik, of in elk geval twee keer zo veel: al hardlopend lees je een boek, al revaliderend neem je kennis tot je. Je denkt dat je je tijd goed besteedt, maar intussen ben je jezelf aan het overbevissen.

Terwijl het geraas van de weg naast mijn werkhok bleef voortgaan, luisterde ik naar zelfhulpboeken, naar antizelfhulpboeken en naar anti-antizelfhulpboeken. Ik luisterde aandachtig naar denkers die me helder uitlegden dat ik niet efficiënter zou moeten gaan werken, want dan zou de hoeveelheid werk op mijn bord toenemen en zou ik het drukker krijgen. Allemaal variaties op het bolderkareffect. Efficiëntie baart groei.

Al hun tips deden me denken aan de eeuwige wederkeer van steeds nieuwe diëten, die nooit duurzaam effect zouden hebben zolang we omsingeld bleven door fastfood en snoep. Op dezelfde manier zouden we onze werkverslaving nooit te lijf kunnen, leek me, zolang onze omgeving ons aanspoorde alsmaar door te gaan.

Op mijn Instagram-tijdlijn doken advertenties op van een voedingsdrankje genaamd This is food. Het bevatte precies de zesentwintig vitaminen en mineralen die ik nodig had om 'op te laden'. De maaltijdvervanger kwam in een flesje met een handige greep: 'Geen vieze vingers zodat je achter je toetsenbord door kunt werken.'

Mijn oog viel eens op een bestseller *Dat stemmetje in je hoofd. Verbeter de software van je brein.* De auteur, Mo Gawdat, was voormalig *chief business officer* bij Google. Hij vergeleek ons brein met een slimme computer waar domme gedachten in rondwaarden. Ik kon mijn gedachten 'productief' maken, las ik, door 'alle nutteloze en schadelijke concepten te verwijderen uit het geheugensysteem', want succesvolle mensen leefden voortdurend in een 'toestand van nuttig denken'.

Nooit meer dagdromen, zei Mr. Google, anders kon ik het schudden met mijn boek. Ik moest mijn hoofd vullen met enkel nuttige content, volgens de heilige geboden van de container:

Leegte = fout.

Stilstaan = zonde.

Efficiëntie = het hoogste goed.

Mijn leven werd een container en ik had mij erin opgesloten. Zelfs ontspannen stond in dienst van productief zijn.

Mijn ouders hadden die druk om alles uit het leven te halen minder gevoeld. Zij hadden de tijd: ze zagen hun aardse bestaan als een voorafschaduwing van het eeuwige leven. Zou het verdwijnen van die 'eeuwigheidsbelofte', van een leven na de dood dus, de moderne haast dan kunnen verklaren? Ik nam wat flarden tot me van *Leven in tijden van versnelling* van de Duitse socioloog Hartmut Rosa. Volgens hem streefden seculiere mensen alsnog naar een 'eeuwig' leven, niet na de dood, maar ervoor. Dat deden we door onze levens zo veel mogelijk te vullen.

Zo bezien was dat voortrazen dus ook heel menselijk. We hadden existentiële haast. We wilden zo veel mogelijk meemaken voordat het licht doofde.

Was de kortheid van het bestaan dan het grote probleem? Daar leek weinig aan te doen. Je kon hooguit tijd winnen door push-ups te doen en vitaminetabletten te slikken. Wennen aan het idee dat alles morgen voorbij kon zijn.

Ook daarover verschenen tegenwoordig zelfhulpboeken: hoe om te gaan met het korte bestaan op aarde. Dit keer niet door je agenda efficiënt te plannen of uitstelgedrag te voorkomen, maar juist door te accepteren dat je tijd beperkt was. Berust in je lot, laat eens steken vallen. De boeddhistische benadering, zeg maar, met de troost van mindfulness en ademhalingsoefeningen.

Maar in mijn hardwerkende hangmat vond ik steeds minder vrede met die insteek. Berusten klonk mij te passief.

Bovendien had ik concrete problemen, zoals deadlines. Natuurlijk, ik kon de krant of de uitgever bellen dat ik mijn deadlines niet zou halen omdat ik aan mijn ogen was geopereerd. En de lieve mensen op de redactie zouden er heus begrip voor opbrengen. Maar de realiteit was ook dat ik dan geld zou mislopen. Ik was mijn eigen baas, ja, maar ik had mijzelf niet verzekerd tegen arbeidsongeschiktheid, dat was ook veel te duur voor freelancers, daar betaalde de krant niet genoeg voor. Wat was ik ook eigenlijk een idioot, dacht ik toen.

Maar ik was lang niet de enige sukkel. De laatste jaren waren er verschillende romans verschenen van universitair geschoolde Europese collega-schrijvers die klotebaantjes waren gaan doen. Niet om erover te schrijven, maar noodgedwongen: omdat ze van de pen niet konden eten. Zoals *Aan de lopende band* van de jong overleden Franse schrijver Joseph Ponthus, die in een abattoir en een visfabriek was gaan werken. Of *Seizoenarbeid* van de Duitse Heike Geißler: zij was orderpicker geweest bij Amazon. Hun baantjes en hun levens mochten nederlagen lijken, maar in hun literaire werk, geschreven in de avonduren, kwamen ze alsnog in opstand. Anders dan de zelfhulpgoeroes en de antizelfhulpgoeroes benoemden ze tenminste de oorzaak van onze stress. We zijn allemaal 'kinderen van het kapitalisme', liet Heike Geißler haar hoofdpersoon zeggen. Joseph Ponthus had het in voortrazende zinnen zonder punten over 'Alleen maar die lopende band die nooit stopt de stress waar je / in schiet de machine waar geen ontkomen aan is de productie / die tot elke prijs moet doorgaan en dus / niet eens tijd om te zingen.'

Inderdaad, dacht ik: we zaten allen vast in dezelfde machine, waren gestopt met zingen. Onze stress was politiek en we zouden ons er niet zomaar een weg uit kunnen yogaën.

Eigenlijk precies wat Max Weber zei, zoals ik later ontdekte, toen ik zijn boek eindelijk las. Volgens hem zaten we allemaal opgesloten in het 'staalharde omhulsel' van het kapitalisme, een systeem waarin efficiëntie en berekening alles waren en waar de tover uit verdwenen was. Alsof hij het ook al over containers had.

Jeff Bezos, de baas van Amazon, noemde orderpickers 'industriële atleten'. Topsporters. Maar die orderpickers hadden tenminste door dat ze werden uitgebuit. Ze zagen hun werk niet als een passie, zoals veel computeratleten.

Maar werden orderpickers wel uitgebuit? Ja, die mensen in de graansilo. Maar dat waren extreme gevallen. De Polen die mijn online boodschappen inpakten, verdienden bijna 15 euro per uur. Als ik uitrekende hoeveel uren ik soms werkte aan één artikel, verdienden ze per uur meer dan ik. En ik had evengoed vaak last van mijn rug en mijn armen.

Ook academisch geschoolden ontkwamen niet aan onzeker en uitputtend werk. Juist niet. De universiteit was zelfs de meest geflexibiliseerde en competitieve sector in Nederland (op het profvoetbal na dan), las ik in het boek *Uitgebuit*, waarin ik ook had gelezen over de erbarmelijke arbeidsomstandigheden van Filipijnse matrozen. Bijna nergens zag je zo'n keiharde competitie, zo veel burn-outs, zo veel angst om erover te praten.

Die burn-outs hadden weinig te maken met de kortheid van het menselijk bestaan; ze waren het gevolg geweest van politieke koerswijzigingen. Veel tijdelijke docenten werden net als postbodes bij PostNL na afloop van contracten afgedankt, las ik in een artikel van Ilse Josepha Lazaroms. Onderzoekers werkten gemiddeld twaalf tot vijftien uur over per week. Onbetaald.

Ook de journalistiek was trouwens Filipijns geworden. 'Ook wij worden meegetrokken in de neerwaartse spiraal van een steeds onzekerdere arbeidsmarkt', schreven de auteurs van *Uitgebuit*. Ze werkten als freelancers met weinig rechten, verdienden vaak niet genoeg om van te leven, zodat ze soms bijbanen moesten nemen naast hun spitwerk.

We leefden allen onder hetzelfde gesternte. De postbode en de postdoc zaten in hetzelfde schuitje, samen met de Filipijnse zeeman en de freelance auteur. Juist in dat gedeelde lijden lag een enorme kans om solidair te zijn.

In plaats van de maatschappij te verbeteren, gaven hoogopgeleide orderpickers zoals ik echter vaak hun lichaam de schuld. Probeerden we ons lichaam te disciplineren met sportscholen, zelfhulpboeken, coaches en haptonomen. We waren heus wel politiek betrokken, misschien wel meer dan eerdere generaties

– we konden felle debatten voeren over de vraag wie we precies waren, over lichamen en identiteiten – maar de wijze waarop ons werk georganiseerd was, lieten we vaak ongemoeid. We leken op legbatterijkippen die kibbelden over de labels boven hun hokjes, maar die eieren bleven leggen voor de boer.

Die daklozen in de graansilo lagen op de bodem, konden niet verder vallen, misschien waren ze daarom zo makkelijk in slaap gevallen in die zaal. Maar de mensen die nog in competitie waren, woelden 's nachts vaak in hun bed, wanhopig van de insomnia luisterend naar meditatieapps. Op zaterdagochtend gingen ze naar het park, rolden de gebedsmatjes uit, deden de oefeningen, terwijl even verderop de opgebrande Poolse orderpickers hun slaapmatjes juist oprolden – we zagen niet hoeveel we met elkaar gemeen hadden.

Ook ik wilde het niet zien: ik dacht dat de wereld was ingedeeld in winnaars en verliezers, die twee categorieën van een wereld waarin alles om competitie draait. En dat ik bij de winnaars hoorde.

Misschien had ik deze test moeten doen:

Werkte ik lange dagen, soms tien of twaalf uur, vaak in de avonduren en weekenden, doorgaans onbetaald? Check.

Had ik lichamelijke klachten van mijn werk? Check.

Was het ongezond werk? Check. Weinig is zo slecht voor een lichaam als stress en slechte nachtrust.

Was het fysiek gevaarlijk? Ja, soms: als ik me in rellen begaf waar stenen rondvlogen, onverzekerd, zonder helm.

Kreeg ik minder betaald dan vaste medewerkers? Check. Volgens de calculator van de vakbond kreeg ik de helft van wat vaste medewerkers verdienden.

Kon ik elk moment gedumpt worden? Check. Dat was weleens gebeurd.

Zei ik dat ik zelf koos voor dit werk, dat ik er zo veel voor terugkreeg? Check.

Ik zag mijzelf als geprivilegieerd: eigen baas. En in deze tijd was iedereen zo'n ondernemer, ook wie niet stond ingeschreven bij de Kamer van Koophandel, ook wie niet rondzwierf als *digital nomad*: de belofte van individuele vrijheid had ons allemaal eigen baas gemaakt.

Dat verklaarde volgens sommigen ook waarom de opstand uitbleef. Als je je eigen baas bent, kun je alleen jezelf de schuld geven. De klassenstrijd was veranderd in een strijd tegen onszelf.

We waren te veel met onszelf bezig – maar we waren niet solidair met onszelf. We jutten zelf onze eigen lichamen op. Intussen bleven de schepen komen. De haven was de Grote Gangmaker. Je kon het ritme van de haven voelen in je lijf. De rugpijn, de oorsuizingen, onze gespannen monnikskapspier: we erkenden hun politieke boodschap niet.

Wie het tempo uit de tijd wilde halen, zou een stokje moeten steken in het raderwerk van de logistieke machine.

Een stok steken: daar kwam het woord staken vandaan. Maar wie beheerste de kunst van het niet-werken nog?

Omdat wij zelf niet staakten, deed ons lichaam dat maar. Burn-out: wilde staking van je lijf tegen de tijd.

Googelend in mijn hangmat stuitte ik op een vergeten pionier van het niet-werken, ene Bo Baden. Begin jaren tachtig richtte hij met twee andere werklozen de Nederlandse Bond Tegen Arbeidsethos (NBTA) op. Hun leus: 'Ontheilig de Arbeid, Leve de Luie Donder!' En zo heette ook hun clubblad, de *Luie Donder*.

Ze raakten een open zenuw. Nederland kende toen een half miljoen werklozen. De druk op de bijstand was enorm. Burgers kozen neoliberalen, de weg van het vierkante denken. Maar er was een andere keuze geweest, besefte ik nu.

Wat is eigenlijk het probleem van die werkloosheid, zei Baden, zie de bijstand gewoon als een basisinkomen! De leden van de NBTA schreven strooibiljetten en verspreidden posters met teksten als: 'Nederland heeft een pracht van een werkloosheid.' En: 'De bond vindt het de hoogste tijd door heel het land de gedachte te verbreiden dat het nog steeds heersende arbeidsethos – in het zweet uws aanschijns zult u werken en wie niet werkt zal niet eten – wordt afgelegd.'

Werkvrij, noemden ze zichzelf. De bewust werklozen waren eventjes heel populair, maar verdwenen van de radar toen de eisen van de bijstand werden aangescherpt.

Bo Baden was na zijn kortstondige roem in de 'spirituele hoek' terechtgekomen, zag ik. Inmiddels bestierde hij een webshop waarin hij zuigtabletten met vitamine B12 verkocht. Noodgedwongen ook een entrepreneur.

Maar hij was zijn oude idealen niet helemaal vergeten, bleek toen ik hem belde vanuit de hangmat.

We spraken lang over waarom lummelen ons niet was gelukt.

En de volgende dag spraken we nog eens.

We hadden het over de veronderstelling die diep in onze hoofden zit ingebakken dat je nog niet goed genoeg bent als mens, niet af. Dat je moet opklimmen op een ladder die nooit eindigt. 'En dat terwijl je er nu al bent!' zei Baden.

Toen vertelde hij iets wat mijn ogen opende. In zijn tijd als 'bewust werkloze' was hij juist geen luilak geweest. Hij was ontzettend druk geweest, maar met plezierige, zinvolle dingen. Hetzelfde gold voor al die andere werkvrijen: de een was een crèche aan het opzetten, iemand anders een drukkerij of atelier. Onbetaald werk, maar betekenisvol, bezield.

Ah, dacht ik, het alternatief van de ratrace was dus niet: berustend niksen in je hangmat. Het alternatief was: in actie komen. Niet het beste uit mijzelf, maar uit de mensen om me heen. De buren helpen een tuin aan te leggen, de straat op gaan. Hoe bevrijdend zou dat zijn! Dan hoefde ik het niet langer te doen met mijn eigen afgemeten leven, de eenzaamheid zou verdwijnen en ik kreeg er ontelbare levens bij.

Maar dat deed ik niet. Ik maakte driftig aantekeningen, klom uit de hangmat, kroop achter mijn scherm en haalde met bloeddoorlopen ogen mijn deadline. Ik schreef een zwierig stuk over de DeskCube, maar ik had niet eens door wie ik zelf geworden was: een man met een doos over zijn hoofd.

25

STRAATPOLITIEK VAN JONGENS OP NIKES

Een politiehelikopter cirkelde boven Rotterdam-Zuid, de lichtkegel tastte haast wanhopig in het rond. Beneden in het duister gebeurde er te veel tegelijk. Aan de Groene Hilledijk gooiden jongeren de ruiten in van een sportvoedingzaak. Op de Beijerlandselaan waren jongens een supermarkt aan het plunderen. Om de hoek, op de Putselaan, stond een bestelbusje in de brand. De lichtkegel van de helikopter zwiepte door de straat, vlak langs twee mannen naast mij op de stoep: ze tilden een bankstel op en legden het op een vuurtje. Van alle kanten klonken sirenes en doffe knallen. Er reed een politiebus de straat in. '*Fuck the police!*' riepen de mannen naast me, 'kankerjoden!' Een bierflesje spatte kapot tegen de ruit, de politie reed door. De straat was vanavond de baas.

Het was een maandagavond in de eerste winter van de pandemie. Scholen en winkels waren gesloten, vaccins zaten nog niet in de bovenarmen, ic's lagen overvol, de zwartste scenario's gingen rond. Een paar dagen eerder was de avondklok ingegaan: Nederlanders mochten na negen uur 's avonds niet meer de straat op. Een groot deel van hen vond dat geen groot offer, bijvoorbeeld omdat ze 's avonds toch al thuis op de bank zaten achter het vierkante blauwwitte licht van telefoon of televisie. Maar op verschillende plaatsen in het land braken rellen uit. Ook in Rotterdam. Op sociale media als Telegram waren oproepen rondgegaan: kom vanavond naar de 'maccie' – de McDonald's – op de Beijerlandselaan. Daar gaan we *herres* en *rwina* zetten. Straattaal voor: chaos trappen.

En chaos werd het. Honderden kinderen en jongvolwassenen negeerden de avondklok en verzamelden zich op de Beijerlandselaan, een winkelstraat in een van de armste buurten van Nederland, vlak naast de Tweebosbuurt in de Afrikaanderwijk. Jaren eerder had ik er met Ahmed rondgefietst: hij had me toen laten zien hoe hier nieuwe winkels kwamen, te duur voor de mensen die er woonden. Maar die nacht leek alles gratis. Jongeren plunderden, bekogelden de politie met grote stenen en zwaar vuurwerk. Ze sloopten de Zeeman, de Dirk, de KFC, een Esso-tankstation, een politiebureau. Ze sloopten een straatkunstwerk getiteld Rust in de reuring. En ze roofden de Body Muscles leeg – een winkel voor spierversterkende supplementen en testosteronboosters. De pelotonscommandant van de ME noteerde die avond in zijn proces-verbaal dat hij in vijfentwintig jaar niet eerder zo'n woede had gezien.

Ik had het verloop van de rellen eerst een poosje gevolgd via het raam van mijn telefoon. En toen was ik er zelf heen gefietst. Mijn fiets had ik geparkeerd aan de rand van de Tweebosbuurt, niet ver van de plek waar ik een jaar eerder de ontruiming van een kraakpand had gezien. Net als toen hingen er helikopters boven de wijk, maar ditmaal was de chaos veel groter. In de stad waar je nauwelijks een vuurtje mocht stoken, stond nu van alles in de fik. En te midden van die vuren bleven de bezorgdiensten vrolijk doorfietsen met hun oranje of felgroene vierkante rugtassen.

Ik wilde een foto maken van de mannen die het bankstel op het vuur tilden, maar liet mijn mobiel weer zakken toen eentje me aankeek. Het voelde alsof ik oogcontact had gemaakt met de kantelende tijdgeest. Ja, dit was rwina, chaos.

Ik voelde me niet senang hier en hield het gauw weer voor gezien. Thuis kroop ik weer achter mijn veilige telefoon. 'Een déjà vu', appte ik een Amerikaanse vriend. Het straatbeeld leek sterk op de rellen die ik in augustus 2014 had meegemaakt in Ferguson, Missouri. Die hadden een heel andere aanleiding, een witte agent die een zwarte tiener had doodgeschoten. Maar er school een heel kruitvat van jaren, zo niet decennia, aan onbehagen achter. Als ik daarvan iets had geleerd: staar je niet blind op die ene vonk; vraag je af waar al dat kruit vandaan komt. Want rellen, Martin Luther King zei het al, verschijnen nooit uit het niets.

Dat gold waarschijnlijk ook voor de woede die ik net had waargenomen. Het leek me geen toeval dat de rellen uitbraken juist op de plek waar volksbuurten werden gesloopt, waar sociale voorzieningen werden weggesneden, waar – zoals Ahmed dat had beschreven – de samenleving werd gesloopt.

Was het heel wonderlijk dat de jongeren daar nu ook waren gaan slopen?

Op Instagram plaatste ik een foto die ik net had genomen: het silhouet van een relschopper, met opgeheven vuist achter een vlammenzee. Ik tikte er gauw wat zinnen bij, een behoorlijk genuanceerd bericht, over de noodzaak van het begrijpen van de woede. De exacte tekst ben ik kwijt, want ik had mijn bericht nauwelijks geplaatst, of het was opeens verdwenen. 'In strijd met de richtlijnen van de community', zei de robot van Instagram. Als ik het daar niet mee eens was, kon ik op een link klikken.

Toen ik dat deed, kreeg ik binnen enkele seconden het bericht dat de foto 'permanent' was verwijderd vanwege 'haatdragende taal'. De computer zag alleen de woorden 'kankerjoden' en 'fuck the police', niet de context. Later zou ik nog een langer verweerschrift schrijven – als schrijver vond ik het een principekwestie – maar ook in hoger beroep zei de kunstmatige intelligentie direct 'nee'.

Die starre, automatische reactie was exemplarisch voor hoe de samenleving op de rellen zou reageren. Niet alleen de computers, maar ook de mensen.

'Het zijn gewoon een stelletje plunderaars en dieven, ik kan het niet anders typeren', zei burgemeester Ahmed Aboutaleb na de rellen bij talkshow *Jinek*. Premier Mark Rutte bezocht de Haagse Schilderswijk en omschreef de relschoppers voor de NOS-camera eenvoudigweg als misdadigers: 'Dit is crimineel gedrag en dan gaan we niet zoeken naar diepe sociologische betekenissen of oorzaken. Crimineel gedrag, daar hebben we de politie voor, die doen fantastisch werk.'

De relschoppers werden weggezet als criminelen of vandalen die uit pure verveling hun slag hadden geslagen. Die typeringen leken me in strijd met de oproepen die waren rondgegaan op Telegram. Hoe opruiend ook, ze gaven blijk van méér dan ongerichte sloopdrift. De rellen hadden een duidelijke aanleiding ('fuck de avondklok') en een heldere tegenstander, namelijk de overheid ('dit is geen dictatuur land!!!!').

Ongetwijfeld speelde verveling een rol. Maar verveling kwam niet uit het niets, verveling heeft ook politieke oorzaken. Waar jongerencentra verdwenen, gingen jongeren op straat hangen, dat was in Rotterdam-Zuid al eens gebleken. En daar waar jongeren gingen rondhangen, werden ze weggejaagd: de gemeente Rotterdam was kort voor de rellen een experiment gestart om hangjongeren te verjagen met een vernieuwde, 'slimme' versie van de Mosquito, een apparaatje dat een hoge zoemtoon uitzond die alleen voor jongeren hoorbaar was.

In deze wijken gold op veel plekken al een samenschoolverbod vóór de pandemie. En als die jongeren dan maar door de wijk zwierven, zagen ze hoe de gemeente de Beijerlandselaan en het verlengde ervan opknapte: duurdere winkels, nieuwe kunstwerken, alles werd mooier, maar niet per se voor hen. Niet voor de zonen uit gezinnen die opgejaagd waren door de bijstandsinstanties en de Belastingdienst, zonen die te weinig naar de tandarts gingen, omdat hun ouders hun eigen mondzorg niet konden betalen (met rotte gebitten tot gevolg, zoals de Rotterdamse huisarts Michelle van Tongerloo constateerde); zonen van ouders die gemiddeld acht jaar eerder zouden overlijden dan in welvarender stadsdelen.

Pas nu ze een sta-in-de-weg vormden, zagen we ze echt staan.

De ochtend na de rellen fietste ik weer naar die straat. Vrijwilligers van de naburige moskee hielpen winkeliers bij het opruimen van de rotzooi. Een ontroerend beeld. Deze puinruimers werden later de hemel in geprezen in de media. Net als de mensen van Stadsbeheer, de vuilnisdienst.

Maar later dacht ik: de schoonmakers werden op het schild gehesen omdat ze van de gesloopte stad weer gauw een gepolijste stad maakten. Zodat we onze kop in het zand konden steken. En verder winkelen.

Voor de relschoppers was er geen genade. In een filmpje van *De Telegraaf* zei een Rotterdammer dat die relschoppers 'aan hun achterpoten' moesten worden 'opgehangen'. Zo ver gingen politie en justitie natuurlijk niet, maar ze jaagden op de verdachten alsof ze vuurwapengevaarlijk waren. Gezichten van verdachten, soms nog kinderen, werden vertoond op grote digitale schermen in Rotterdam. Bij het Centraal Station, langs de A16, bij de Van Brienenoordbrug, bij winkelcentrum Zuidplein.

Vanwaar die klopjacht als dit 'gewoon een stelletje plunderaars en dieven' waren? Gewone dieven kregen nooit zulke digitale *wanted*-posters. Kennelijk waren deze jongens gevaarlijker, dacht ik, hadden ze hun angels precies op de gevoelige plek gestoken. Aan de materiële schade van de rellen kon de heftige reactie niet liggen, leek me. Die was heus niet mals – naar schatting 250.000 tot 300.000 euro – maar op een doorsnee oudejaarsavond in Rotterdam werd algauw bijna het dubbele aan schade aangericht.

Sterker nog, gemiddeld werden er in Rotterdam vijf auto's vernield – per dag. Erg genoeg, maar het geweld was dus veel normaler, veel Rotterdamser, dan menigeen wilde zien. En juist omdat de woede kennelijk zo diep zat, als een refrein was geworden, zou je toch willen begrijpen waar die vandaan kwam?

Vier dagen na de rellen vond er al een supersnelrechtzitting plaats, een flitsrechtszaak om een voorbeeld te stellen. Een 25-jarige timmerman uit een voorstad van Rotterdam stond terecht. Tijdens het oproer had hij een zakje M&M's, een pet en wat viltstiften gestolen uit de Zeeman. Totale waarde van de buit: minder dan tien euro.

Maar 'de burgers in Rotterdam', zei de officier, vroegen 'om hard op te treden'. Want dit was niet zomaar jatten, dit was plunderen tijdens een soort oorlogssituatie. 'Het had best Aleppo kunnen zijn.' De timmerman kreeg een maand cel.

Toen ik dat berichtje las, dacht ik: wow, best lang voor een kruimeldief. En Aleppo – die vergelijking leek me zacht gezegd nogal wrang, al was het maar voor de Syriërs uit die platgebombardeerde stad.

In de weken die volgden, kwamen er nog meer relschoppers voor de rechter. Ik besloot de zaken te gaan volgen. De rechtbank Rotterdam is gevestigd in een grijze kubus aan de voet van de Erasmusbrug, niet ver van het epicentrum van de rellen. Ik was er één keer eerder geweest: toen de bewoners van de Tweebosbuurt een zaak begonnen waren tegen de sloop van hun wijk. Ik had voor de zekerheid mijn netste schoenen aangetrokken, niet mijn Nikes, maar glimmende, leren Van Bommels van 259 euro. Geen slechte keuze, ontdekte ik later.

In de rechtbank zag ik drie soorten schoenen. Ten eerste de zware politielaarzen van de beveiligers en van de agenten die verdachten naar binnen brachten; ten tweede de nette heren- of damesschoenen van de rechters, de advocaten en de officier van justitie (en van de koning op de staatsiefoto); en tot slot: Nike-sneakers.

Die Nikes waren meestal egaal wit of egaal zwart. Het konden klassieke Nike Air Max zijn of de Air Force 1. Soms kwamen ze vers uit de doos, leek het, soms waren ze juist afgetrapt, met loslatende lijm en huilende kieren.

Maar in welke staat ze ook verkeerden: de Nikes waren in de rechtszaal nooit ontspannen. Ze wipten op een beat van gierende zenuwen. Ze zaten strak vastgeklemd onder de poten van het beklaagdenstoeltje.

De Nike-dragers zaten vaak voorovergebogen over tafeltjes, met hun gezichten verstopt in de spelonk van een hoody, alsof ze door de tafel wilden zakken, door de grond, om daar gauw de metro te pakken: naar huis, naar mama.

Heel af en toe zag je Nikes ogenschijnlijk cool op het tapijt liggen. Maar zelfs dan gold dat die sneakers in de rechtszaal nooit écht lekker zaten. De zolen misten de straat, leek het. En bovendien gold hier de wet: wie Nikes draagt, is vaak de sjaak.

In totaal zou ik twaalf zaken bijwonen. Plunderaars en stenengooiers, geen echt grote boeven, sommigen hadden alleen wat snoep gestolen of een trap tegen een kliko uitgedeeld. En toch draaiden ook de kruimelaars soms weken de cel in.

Zoals bij de eerste zaken die ik bijwoonde, op een woensdagmiddag. Er stonden twee relschoppers terecht, jongens uit de buurt van de Beijerlandselaan, negentien en twintig jaar oud. De rechter vroeg of ze liever met 'je' of met 'u' wilden worden aangesproken.

De eerste, van negentien, stond terecht voor het plunderen van de Dirk, Kruidvat en Body Muscles. Hij kwam de rechtszaal binnen op witte Nikes, rechtstreeks uit de gevangenis waar hij al weken vastzat. Zijn vader had een uitkering, zijn moeder was vrijwilliger bij een basisschool, zelf werkte hij als pakketbezorger bij DHL. Die baan was hij nu kwijt, zijn schooljaar op het mbo leek verloren. Elke keer als hij z'n ouders aan de telefoon had vanuit de penitentiaire inrichting, kreeg hij een donderpreek.

Hij was in de rellen verzeild geraakt, vertelde hij de rechter, omdat hij met zijn bezorgbusje geen kant meer op kon. Toen was hij maar de straat op gegaan. Zag dat de Dirk al kort en klein geslagen was. Liep even naar binnen. Nam een sleutelhanger mee. Hij had nog getrapt tegen glas dat al kapot was, een steen gegooid bij de Kruidvat. Verder had hij nog wat gepakt bij de Body Muscles: twee potten met spierversterkende voedingssupplementen.

De officier van justitie herhaalde dat de rellen wel een 'oorlogssituatie' leken (geen Aleppo-vergelijking dit keer). De rechter vond alleen taakstraf veel te weinig. De man kreeg zeven weken cel plus tweehonderd uur taakstraf. Een vordering van Kruidvat van tienduizend euro werd afgewezen.

Minder gelukkig was de volgende klant, een plunderaar van twintig jaar in een grijs joggingpak, op afgetrapte Nikes. Hij woonde met vier jongere broertjes bij zijn ouders in de Millinxbuurt, een van de armste buurten van Nederland. Zijn moeder was er ook, beige jas, zwarte hoofddoek. Ook hij werkte als bezorger: hij had een flexbaan bij Uber Eats. Het geld dat hij ermee verdiende, spaarde hij op om te speculeren op de wisselkoersen van de euro.

De rechter deed wat badinerend over die labiele inkomstenbron. En vroeg daarna wat de jongen bezield had om het Esso-tankstation te plunderen en geweld te plegen tegen een politiebureau.

'Ik liet me meesleuren, ben zo dom geweest', zei hij nu. Hij had het over 'sensatie zoeken', 'groepsdruk' en een 'beetje chaos trappen'. Hij was dat tankstation als eerste in gegaan, maar was daarna ook als eerste buiten, voor het er echt losging. Bij het naar buiten gaan had hij 'van schrik' twee zakjes drop meegegrist. En ja, hij had tegen de ruiten getrapt van dat leegstaande politiebureau. De volgende dag had hij spijt en het opgebiecht aan zijn moeder. Hij had zich later zelf bij de politie gemeld toen hij op camerabeelden te zien was.

'Hij zit tussen criminelen, maar hij is geen crimineel', zei de advocaat. Ook de officier van justitie, een man voorbij de pensioengerechtigde leeftijd, vond hem geen doorgewinterde boef. Hij sprak hem bijna vaderlijk toe. 'In de kern ben je een beste jongen', zei hij, 'ik weet zeker dat je moeder je hartstikke lief vindt.' Maar toch was hij ook 'de klos'. De officier vergeleek het beroven van de Esso met 'een sprinkhanenplaag'. En zijn strafeis was niet mals: vier maanden cel (waarvan twee voorwaardelijk) plus tweehonderd uur taakstraf.

De rechter vroeg of de verdachte het filmpje had gezien dat burgemeester Aboutaleb had opgenomen, een dag na de rellen, vanaf de stoep van de Beijerlandselaan. 'Heb je een goed gevoel dat je de stad naar de vernieling hebt geholpen?' zei de burgemeester daarin.

De rechter: 'Dat filmpje legt precies de vinger op de zere plek, waarom dit zo verschrikkelijk is.' Juist dat de man z'n eigen wijk kapot had gemaakt: dat was zo erg. 'Het enige wat zo'n buurt vooruithelpt, zijn de winkels.'

De rechter ging mee met de strafeis van de officier: twee maanden cel. Waarvan de verdachte dus al een paar weken had volbracht. Daarna wachtte hem nog een werkstraf. 'Dan weet je vast wat dat is, een baan', zei de rechter erbij. En toen kwam pas de grote klapper: hij moest een schadevergoeding betalen voor de vernieling van het politiebureau. Alle schade, ook al kende hij veel van die andere jongens niet eens. Groepsaansprakelijkheid. Een vordering van 20.764 euro.

En dan mochten deze jongens zich nog in de 'handjes wrijven', vertelde de officier van justitie tussen de twee zaken door. 'We hebben met elkaar besloten dat het strafrecht als instrument om de orde te handhaven weer een beetje terug in zijn hok mag.'

Toen ik de rechtbank uit liep was het stralend weer, maar in mijn hoofd donderde het. In hun handjes wrijven? Ik zag twee levens die bijkans in de knop geknakt waren. Jongens van Zuid, op oude Nikes, uit bijstandsgezinnen of daaromtrent. Schoon strafblad. Als ze nou een flatscreen uit de Mediamarkt hadden geplunderd. Maar zakjes drop! Hartstikke fout, natuurlijk. Maar was die pandemie geen verzachtende omstandigheid? Hadden niet juist jongeren het zwaar?

Nog geen week vóór de rellen had de NOS aan jongeren gevraagd hoe het met hen ging tijdens de lockdowns. Liefst één op de drie van de negenduizend ondervraagde jongeren gaf het leven een onvoldoende als rapportcijfer. De 15-jarige Fatima omschreef haar leven zo: 'Het voelt alsof je alleen bent in een doos en die gaat maar niet open.'

Die doos moest al helemaal benauwend zijn voor jongens uit bijstandsgezinnen in kleine bovenwoningen zonder balkon. Die nu niet naar school, werk of voetbal konden gaan. Een kennis, een Marokkaans-Nederlandse vrouw die op Zuid woont, vertelde hoe haar tienerzoon steeds werd weggestuurd bij pleintjes als hij wilde voetballen. Op een zaterdag ging hij om acht uur 's ochtends naar buiten. 'Wat ga je doen?' vroeg ze. 'Voetballen', zei hij. Hij hoopte dat hij zó vroeg niet zou worden weggestuurd. Maar dat gebeurde toch. Daarna zat hij depri op de bank. 'Toen brak mijn moederhart', zei ze. Vrienden van haar zoon kregen boetes voor 'samenscholing': ze zaten te dicht naast elkaar op een bankje. Geen waarschuwing, maar bám, meteen een bon.

Oké, dat waren anekdotes. Maar *Vrij Nederland* becijferde dat de politie in onder meer Rotterdam meer coronaboetes uitdeelde in wijken waar veel mensen woonden met een niet-westerse migratieachtergrond. Niet voor niets smeulde de onvrede in die wijken al langer. Ook in de zomer was er al even gereld op Zuid. Een generale repetitie die een waarschuwing had moeten zijn. En toen kwam die avondklok die het laatste beetje vrijheid bij die jongens wegnam. En ja, toen sloegen bij sómmigen de stoppen echt door. Je hoefde het niet goed te keuren om het te begrijpen.

Het wonderlijke was: de rechter had uitgebreid stilgestaan bij de heftige omstandigheden in de buurten op Rotterdam-Zuid. Hij schetste straten met 'grote gezinnen, in kleine huizen, veel drugshandel, veel verschillende nationaliteiten, daar gebeuren echt de ellendigste dingen'. Dat 'verschillende nationaliteiten' zette hij in het rijtje met slechte zaken. Maar hij gaf tenminste een aanzet van de sociologische verdieping waar ik, in tegenstelling tot de premier, zo op had gehoopt. Deze jongens kwamen uit buurten die al kapot waren vóórdat de rellen waren begonnen.

Maar tot mijn verbazing zag de rechter die zware omstandigheden niet als verzachtend; hij draaide het om: hij rekende het de jongens juist éxtra aan dat ze gereld hadden in een toch al arme, kwetsbare wijk, tijdens een toch al zware tijd.

De jongens werden dubbel gestraft, leek me. En iedereen wist toch dat een Marokkaans-Rotterdamse jongen ook zonder strafblad en zonder schuldenlast al minder kans had op een baan of een huis? Was het trouwens toeval, bedacht ik, dat iedereen in de zaal wit was, behalve de verdachte? Van de rechters, de officier, de advocaten tot de journalisten? Nee, natuurlijk niet.

Ik besloot meer relschopperszaken bij te wonen. Opnieuw begreep ik er weinig van, maar nu omdat de rechters poeslief waren. Bij de laatste zittingen had de oorlogsstemming zelfs plaatsgemaakt voor de jolige sfeer van de laatste schooldagen van het jaar. 'U woont hier vlak bij de rechtbank in Rotterdam-Zuid', zei een rechter tijdens een zitting bijvoorbeeld tegen een verdachte. 'Op een steenworp afstand – snapt u het grapje?'

Misschien kon die meligheid ontstaan omdat de echte zware jongens de dans waren ontsprongen en niet voor de rechter kwamen. Die waren tijdens de rellen zo slim geweest hun gezicht te bedekken met sjaals en mondkapjes, op de camerabeelden bleven ze anoniem: ze konden niet gekoppeld worden aan misdrijven.

'We pakken alleen de sukkels', zei de officier van justitie op een gegeven moment tegen de aanwezige pers.

Veel verdachten vond ik inderdaad meelijwekkend. Zo was er een zaak tegen een 'opruier'. Ter zitting verscheen een verstandelijk beperkte man van zesentwintig. Hij had de basisschool niet afgerond, had desondanks een baantje als monteur weten te vinden, dat zijn ziel en zaligheid was. Hij trilde en beefde. De rechter bood hem een glas water aan, dat hij afsloeg, vanwege de ramadan.

Hij was niet eens bij de rellen geweest; wel had hij op Facebook op de 'delen'-knop gedrukt bij een al honderden keren gedeelde oproep om 'rwina te zetten'. En nu stond hij voor de rechter vanwege 'opruiing'. 'Ik vind het heel erg, ik heb er zelfs bijna zelfmoord voor gepleegd.'

Deze man kreeg slechts een voorwaardelijke taakstraf van twintig uur.

De meeste relschoppers leken me al genoeg gestraft door hun arrestatie zelf. Ik hoorde van een moeder die haar zoon, die in hechtenis zat in Detentiecentrum Rotterdam, elke dag kwam 'bezoeken': ze had ontdekt dat als ze op een verhoging ging staan buiten de gevangenis, ze naar zijn raam kon zwaaien. Haar zoon werd later in de buurt herkend van de rechtbanktekeningen. Ze plaagden hem ermee dat hij op de zitting had gehuild.

Zo zocht ik elke week op de 'rol', zoals de agenda van de rechtbank heet, naar nieuwe relschoppersrechtszaken. Dan moest ik door allerlei digitale mappen bladeren en kwam ik allerlei zware verdenkingen tegen. Mogelijke drugscriminelen, verkrachters, mensensmokkelaars, IS-terroristen.

Te midden van die grote misdaden staken de daden van de relschoppers wat bleekjes af. Alle relschoppers waren man, velen hadden een smetteloos verleden zonder strafblad. De meesten kwamen van Rotterdam-Zuid. Ze droegen allemaal namen als Ahmed, Ibrahim, Khalil, op één na, die Mike heette.

Relschoppers waren ze, maar in het dagelijks leven werkten ze in de logistiek, de haven, de bouw, de energiesector. Het waren bezorgers, heiers, monteurs van cv-ketels. Ze studeerden voor heftruckchauffeur in de haven, doktersassistent of deden vwo-eindexamen. Zonder jongens als zij zou het land stilvallen. Geen schepen in de haven. Geen eten thuis bezorgd.

Geen verwarmde huizen. En ja, sommigen hadden miezerige flexbaantjes, maar dat zei misschien meer iets over de Nederlandse economie.

Je zou ze eerder kunnen typeren als hardwerkende jongemannen, die in de armste wijken van Nederland, ondanks zware omstandigheden – verstoorde band met ouders, discriminatie, coronastress – het beste van hun leven probeerden te maken.

Ze deden me denken aan de havenarbeiders die vroeger op Zuid woonden. De macht van het legendarische legioen leek al lang gebroken, toch was dat oude vuur hier opgeflakkerd. Een wilde staking. Veel te wild. En dat vuur was veel te letterlijk opgeflakkerd, natuurlijk; maar ze waren anders dan ik tenminste in opstand gekomen.

Ik had stiekem gehoopt dat er op zijn minst één relschopper zou opstaan en zou zeggen: 'Edelachtbare, meneer, mevrouw de rechter, ik beken het maar meteen: ik heb inderdaad een steen gegooid naar een politieauto, ik had het nooit moeten doen, het spijt me zeer. Ik kan alleen maar zeggen dat ik het deed uit een al jaren sluimerende onvrede. Onvrede over de chaos bij de jeugdzorg, de bezuinigingen op de psychiatrie en over het plunderen van de stad door Amerikaanse beleggers; onvrede over de groeiende ongelijkheid, de uitbuiting van uitzendbureaus, het steeds weer opduikende racisme bij de politie, het wegbezuinigen van wijkagenten, de kille jacht op bijstandsgezinnen, het faciliteren van belastingontduiking voor multinationals, de torenhoge huizenprijzen, de alsmaar voortjakkerende economie, de toeslagenaffaire, de overheid die niet langer haar eigen burgers hoedt – ik gooide die maandagavond een steen, edelachtbare, naar de liefdeloze geest van de efficiëntie die heel de samenleving ondermijnt, de geest die niet alleen mij in het nauw dreef, maar die u ook voelt, want ook rechters moeten steeds sneller uitspraken doen, alsof "snel" en "recht" zouden samengaan. Ik gooide die steen ook voor u, ja – hoe ongeloofwaardig dat ook moge klinken uit mijn mond. En nogmaals, het spijt me uit de grond van mijn hart.'

Maar de verdachten zeiden dingen als:

'Ik was gewoon dom, ik had daar niet moeten zijn.'

'Ik kwam een groep jongens tegen die ik helemaal niet ken, die me onder druk zetten.'

De relschoppers sloegen hun eigen rellen plat. Niemand kwam met sociologische verhandelingen.

Misschien omdat de jongens hun frustraties niet goed konden verwoorden, misschien omdat hun advocaten hen hadden geïnstrueerd om vooral 'sorry' te zeggen en beterschap te beloven. Soms zag je de advocaat vlak voor de zitting samen met de cliënt het script repeteren: 'En dan vraagt de rechter waarschijnlijk... en dan zeg jij zus en zo... en dan kom je vast sympathiek over.'

Héél soms veerde ik op. Zo was er een 26-jarige man in een rood trainingsjack met hoody. 'Ik heb de laatste tijd veel dingen meegemaakt', zei hij. Twee vrienden waren overleden, onder wie zijn beste vriend, die eens zijn leven had gered. Hij kon diens begrafenis niet bijwonen vanwege corona. En hij had slechte ervaringen met de politie, was eens hardhandig gearresteerd, per abuis, omdat hij vaag op de verdachte leek.

De rechter leek er niet echt in geïnteresseerd. Hij keek naar andere zaken. Bijvoorbeeld: had een verdachte spijt betuigd, ja of nee? Was hij een meeloper geweest, of juist een aanstichter? Had hij een plan met zijn leven, een baan, een studie? Kwam hij uit een goed gezin?

Als je familie in de zaal zat, kreeg je soms korting, zo leek het – alsof het niet juist zwaarder is als je het zonder die steun moet doen. Wie het leven in de *easy mode* speelde – met een goed netwerk, familie, baan – kreeg juist extra cadeaus.

Rechters bleken inderdaad geen computers, gelukkig niet. Maar we keken in de rechtbank wel heel veel naar computerschermpjes.

De politie beschikte over zo'n zesduizend filmpjes van het oproer. Die waren uitgeplozen door een speciaal politieteam van beeldspecialisten: mensen met een autismespectrumstoornis die getraind waren in het bestuderen van details, aldus het AD.

Ze identificeerden verdachten soms op basis van wat pixels: een detail op een trainingsbroek, een logo van Adidas of FC Barcelona. Dat bewijsmateriaal bekeken we in de rechtszaal, bij gedempt licht. Het werd een vreemde bioscoop, met wazige close-ups van capuchontruien en sneakers. Eén verdachte was zo stom om in de rechtszaal nog exact dezelfde opvallende Nike Air Force-sneakers te dragen als tijdens de rellen zelf. De officier van justitie hoefde maar te wijzen.

Rechters keken goed naar het individu: soms keken ze zelfs naar de dikte van wenkbrauwen en vergeleken die met pixels op een camerabeeld.

De context was zoek. Op den duur ging ik zelf ook maar op details focussen. Ik maakte schetsjes in mijn schrift van de kleding van verdachten. Ik tekende hun schoenen zo precies mogelijk na. Alsof ik zelf een stoornis had ontwikkeld. Een schoenenfetisj.

Van de twaalf verdachten die ik in totaal zag voorbijkomen, droegen er tien Nikes. Eén verdachte droeg New Balance-schoenen, maar die leken erg op de Nikes van de anderen.

Eén keer droeg juist de advocaat Nikes, van die hippe: wit met mintgroen en hakken die zo breed uitlopen dat het lijkt alsof ze op heet asfalt gesmolten zijn. Hij kreeg een standje van de officier omdat hij voor de tweede keer ter zitting verscheen zonder zijn cliënt, die was hij kwijt. Het bevestigde de vuistregel die ik had opgesteld: wie Nikes draagt, is de sjaak.

En oké, er was een verdachte die afweek: hij kwam op Dr. Martens de zaal binnen, zo'n veterlaars met dik stiksel. Een breedgeschouderde zwarte jongen van net achttien jaar, hij zat in 6 vwo. Hij had een pot voedingssupplementen van straat opgepakt ter waarde van zestig euro (ofwel 'een voltooide diefstal bij gelegenheid van oproer'). Na zijn examen, zo vertelde hij de rechter, wilde hij misschien rechten studeren.

De rechter gaf hem een taakstraf: zestig uur, waarvan veertig voorwaardelijk. Hij hoefde niet de cel in. Wederom geheel conform de wet van Nikes.

Fijn voor hem. Maar: hoe zat het dan met die kruimeldief van de allereerste snelrechtzitting? Hij had M&M's en een petje gejat, ter waarde van nog geen tientje, en kreeg een maand cel.

Hetzelfde vergrijp op precies dezelfde plek op precies hetzelfde moment. De strafmaat was in no time naar beneden gekukeld, als de koers van de bitcoin.

Nog zoiets: bij de eerste zittingen namen rechters nog woorden als 'oorlog' in de mond. Maar een paar maanden verder sprak een rechter al laconiek over 'die buurt waar het niet zo tof ging'.

Een rechter mag hogere straffen uitdelen als een vorm van ordehandhaving. Generale preventie, heette dat geloof ik – want ik had wel íéts geleerd. Toen de rust op straat eenmaal was weergekeerd, was afschrikken minder nodig. Logisch. Maar dat verklaarde niet het grote verschil tussen de straffen in de eerste zaken en de straffen een paar maanden later.

Ook mensen met meer kennis van het recht dan ikzelf viel het op. Zoals een zeer ervaren rechtbankverslaggever van RTV Rijnmond. Hij had in vijfentwintig jaar nog niet zo'n koersdaling meegemaakt. Zelfs de rechters, schreef hij in een commentaar, leken in het begin 'oververhit' te hebben gereageerd.

Als je rellen echt wilt voorkomen, moest je naar de woede luisteren. Want al wapperden relschoppers niet met pamfletten, toch was hun oproer een vorm van politiek. Straatpolitiek.

In enkele Brabantse steden waar net als in Rotterdam hevige

rellen waren geweest, was de nieuwsgierigheid er wel. Deze steden lieten onderzoek instellen naar de beweegredenen van de relschoppers. De wetenschappers constateerden onder meer dat bezuinigingen op sociale voorzieningen een rol speelden, naast een algemeen 'gevoel van onvrede onder mensen die zich door de overheid niet serieus genomen voelden'.

In Rotterdam was geen reflectie maar repressie – maar zelfs de celstraffen zouden niet afschrikken. Nog geen jaar na de avondklokrellen braken er veel heviger rellen uit in de stad. Weer in een winkelstraat, dichter bij het centrum: op de net geheel vernieuwde Coolsingel. Witte Feyenoordhooligans vochten er zij aan zij met Marokkaans-Rotterdamse hangjongeren. Ze dreven de politie zo in het nauw dat die zich genoodzaakt voelde met scherp te schieten, eerst ter waarschuwing, later gericht op relschoppers die hen aanvielen – voor zover ze konden richten in een kolkende menigte. Vijf mensen, onder wie ook mensen die aan de kant stonden te filmen, werden door de politiekogels geraakt.

En daarna klonk weer de roep: hard afstraffen. Nog harder.

Een paar maanden na de avondklokrechtszaken wandelde ik over de Beijerlandselaan. Het leven was er weer normaal – in alle krankzinnigheid van het moderne normale leven. De Kruidvat verkocht weer goedkope troep, de fastfoodtenten draaiden op volle toeren, in de nieuwe pui van de Body Muscles stonden weer stapels testosteronboosters. En de bezorgdiensten bleven doorfietsen.

'Boulevard op Zuid', zag ik op een bordje staan. Het was een voorschot op de upgrade die de Beijerlandselaan en de Groene Hilledijk zouden krijgen: meer groen, mooiere winkels, duurdere mensen.

Wandelend langs de etalages viel me iets op. Aan bijna elk winkelpand en aan bijna elk logo kleefde nog een onzichtbaar verhaal van plundering.

Daar had je de ABN Amro met zijn witwasfraude.

En hé, de Dirk – was dat niet de winkel die tijdens de pandemie recordwinsten boekte, maar waar het personeel in de distributiecentra juist toeslagen moest inleveren?

Het geplunderde Esso-tankstation, verderop, was dat niet van ExxonMobil, het bedrijf dat de planeet leegzoog?

De grote boeven gingen altijd vrijuit. De boeven op nette schoenen, de bazen van Amazon en Pfizer en Blackstone zouden nooit hoeven brommen. Ja, alleen de sukkels werden gepakt: jongens op Nikes, de gewone man.

Hé kijk, de Zeeman, die hadden ze ook beroofd – werden de kleren daar niet soms door kinderen gemaakt?

En daar de KFC, één ruit nog dichtgetimmerd – was er niet dat schandaal met legbatterijkippen die niet meer konden lopen?

Wacht, de Kruidvat – was die keten niet eigendom van een Chinees bedrijf dat van ons belastinggeld overheidssteun kreeg, maar dat het eigen personeel zo hard liet werken dat het in opstand was gekomen?

En even schoot de gedachte door me heen dat die jongens op Nikes een precisiebombardement hadden uitgevoerd op de echte plunderaars van onze tijd.

26

HET KRIJSEN VAN EEN MEEUW BOVEN DE STAD

De zee was kalm, de wind was matig tot zwak, de enige noemenswaardige golfslag kwam van de zeereuzen aan de horizon. Het was een goede dag om het paradijs te zoeken.

Mijn kajakvriend Jaco en ik waren vertrokken vanuit de Edisonbaai, een beschutte inham op de kop van de Maasvlakte, niet ver van snackbar Smickel-Inn Balkon van Europa. We peddelden over de Noordzee, dicht langs de kust van de Maasvlakte. Ons doel was een klein eiland dat op Google Maps stond vermeld als 'Zeehondeneiland De Beer'. Het lag vlak naast het Beerkanaal, de toegang tot de containerhavens.

Ik had een nieuwe kajak gekocht, geen opblaasboot dit keer, maar een zeewaardige vouwkajak. Mijn model was korter en plomper dan dat van Jaco, maar het principe was hetzelfde. Een set aluminium stokken die je in elkaar kon schuiven tot een ribbenkast, daaromheen een huid van pvc. In de steentijd peddelden hier, in de delta van de Rijn en de Maas, al vissers en jagers in vergelijkbare kano's, maar dan met wilgentenen als ribben en dierenvellen als scheepshuid.

We peddelden in het kielzog van de geschiedenis. Het voelde groots en nietig tegelijk. De schepen aan de horizon waren vierhonderd meter lang, honderd keer zo lang als mijn kajak: dat was de sprong die de mensheid had gemaakt. Hun golven tilden ons langzaam op en lieten ons traag weer zakken, ze waren veel makkelijker te pareren dan de venijnige hekgolven van speedboten of watertaxi's in de stad.

De reuzen bleven keurig binnen de betonning van de Euro-Maasgeul: de zeshonderd meter brede greppel die over de bodem van de Noordzee liep, vanaf het Kanaal in Frankrijk tot aan de mond van de Maasvlakte. Over de hele zeebodem lag een onzichtbaar stelsel van zulke zeepaden. Wie de schepen volgde op live kaarten zoals MarineTraffic, zag hoe ze steeds dezelfde rondjes voeren tussen China en hier, hun bewegingen waren even houterig als de minischepen in

Madurodam die vastzaten op een onzichtbare rails.

Wij waren wendbaar en konden zelf onze bestemming kiezen. Zeehondeneiland De Beer was een reep land van vijfhonderd meter lang en honderd meter breed, het had ongeveer de vorm van mijn kano. Er was geen bebouwing; er woonden alleen vogels en zeehonden. De landstrook was losgekomen van het vasteland toen er een nieuw havenbekken was gegraven, de Nijlhaven, voor tankers met vloeibaar gas. Nu diende het eiland vooral als golfbreker en stootkussen voor die gashaven.

Ik was er al een paar keer langsgevaren, met de ferry van Hoek van Holland naar de Maasvlakte. De kapitein minderde dan meestal vaart, zodat hij de passagiers – toeristen veelal – kon wijzen op de zeehonden die lagen te zonnebaden op het strandje. De robben bewaakten de haveningang, zo leek het. Op de website van het Havenbedrijf werden ze opgevoerd als bewijs dat natuur en industrie best naast elkaar konden bestaan.

Er was zelfs een ambitieuze natuurfilm in de maak, mede gesponsord door het Havenbedrijf en door oliemaatschappijen met diezelfde boodschap. *Wild Port of Europe* heette de bioscoopfilm, ik had de trailer gezien: alsof hier de Biesbosch lag, in plaats van bijvoorbeeld de grootste kolenoverslag van Europa.

Het Beereiland oefende een bijzondere aantrekkingskracht op me uit, omdat dit het enige stukje Maasvlakte was waar echt geen mens kwam, ook geen robots trouwens. Na een uur peddelen langs de kromming van de Maasvlakte kregen we het eilandje in zicht. We vergewisten ons ervan dat er niet net een gastanker de Nijlhaven in draaide, en begonnen toen aan de oversteek. Na een sprint van vierhonderd meter kietelde er zeewier onder de kajakbodem. We hesen onze bootjes een eindje op de basaltblokken die om het eiland heen lagen.

Vrijwel zodra we het eiland betraden, stegen er overal zilvermeeuwen op. Boven het eilandje vormde zich een wolk van eerst tientallen en algauw honderden krijsende meeuwen. 'Kliau! Kliau!' klonk het vanuit de hemel. 'Kliau! Kliau!' Het verontruste krijsen klonk anders dan de kreten van de meeuwen wanneer ze in de stad vuilniszakken openrukten. Het was een alarmroep. Het broedseizoen was al voorbij, dat kon toch niet de reden zijn. Het klonk alsof ze voor het eerst mensen zagen.

We klommen in onze wetsuits omhoog tot we een pad bereikten dat zo te zien in een lus rond het eiland liep. Er was geen bebouwing, stonden geen bomen, ik zag alleen laag struikgewas: een steppe van een paar honderd meter lang. Op die steppe: wilde bloemen en onherkenbare stukken verroest ijzer. In de verte zagen we havenkranen en steenkoolbergen. Op het pad veel meeuwenbotjes.

We wandelden richting de zuidpunt.

De meeuwen waren nog niet opgehouden met krijsen. Ze zouden toch wat gewend moeten zijn. Ze broedden in het grootste industriële complex van Europa, er voeren 30.000 zeeschepen per jaar langs hun leefgebied. Waarom zo'n drama over twee kano's?

Onder die wolk van gekrijs wandelden we verder, tot we bij een bord kwamen, we hadden al vermoed wat erop stond:

VERBODEN TOEGANG

ART. 461 WETBOEK VAN STRAFRECHT

GELDT VOOR HET GEHELE EILAND

We poseerden even. Zo zijn mensen: selfie maken, vlag planten, landjeveroveren. De meeuwen leken het door te hebben, niet eerder had ik me zo onwelkom gevoeld in de natuur als nu. Het 'Kliau! Kliau!' klonk als 'Ga! Ga!' De witte, krijsende wolk hing nog steeds boven het eilandje en moest vanuit de verte te zien zijn – straks zouden niet alleen de vogels, maar ook mensen alarm slaan.

We bliezen de aftocht, al hadden we nog geen zeehond gezien.

Toen we wegpeddelden, schrok ik van een grote plons naast me. Een grijze snuit met snorharen en zwarte knikkerogen dook vlak naast de boot op. Even later verschenen er meer nieuwsgierige kopjes.

Pas later begreep ik waarom de meeuwen zo hadden gekrijst. Ze waren de laatste nakomelingen van een verdwenen paradijs.

De delta van de Rijn was ooit een van de vruchtbaarste riviervalleien op aarde. Zelfs in de negentiende eeuw nog strekte zich van Rotterdam tot aan zee een natte, groene strook uit van uiterwaarden, grienden, slikken, duinen en zandplaten. Rond 1900 werden er in het Rijnmondgebied elk jaar 175.000 zalmen gevangen; een veelvoud daarvan, miljoenen zalmen, zwom jaarlijks langs de stad.

Na de Tweede Wereldoorlog was de haven vanuit de stad naar de zee getrokken, als een trage lavastroom die alles vernietigde wat op zijn pad kwam. Tegenwoordig zou je een meerdaagse voettocht kunnen maken vanuit de stad naar zee, waarbij je dagenlang niets anders zag dan havenindustrie: raffinaderijen, gasopslagtanks en chemische fabrieken. Om uit te komen op de Maasvlakte.

Onderweg zou je dan de Maeslantkering tegenkomen, die wereldberoemde robot in de Nieuwe Waterweg. Twee computergestuurde armen, zo groot als Eiffeltorens, die alleen dichtklapten als dat echt nodig was. Briljant: de aorta van de haven kon openblijven en tóch was de stad beschermd tegen de stijgende zeespiegel. Het was een openhartoperatie zodat de patiënt kon doorgaan met roken.

De moderne kaart vertelde het verhaal van de haven: van groei, van een ramkoers.

Alleen oude kaarten getuigden van wat er vroeger lag. En zo was ik eens, via de magische website topotijdreis.nl, over die oude kaarten gaan wandelen. Vanuit mijn werkplek aan de Oude Haven naar de Maasvlakte. Mijn ogen gleden over de verdwenen namen. Kikkerhilsche Gorzen. Groote Gadering. Oude Koedood. Buitenland van Babberspolder. Godzijdankpolder.

Zo was ik ook gestuit op de naam van natuurreservaat De Beer. Het gebied droeg dezelfde naam als het eilandje waar ik naartoe was gepeddeld, maar het lag iets ten oosten ervan, daar waar nu de Europoort lag. En het was veel groter geweest. Het telde 1.300 hectare, ongeveer tweemaal Rottumerplaat, en bestond uit woeste stuifduinen, stelsels van kreken en geulen, kilometerslange stranden. Er bloeide blauwe zeedistel, zeewolfsmelk, parnassia; er leefden wezels en hermelijnen; het wemelde er van de zeldzame vlindersoorten; er broedden tienduizenden vogels, waaronder grote sterns. 'Een landschap van onvergetelijke bekoring', schreef de destijds beroemde natuurschrijver Jac. P. Thijsse in 1930 over De Beer.

En ik kreeg heimwee naar een plaats die ik nooit had bezocht. Ik was mede in Rotterdam komen wonen omdat de gemeente mij en andere kansrijken had verleid met plukjes groen: nieuwe perkjes, mooiere parkjes, meer gras tussen de tramrails. Maar hoeveel groen er ook was bij gekomen, hoeveel geveltuintjes er waren verschenen, het zou mijn gemis van echte wildernis niet wegnemen. En die kamerplanten in mijn hokje al evenmin: die getuigden juist van die natuurwee.

En nu bleek er dus een klein, wild waddeneiland te hebben gelegen, op fiets- en kanoafstand van mijn huis.

Ironisch genoeg begon de bloei van De Beer juist door havenwerkzaamheden na de aanleg van de Nieuwe Waterweg in 1872. Dat kanaal werd als een streep dwars door de duinen gegraven, om zo de Rijn te verbinden met de wereldzeeën. Het vrijgekomen zand, maar ook veel vruchtbare rivierklei, werd op De Beer gestort. Die ongemoeid gelaten hoek kon uitgroeien tot een woest, buitendijks natuurgebied. De duinen waren er geen zeeweringen, maar grillig, verbrokkeld en open. Na elke storm lag er een ander gebied, de duinen wandelden. Juist dat veranderlijke trok zeldzame vogelsoorten aan. Internationale vogelkenners begonnen te fluisteren dat hier iets zeldzaams was ontstaan.

In een tweedehands zaakje vond ik het boek *Het vogeleiland* uit 1930. Het leek een heilig boek: een zwart omslag met de titel in gouden letters. Boven de titel prijkte een goudomlijnde afbeelding van een stormmeeuw, broedend in de duinen. Het boek was geschreven door vier jongemannen van rond de twintig, onder wie Niko Tinbergen, de bioloog die later een Nobelprijs zou krijgen en beroemd werd met zijn onderzoek naar zilvermeeuwen. Tinbergen en zijn vrienden spendeerden vele seizoenen op De Beer. Ze kampeerden in de duinen, bouwden vogelkijkhutten van wrakhout, fotografeerden en bestudeerden de flora en fauna. Ze legden zich toe op 'het aandachtig waarnemen, langen tijd achtereen, van alles wat leeft'.

Ze beschreven ook hoe ze voor het eerst voet aan wal zetten op het vogeleiland. Dankzij het boek kon ik meewandelen. Na aankomst met een veerpontje liepen ze eerst langs een klein dennenbos, dan door een woud van vlierstruiken waar altijd schemerduister heerste, om dan opeens de felle schittering van de zee te zien: ''t Is zoo onverwacht en 't overweldigt ons.' Ze gingen het strand op. 'Verbijsterd', waren ze, door die 'wilde, ongerepte wijdheid van slik en strand, schorren en duin, niet beknibbeld en ingesloten door huizenbouw of wegenaanleg.'

Ze beschreven de binnenweiden, de biezenmoerassen, de duindoornvlakten, de vennen en de brakke plassen. Ze zagen stranden die soms groen-wit opbloeiden van naar honing geurende zeepostelein. Stranden waar juist een blauwige waas van zeedistels overheen hing, waarboven aardhommels zoemden. Ze zagen meeuwen die met bebloede snavels hakten in het karkas van een gestrande bruinvis. Ze hoorden het 'Kliau! Kliau!' van de zilvermeeuw, ze keken omhoog naar 'wolken opgeschrikte vogels, krijsschend en verontrust rondvliegend boven de vreemde indringers'.

Enkele jaren na de verschijning van *Het vogeleiland* werd De Beer tot natuurmonument verklaard. Maar nog geen dertig jaar later was het 'weergaloze' gebied alweer grotendeels verwoest, om plaats te maken voor raffinaderijen en ertsoverslag.

'Moeder de Beer wordt levend verbrand en begraven', kopte het *Algemeen Handelsblad* in 1963. De verslaggever noteerde hoe sleepgravers de met oranje bessen getooide duindoorns sloopten. Waarna de verwoeste jungle in brand werd gestoken. Het was de doodsteek voor 'een van West-Europa's beroemdste vogelreservaten', stelde de verslaggever. 'Op de plaats waar dit voorjaar nog bijna tweeduizend paren grote sterns nestelden, grommen nu de bulldozers. Grote hoeveelheden versleten autobanden worden aangevoerd om de brandoffers laaiend te houden. Woest springen de vlammen tegen stapels struikgewas op, mannen met hooivorken voeren steeds verse brandstof aan, blauwzwarte rookwolken kronkelen hels over wat eens een vogelparadijs was. [...] Ginds, op de heiige Maasvlakte, zijn twee cutterzuigers bezig kanalen in de ondiepe zeebodem te graven; de opgezogen grond wordt naar De Beer geleid en binnen afzienbare tijd zal het hele gebied onder een vijf meter dikke laag zand en blubber komen te liggen.'

In mijn schrijfpaleis aan de Oude Haven bladerde ik opnieuw door de zilveren glossy die de gemeente in 1969 publiceerde: het boek *Rotterdam-Europoort, natuurlijk*, benieuwd of daarin iets terug te vinden was van De Beer. Het fotoboek met de glimmende zilveren kaft, vol prachtige foto's van kranen, schepen en raffinaderijen was immers kort na dat 'levend verbranden' verschenen. De eerste olierampen waren al geweest, maar het boek was niettemin één grote lofzang op de haven, die een paar jaar eerder was uitgeroepen tot de grootste van de wereld. 'Steeds meer goederen haalt de spin in haar web', las ik. 'Steeds verder pompt de spin haar levenssappen in de Nederlandse en Europese industrie.'

Behalve die natuurlyriek repte het boek niet over levende wezens, laat staan over De Beer. Er was een dikke laag zand gestort, zowel over het natuurgebied als over de herinnering.

Dat De Beer daarna niet in de vergetelheid verdween, is voor een groot deel te danken aan milieukundige Ed Buijsman. Hij deed jarenlang als rijksambtenaar onderzoek naar luchtverontreiniging. Toen hij overwerkt raakte ging hij, bij wijze van hobby, vergeten natuurgebieden onderzoeken. Zo raakte hij in de ban van De Beer, waar hij zelf nooit was geweest. Buijsman dook als een detective in de archieven en na jarenlang onderzoek publiceerde hij in 2007 het boek *Een eersteklas landschap. De teloorgang van natuurmonument De Beer*. Het was zowel een gedetailleerde lofzang op het paradijs als een reconstructie van een moord.

De Beer was in de woorden van Buijsman namelijk 'geliquideerd' en dat was 'één van de grootste milieuschandalen van de afgelopen eeuw'.

Net als de stad zelf was het natuurgebied in feite twee keer gebombardeerd: één keer door de Duitsers en één keer door de haveneconomie. De Duitse bezetter stuurde de boswachter weg en legde er tijdens de Tweede Wereldoorlog een militaire stad aan met vele tientallen bunkers. Het natuurgebied werd een vestingstad, onderdeel van de Atlantikwall. Er kwamen bunkers, garages, een bioscoop en een feestzaal met een piano. Toen de boswachter na de oorlog terugkeerde, trof hij er een verwoest gebied aan. Maar hij liet het er niet bij zitten. Hij liet zand storten over de bunkers. Zo groeiden er duinen die hoger waren dan voorheen.

In de lente van 1950, midden in het broedseizoen, bezocht een verslaggever van *De Maasbode* het opgeleefde schiereiland. Op weg naar de kolonie grote sterns raakte de lucht bijna verduisterd door vogels: naast de sterns zwermden er kluten, grutto's, scholeksters, tureluurs, kokmeeuwen en visdieven. 'Duizenden blanke vleugels wapperen in de lucht en het getier van de vogels tezamen vormt een met niets te vergelijken machtig oergeluid; zelfs wie volkomen is versteedst, gewoon is zijn dagen door te brengen te midden van de asfaltsfeer, die er heerst tussen de hoge huizenblokken en in allen dele vervreemd is van de natuur, zal onder de indruk komen van het gracieuze beweeg van de ranke wieken en de kreten van het gevleugeld heirleger.'

Het vogelparadijs was uit de dood opgestaan. En algauw vonden tienduizenden bezoekers hun weg naar het gebied.

Maar al tijdens de oorlog waren er stemmen opgegaan om industrie te maken van het natuurgebied, net zoals zakenlieden al tijdens de oorlog droomden van een winkelhart in plaats van een binnenstad met huizen. De haven greep haar kans in 1956, bij het uitbreken van de Suezcrisis. Die geopolitieke ruzie tussen Egypte, Frankrijk en het Verenigd Koninkrijk had tot gevolg dat het Suezkanaal maandenlang dicht was. Olietankers moesten voortaan omvaren: vanuit de Perzische Golf, helemaal om Zuid-Afrika, naar Europa.

Die Suezcrisis leidde tot de geboorte van de mammoettankers: oliemaatschappijen lieten grotere tankerschepen bouwen, die weliswaar een lange omweg moesten maken, maar toch goedkoper bleken omdat ze meer mee konden nemen. De haven van Rotterdam wilde dé haven worden voor deze nieuwe generatie olietankers.

De toenmalige burgemeester Gerard van Walsum hield de bevolking een worst voor, beschrijft Ed Buijsman: de haven moest verder uitbreiden naar het westen, dan kon Rotterdam de nummer één oliehaven worden. Er zou ook plaats worden gemaakt voor hoogovens, de staalindustrie zou veel banen opleveren. De burgemeester sprak over de onvermijdelijkheid van 'de vooruitgang', over 'realiteitszin' en over 'internationale krachten', die onvoldoende werden onderkend door 'de gewone staatsburger'.

Weliswaar zou een stuk van De Beer verdwijnen, gaf de burgemeester toe, maar dat offer was noodzakelijk. En de verloren natuur zou worden gecompenseerd, beweerde hij. 'Welvaart', zei hij, 'gaat vóór welzijn.'

In 1958 verscheen het rapport *Grondslagen voor een ontwikkelingsplan van het haven- en industriegebied aan de Rijnmond*. 'Hoezeer ook dit dreigende verlies van "de Beer" voor ons land te betreuren zal zijn, gemeend wordt, dat de dwingende logica van de vorengeschetste ontwikkeling en het zeer grote nationale belang, daarmee wordt gediend.'

De beloofde 'compensatie' zou nooit komen. De hoogovens ook niet. Wel kreeg Rotterdam het grootste petrochemische complex van Europa.

Dat het paradijs moest verdwijnen, was inderdaad dwingende logica: van een haven die vóór alles ging. Schip moest varen.

Het verbaasde me dat zo'n prachtig gebied met een pennenstreek verdween. Zoiets moet je 'in de tijd zien', hoor je dan vaak. En inderdaad: er was na de oorlog grote behoefte aan werk, het land moest herbouwd, de milieubeweging was nog niet opgekomen, enzovoorts. Maar was er dan niemand die zich verzette?

Toch wel. De boswachter van De Beer, Wabe Korfmaker, een ongeletterde, eigenwijze Fries. Toen dat gebied verwoest werd, sprak hij tegenover het *Algemeen Handelsblad* met oprecht medelijden over de onwetende stadsmensen, die dachten dat ze 'de vooruitgang' hielpen. Ze wisten niet wat ze misliepen, zei hij, ze waren nog nooit – zoals hij bijna iedere ochtend – wakker geworden met het concert van letterlijk honderden nachtegalen. 'Ze beseffen zelf niet hoe hard ze dit nodig hebben, in welk een mooi paradijsje ze hier tot rust komen. Ze begrijpen niet wat het betekent als ze dit zouden moeten verliezen. En als ze het ontdekken, zal het te laat zijn.'

En tegen een verslaggever van de *Friese Koerier* zei de boswachter: 'Daar waar dieren en vogels niet kunnen leven, kan de mens zelf uiteindelijk ook niet bestaan.'

Korfmaker kwam op me over als een mysticus. 'Groen is het bloed der aarde', was zijn herhaalde waarschuwing. Het was die brede blik die hem zo verademend eigentijds maakte. En hij had de kantelende tijdgeest haarfijn voorvoeld.

De nieuwe mammoettankers waarvoor De Beer moest wijken, zouden ook voor een nieuw soort rampen zorgen: de massale olierampen. Ze leidden een nieuw milieubewustzijn in, ook in Rotterdam. Getuige bijvoorbeeld een verhaal van de jonge schrijver Maarten Biesheuvel. Hij was als tiener in de haven gaan werken, onder meer als schoonmaker van die mammoettankers. 'Het vieste, het smerigste en het meest onterende werk [...] dat door een mens gedaan kan worden', schreef hij in 1971 over zijn bijbaan. 'Nu kruip ik als een zwijn tussen de dubbele bodem van zo'n schip door en volgende week gaat het weer nieuwe olie halen. Eén zo'n mammoetschip hoeft op zee maar te breken of duizenden vogels en vissen vinden een gewisse dood.' Een jaar later, in 1972, verscheen het beroemde rapport *Grenzen aan de groei* van de Club van Rome. Het besef drong door dat de mens zichzelf vergiftigde.

En De Beer zorgde voor een postuum schokeffect: nooit meer zou een zo omvangrijk natuurgebied zo gemakkelijk van de kaart worden geveegd, concludeerde Buijsman in zijn boek uit 2007. Maar vijftien jaar later dacht hij daar iets anders over, vertelde hij toen ik hem thuis bezocht. Want er verdween nog steeds veel groen, alleen werd er nu een rookgordijn opgetrokken. 'Als er nu natuur verdwijnt, wordt er van alles opgetuigd. Inspraak, tafels met stakeholders, een heel circus. Zodat er een beeld kan ontstaan dat er een heel zorgvuldige afweging is gemaakt.'

En dat woord 'compensatie' bleef nog steeds opduiken. Terwijl De Beer dus nooit echt was gecompenseerd. Los daarvan vond hij dat hele idee van 'compensatie' een dwaze gedachte. 'Hoe stel je je dat dan voor? Hoe vervang je iets onvervangbaars?'

Na de Europoort groeide de haven verder. Tot aan de Tweede Maasvlakte. Weer dat verhaal: we moesten wel doorgroeien, want internationale concurrentie, want werkgelegenheid, want we kunnen compenseren. Maar ook de compensatie voor de Tweede Maasvlakte, aangelegd in beschermd natuurgebied, was tot op de dag van vandaag nog niet gerealiseerd.

En waarom zou de haven er haast mee hebben? Als je zelfs het paradijs kon inruilen voor een olieraffinaderij, dan was alles mogelijk.

In de Bijbel wordt het paradijs omschreven als het tweestromenland tussen de rivieren de Tigris en de Eufraat. Die rivieren bestaan nog steeds; vandaar dat er allerlei expedities zijn geweest om het paradijs op aarde terug te vinden, met weinig succes.

De zoektocht naar de restanten van De Beer zou een stuk makkelijker zijn, leek me. De precieze coördinaten stonden vermeld op een kaart in het boek van Buijsman. Op de plek waar De Beer lag, lagen nu de ertsoverslag, de sojahavens en stond de BP-raffinaderij.

Daar fietste ik op een zondagmiddag met Ahmed heen. Tijdens onze omzwervingen hadden we vrijwel de hele stad bezocht, behalve de Botlek en de Europoort.

We reden via Pernis en Rozenburg, de ontoeristische route, langs olieopslagtanks en gebergten van steenkool. Ze waren bedekt met witte laagjes, het was papierpulp, die het wegwaaien van kolengruis tegen moest gaan. Het leek alsof we tussen hopen cocaïne fietsten, het landschap van een zwaar verslaafde wereld. Het landschap van roofbouw.

De verslaving was in de zeventiende eeuw begonnen met die eerste fossiele brandstof: turf. Rondom Rotterdam lagen als getuigen nog de oude mijngebieden: de Bergse Plassen en ook de Kralingse Plas zijn eigenlijk verlaten mijngebieden, ooit ontstaan door turfwinning. Tegenwoordig lagen de wingebieden niet meer rond de stad, maar ver weg, in Rusland, Colombia, Brazilië, enzovoorts. Wereldwijd verdwenen er, als gevolg van oliewinning, sojaplantages en mijnbouw, overal bossen en wouden.

Omgerekend: elk dag verdween er twintig keer een natuurgebied ter grootte van De Beer.

Voor elke erts- of kolenheuvel die we hier passeerden, was er ergens een wond in de aardkorst geslagen, hadden kinderen in bloedmijnen staan werken. En die soja die werd overgeslagen, was een van de belangrijkste oorzaken van het verdwijnen van de regenwouden.

De haven was juist de grootste aanjager van de onleefbaarheid van de aarde. Intussen steeg de zeespiegel, braken er steeds vaker bosbranden uit: de aarde dreigde onherbergzaam te worden. Er dreigde een wooncrisis op planetaire schaal.

We fietsten langs de raffinaderij van BP, het voormalige hart van De Beer, en namen de Markweg, richting de ertsoverslag. En toen kwam ik voor de tweede keer die zomer tussen de meeuwen terecht. Alleen ze vlogen niet op. Het waren nu dode meeuwen. Ze lagen her en der op de weg, in de berm. Kale karkassen en nog gave lijkjes. Niet alle meeuwen waren dood; sommige hupten versuft rond. Andere staarden ons angstig aan, maar vlogen niet weg, kennelijk vleugellam.

Was er soms een giftige stof ontsnapt? De Europoort voelde als een vallei des doods, we fietsten door, maar de omgeving werd niet minder unheimisch. Opnieuw kwamen we langs hopen steenkool. En toen we die gepasseerd waren, bereikten we de ertsoverslag. Hier ontvouwde zich een landschap van oranje en smaragdgroene heuvels. Ook hier hupten meeuwen rond, met roestbruine en groene vegen op hun verenpak.

Thuis zocht ik naar een verklaring voor de dode en zieke vogels. Op de website van de haven van Rotterdam werd ik niet veel wijzer, ik las alleen dat aan het einde van de Markweg werd gebouwd aan een nieuwe sappenfabriek van Innocent, de Blender geheten: 'De Blender is een volledig co2 neutrale elektrische drankjesfabriek, waarin alles in het teken staat van duurzaamheid. De gloednieuwe fabriek creëert meer werkgelegenheid voor Rotterdam en haar omgeving met ruim 200 nieuwe arbeidsplaatsen.'

Ik mailde Norman Deans van Swelm, een in havenkringen beruchte activist en vogelkenner. Hij schreef terug dat de Markweg dwars door de grootste meeuwenkolonie van Europa loopt. De vogels die we hadden gezien, waren waarschijnlijk doodgereden. Dat gebeurde veel, maar werd verergerd door het bouwverkeer van de sappenfabriek. En die fabriek bleek helemaal niet zo 'innocent', maar eigendom van Coca-Cola; al jaren 's werelds grootste plasticvervuiler.

De meeuwen die we zagen, waren volgens Deans van Swelm nakomelingen van de meeuwen van de oude Beer. 'De meeuwen zullen opnieuw de prijs betalen', stelde hij.

Nu snapte ik beter waarom die alarmroep 'Kliau! Kliau!' had geklonken toen Jaco en ik het Beereiland betraden. De meeuwen daar waren de laatste vertegenwoordigers van een ongekende vogelrijkdom, ze verschansten zich op een van de laatste lapjes ongemoeid gelaten grond.

Daarom moesten we ook het verhaal van De Beer blijven opdiepen vanonder het zand. Als een tegenverhaal, over de werkelijke prijs die we betaalden voor onze welvaart, voor de groei; maar ook om een weg terug naar huis te vinden.

'Daar waar dieren en vogels niet kunnen leven, kan de mens zelf uiteindelijk ook niet bestaan', had Wabe Korfmaker gezegd.

De boswachter omschreef de vogels in interviews als zijn 'medeburgers'. De laatste jaren hoorde je die oproep vaker: geef de natuur een stem, geef rechten aan rivieren en bergen. Al het levende is lotsverbonden en al het levende viel alleen samen te redden via mateloze, onbeschaamde solidariteit.

Ik dacht aan de gifgrond die voor mijn geboortehuis had gelegen, op de plaats waar ooit de fabriek had gestaan. De aarde had er dezelfde kleur als de bergen in de Europoort: roestbruin, smaragdgroen. Binnen een paar jaar groeide er een bos. Kon het echt zo makkelijk gaan? Konden we leven zonder de haven?

Ja, het kon, als we eenvoudiger leefden. Ik had zelf zo geleefd en was gelukkig geweest: dit paradijs was niet onbereikbaar, de zinken emmer was een gids.

Een week later wandelde ik met een volle vuilniszak naar de container. Een zilvermeeuw had met de gele dolk van zijn snavel een vuilniszak opengepikt, het afval lag verspreid over de stoep. Deze bende was precies de reden waarom de gemeente hoge boetes uitdeelde voor wie een vuilniszak naast de container plaatste.

Ik dacht aan de broedende meeuw in de duinen op het omslag van *Het vogeleiland*. Je zou bijna vergeten dat meeuwen zeevogels zijn die het liefste vis eten. Dat er tegenwoordig in de grote steden zo veel zeevogels neerstreken, was omdat we hun natuurlijke leefgebieden hadden ontruimd. En ze pikten de zakken open, omdat wij meer kochten dan we eten konden.

Pokkenbeesten.

Medeburgers.

Elke krijs van een meeuw in de stad wees de weg terug naar het paradijs.

27

JE MOET EEN GROTE HOOP HEBBEN

Op een druilerige juniochtend nam een oranje graafmachine een hap uit de bakstenen gevel van een vooroorlogs huis in de Tweebosstraat. De toegang tot de straat was afgezet met hekken. Op de hekken was een spandoek aangebracht van het sloopbedrijf DCC:

UW PROJECT, EFFICIËNT UITGEVOERD

Jarenlang hadden de laatste tientallen bewoners zich verzet, maar de protesten en de rechtszaken waren tevergeefs geweest. Vandaag gingen de eerste van in totaal 588 woningen tegen de vlakte.

Hun zaak had inmiddels internationale aandacht gekregen. Een paar dagen eerder had de speciale rapporteur voor het recht op huisvesting van de Verenigde Naties, Balakrishnan Rajagopal, in een brandbrief aan de gemeente zijn zorgen geuit over het Rotterdamse woonbeleid. Het slopen van betaalbare huizen in tijden van woningnood zou kunnen leiden tot schending van het recht op huisvesting. Bovendien werkte de Rotterdamwet discriminatie in de hand: de rapporteur riep de autoriteiten op om de sloop op te schorten.

De brief werd weggewuifd door de bestuurders van de stad. Burgemeester Aboutaleb reageerde verbolgen. In Zuid-Afrika en Karachi had hij gezien wat dakloosheid was, zei hij tegen de gemeenteraad. 'Ik weiger te accepteren dat dat beeld van toepassing is op Rotterdam.' Hij wees erop dat het sloopbesluit democratisch tot stand was gekomen – daar viel inderdaad geen speld tussen te krijgen.

Nog een hap uit de gevel. Groepen bewoners keken toe vanonder paraplu's. Ahmed was er ook. Hij stond naast zijn buurtgenoot Mustapha Eaisaouiyen. Mustapha was halverwege de jaren zeventig geboren in de Afrikaanderwijk. Dat was kort na de rassenrellen van 1972, toen buurtbewoners in opstand kwamen tegen Turkse huisjesmelkers. Nu stonden bewoners van de wijk zij aan zij.

Mustapha was om de hoek opgegroeid. Zijn vader had zich als gastarbeider stukgewerkt. Geld voor vakantie was er niet, het huis had geen douche, toch had hij zich zelden arm gevoeld. Deze wijk was hun vangnet. Zijn moeder kookte vaak een bord extra voor de buren en die buren hielpen op hun beurt met bijvoorbeeld de administratie. Zelf was Mustapha op zijn achtste gaan werken, eerst als afwasser, later op de Afrikaandermarkt als groenteverkoper.

Daarna was hij commerciële economie gaan studeren, had bij de Rabobank gewerkt, was opgeklommen tot *private banker* van miljonairs. Toen zijn moeder ziek werd, ze leed aan dementie, verhuisde hij naar de Tweebosbuurt terug om voor haar te kunnen zorgen. Hij was net verhuisd toen hij te horen kreeg dat het huis zou worden gesloopt.

Hij had zich aanvankelijk niet met de protesten bemoeid, tot hij een zinnetje tegenkwam in het zogeheten *Handelingsperspectief Afrikaanderwijk*. In dat document stond dat er veel 'negatieve associaties' waren bij de Afrikaanderwijk, waaronder 'allochtonen'. Vestia gebruikte dat document ook in de rechtszaken als argument voor sloop.

Hè, dacht Mustapha, ik ben dus een negatieve associatie bij deze wijk? Ik zal ze weleens even wat laten zien.

En toen had hij zich, met al zijn juridische en economische kennis, bij het verzet aangesloten.

Naast Mustapha stond Edwin Dobber. Edwin was een paar jaar ouder, begin vijftig, en droeg een verfomfaaid Feyenoordpetje boven zijn lichtblauwe ogen. Een paar weken eerder had ik hem nog strijdbaar aangetroffen, in de zon voor de deur van zijn huis. Hij had nog een rechtszaak lopen en zwoer dat hij alleen zou vertrekken als de ME hem uit huis zou zetten. In zijn rechteroor een gouden oorring.

Edwin had achtentwintig jaar gewerkt als leeghaler van zeecontainers. Hij tilde dozen en droeg balen op zijn schouder.

Nootmuskaat. Pinda's. Cacao. Kobalt. Vismeel. Zijn volkse verschijning had iets nostalgisch: alsof hij de laatste was der havenarbeiders in een wijk die voor havenarbeiders was gebouwd.

Toch hoorde dit sjouwen juist bij de moderne tijd, had ik geleerd. Robotkranen plukten de containers van schepen, maar mensen als Edwin haalden de spullen uit de containers, doos voor doos, vaak gewoon met de hand. Een paar jaar terug was hij in een ijskoude hal op de Maasvlakte door zijn rug gegaan toen hij een zware doos bevroren patat optilde en omviel, gillend en vloekend van de pijn. Zijn collega's moesten de doos uit zijn handen trekken. De pijn ging niet weg. Diagnose: hernia.

Maar de arts van de bijstand zei dat hij gewoon kon werken. Op de MRI was immers niets te zien.

'Hoe kunt u nou zien hoeveel pijn ik in mijn rug heb?' zei Edwin. 'En kunt u een baas vinden waar ik rustig aan kan doen, niet te veel lopen, niet sjouwen?'

Nee, dat kon hij niet, gaf de arts toe. 'Maar u bent wel goedgekeurd.'

Edwin wilde dolgraag werken, maar hij verging van de pijn. Dus zat hij thuis. Zonder baan, zonder uitkering, zonder geld. En binnenkort zonder huis. 'Ik voel me in een hokkie gedauwd', vertelde Edwin me, 'het hokkie van: je bent niet goed genoeg voor Rotterdam.'

En hij zei: 'Het gaat niet om stenen, het gaat om een thuis waar ik woon, het wordt ons gewoon afgenomen.' En het gebeurde niet alleen bij hem, voegde hij eraan toe. 'Er wonen te veel allochtonen in de wijk – daarom moet de wijk plat.'

Edwin wist uit eerste hand wat staken was. Hij was in de jaren tachtig als broekie in de haven eens één dag gaan staken. Het loon ging kort daarna van honderd naar honderdvijftig gulden per dag. Zo effectief kon verzet zijn. 'Je hebt een grote hoop nodig', zei Edwin. 'Dan gaan de ogen open.'

Maar die grote hoop was er niet, de ochtend toen de sloop begon. Het schemerde nog toen de graafmachines kwamen. Mustapha en Edwin hadden nog geprobeerd ze tegen te houden. De politie was erbij gekomen, er volgde wat geduw en getrek. Ahmed kwam tussenbeide. Toen hadden ze hun zinloze verzet gestaakt. En nu bekeek het drietal vanonder hun paraplu's hoe hun wijk levend werd opgegeten.

De sloopwerkzaamheden verliepen efficiënt, zoals het bord beloofd had. Er verschenen algauw heuveltjes van grijs en roze puin. De bakstenen werden apart gehouden. Ze waren ruim honderd jaar geleden gebakken uit rivierklei uit de Nieuwe Maas en leverden nog steeds veel geld op. Later werden ze op pallets opgestapeld en verkocht aan een Duitse handelaar. Zoals er weinig mis was met die bakstenen, zo was er weinig mis met de panden zelf.

Dit was de efficiënte uitvoering van een ongekende verspilling. Hier gingen bakstenen muren tegen de grond, maar ook geborgenheid, saamhorigheid, gemeenschapszin, worteling. Terwijl meer muren vielen, verschenen er doorkijkjes in de huizenblokken, de torens in de verte werden zichtbaar.

De graafmachine trok een dakgoot los van de gevel. Een plens regenwater viel op straat.

'Mijn hart huilt', zei Edwin.

Gebroken baksteen is roze vanbinnen, alsof de stenen leefden.

De regen sloeg de stofwolken neer. Over de buurt hing nu de geur van een regenbui na een hete zomerdag. Petrichor, heet die kenmerkende, prettige geur, Grieks voor stenenbloed. Regen op droge aarde: de geur van vruchtbaarheid. En uit de modder van de wijk zou een opstand ontkiemen. Een woonopstand.

Vier maanden later, op een zondagmiddag in oktober, verzamelde zich een menigte op het Afrikaanderplein voor de landelijke Woonopstand. Ahmed, Mustapha en Edwin waren er.

Sok, de kraker uit de Tweebosbuurt, was er ook. Het leek wel de reünie van een verloren strijd.

Behalve dat er duizenden onbekende gezichten bij waren gekomen. Uit alle hoeken en gaten, in alle leeftijden en kleuren, maar vooral veel jongeren. Ik sprak een jonge schoorsteenveger en een jonge kunstacademiestudent, beiden vertelden hetzelfde verhaal: ze waren opgegroeid in een wereld waarin de vaste grond onder hun voeten verdween, alles onzeker werd: hun banen, hun huizen, de bewoonbaarheid van de planeet.

Allemaal Tweebosbewoners in hun hart.

Sok, de kraker, was inmiddels uit haar pand in de Tweebosbuurt gezet, maar kraakte nog steeds. Nu in het havengebied. Sok gaf inmiddels de voorkeur aan genderneutrale voornaamwoorden. Hen kookte nog steeds bij een volkskeuken met de 'Rotterdamse Anarchisten tegen Supermarkten', ofwel de RATS: ze doken eten dat nog goed was op uit supermarktprullenbakken en bereidden maaltijden voor de buurt.

Een van de organisatoren van het protest was Gwen van Eijk, een bevlogen socioloog aan de Erasmus Universiteit. Haar universitaire carrière was meer en meer als een ratrace gaan voelen, had ze me eens verteld. Die knellende cultuur van beter, harder, hoger, sneller. De diepe gesprekken die ze zelf als student met haar begeleider had kunnen voeren, kon ze haar eigen studenten niet bieden. En zelf kwam ze niet toe aan wat ze als de essentie van haar werk zag: je onderdompelen in de maatschappij.

Samen met Mustapha en anderen was ze de beweging Recht op de stad begonnen. Een coalitie die streed tegen sloop van volksbuurten. In dat actievoeren vond ze de bezieling die ze miste; een maand na het protest zou ze haar baan opgeven.

Gwen, Mustapha, Sok, Edwin: ze stapten om uiteenlopende redenen uit de race en deden nu dingen die ze zinvoller vonden.

Het woonprotest zou beginnen met toespraken op het Afrikaanderplein. Gwen had vooraf overleg gevoerd met de politie: die wilde de namen van de sprekers weten. Gwen was ook voorgehouden dat de politie sprekers van het podium kon verwijderen, als die bijvoorbeeld zouden oproepen tot kraken.

De intelligenceafdeling van de politie had verder uitgebreid onderzoek gedaan naar de sentimenten onder de demonstranten. Er speelde veel meer dan ongenoegen over de woningprijzen, zo bleek uit een vertrouwelijk situatierapport, opgesteld voorafgaand aan het woonprotest (de politie zette de documenten later online na een openbaarheidsverzoek):

> ALGEMEEN SENTIMENT
>
> Op Sociale media is een negatief maatschappelijk sentiment waarneembaar. De Maatschappij klaagt steen en been over:
>
> - het woningtekort
> - de stijgende huurprijzen
> - het tekort of onbetaalbare koopwoningen
>
> En brengt dit in verband met:
>
> - de stijgende gasprijzen
> - toeslagenaffaires en
> - coronamaatregelen.
>
> Dit alles zorgt voor onvrede binnen de gehele maatschappij.

De politie was nerveus over de demonstratie en vreesde met name de komst van anarchisten en krakers. Dus waren er die dag tweehonderdvijftig politiemedewerkers op de been. Onder hen twee pelotons ME, een arrestatie-eenheid in burger, drie groepen bereden politie, een team politiehonden, een droneteam en een eenheid met waterkanon.

Op Rotterdam Centraal werden demonstranten die per trein waren gekomen al gefilmd en ondervraagd door politiemedewerkers. Op het Afrikaanderplein mengden burgeragenten zich tussen de demonstranten. Sommigen waren verkleed als krakers, met stickers op hun kleren van de Bond Precaire Woonvormen. Maar ze werden, ondanks hun vermomming, vrijwel meteen herkend door de echte anarchisten, die inderdaad aanwezig waren. Net als Willem Engel, trouwens, de corona-activist.

Een van die krakers zou ook het podium betreden, gehuld in een roze pruik om anoniem te blijven. 'Wij kraken voor iedereen die geen huis heeft!' riep Sok in de microfoon. 'Wij kraken tegen de uitholling van onze stad!'

Na de toespraken zou het protest worden voortgezet met een optocht. Die zou via een vooraf bepaalde route lopen: over de Erasmusbrug, met als eindbestemming de Markthal.

Maar de menigte zou daar nooit aankomen.

Aanvankelijk was er geen vuiltje aan de lucht. De stoet liep het Marktplein af via de Pretorialaan en draaide de Hillelaan op. Voorop de stoet, als een circusolifant, reed een houten huis op wielen dat was volgekalkt met protestleuzen. Boven de menigte hing een politiedrone: de camera zag muzikanten, vlaggen en vrolijkheid. De stoet ging langs de bouwput van The Box, het 'duurste huis van Nederland', en trok over de Erasmusbrug.

Die was ooit aangelegd om Noord en Zuid te verbinden. De brug was een springplank van de gentrificatie geweest, maar de Zwaan was ook een podium van verzet geworden, het protestplein dat de stad niet had. Er hadden gele hesjes, Black Lives Matter-demonstranten, toeslagenouders en Erdogan-fans gedemonstreerd. Nu was er een massabetoging die iedereen leek te verbinden. Een optocht van onteigenden.

Het houten huis was al over het hoogtepunt van de brug heen. Zelf liep ik daarachter, midden in de menigte, toen ik rumoer achter me hoorde. Er renden ME'ers de menigte in, ze vormden een cirkel rondom een groep betogers. Inboxen heette dat: in een doos stoppen.

De muziek stopte, de stoet stond stil, midden op de brug.

'Deze mensen willen we niet in de binnenstad hebben', zei een politieman. Meer wilde hij er tegen mij niet over kwijt.

De politie maande de rest van de stoet om door te lopen. Maar iedereen bleef staan, midden op de brug. De menigte wilde niet verder zonder de omcirkelde mensen. En de omcirkelde mensen mochten niet weg. Er waren anarchisten bij, in zwarte kleren, maar ook allerlei andere demonstranten.

Aanvankelijk dacht ik dat de anarchisten een actie hadden voorbereid, maar later hoorde ik van henzelf dat dat niet het geval was. Er was helemaal geen reden dat ze werden vastgehouden, zo bleek uit de politierapporten die ik later zou lezen. Hun aanwezigheid was genoeg. De politie had al vooraf in draaiboeken vastgelegd hoe anarchisten zouden kunnen worden 'ingeboxt' op de brug.

Alleen stond in die draaiboeken niet dat de rest van de stoet solidair zou zijn met de mensen in de box. Dus nu was een van de belangrijkste wegen van de stad geblokkeerd; niet door demonstranten, maar door het gezag. De impasse duurde lang, files vormden zich op de rivieroevers. Zonder ook maar iets te doen, hadden de demonstranten een spaak gestoken in de machine.

'Hoe laat is het?' riepen de van elkaar gescheiden demonstranten naar elkaar, waarna als echo volgde: 'Solidariteit!'

Op een goed moment begon het houten huisje terug te rollen naar de omcirkeling, voortgeduwd door enkele demonstranten. Het ging op wandeltempo, tegen de helling op. Toen het huisje de cirkel van agenten bereikte, probeerden de betogers die omsingeld waren los te breken. Waarop de politie erop los begon te slaan.

Voor mijn neus trokken agenten naar hun wapenstok en sloegen op eenieder die zich in hun buurt bevond. Er waren charges met politiepaarden. De hondenunits verschenen. En een politieman vlak voor me ging met zijn hand naar zijn pistool.

Wat ging er door hem heen? Waarschijnlijk voelde hij zich bedreigd, misschien wilde hij een waarschuwingsschot lossen. Ik sprak er later eens over met een ME'er die ook bij het woonprotest was (niet deze brigadier). Hij wilde anoniem blijven, maar wel vertellen over zijn werk. Gewoon, thuis, zonder die *RoboCop*-helm op.

Hij vertelde hoe het voelde als je been letterlijk onder je lichaam vandaan wordt geblazen door zware explosieven, zoals bij de rellen op de Coolsingel. Hoe je onder druk kwam te staan als je weekend na weekend op moest draven bij demonstraties waar je zelf een doelwit was. En de werkdruk was door het personeelstekort al hoog.

Wat me het meest raakte, waren de verhalen over het normale werk. Want zoals veel ME'ers deed hij doordeweeks gewoon politiewerk. Hij vertelde hoe het was om zware psychiatrische patiënten die zichzelf dreigden te doden uit hun huis te halen. Met mededogen sprak hij over jongeren die ervoor vielen hun geld te verdienen met de cocaïnehandel: ze hadden weinig kansen. Hij vreesde de dag dat hij zelf zijn wapen zou moeten trekken, oog in oog met een gewapend kind.

Krakers kalkten vaak de leus ACAB op muren, ook in de Tweebosbuurt: *all cops are bastards*. Ik hield niet van die leus. Niet omdat agenten heilig waren – verre van – maar vanwege het absolutisme ervan.

Jaren geleden had de politie afscheid genomen van de leus 'De politie is je beste vriend'. Er was een nieuw uniform gekomen, niet langer donkerblauw, maar met felgele strepen. Vechtjassen. In diezelfde periode was de overheid ook gestopt met de beste vriend zijn van de burger.

Agenten mochten het puin ruimen van de verwoestingen die decennia aan efficiëntie hadden aangericht. En die een samenleving van korte lontjes hadden geschapen. De woede over die puinhopen – terechte woede – ontlaadde zich vooral op agenten. Omdat zij vaak het enige gezicht waren van de verder zo bureaucratische, digitale overheid.

Dus misschien begreep ik de angst van de agent wel, daar op de brug, toen hij naar zijn dienstwapen greep. Het was een brigadier, hij droeg een 'platte pet', niet de beschermende kleding van de ME.

Maar de hand aarzelde. En een fractie van een seconde later greep hij toch maar naar de wapenstok en sloeg in op een bebrilde fotograaf. Rondom hem waren collega's ook aan het meppen. Demonstranten duwden het huisje op wielen nogmaals richting politie, harder dit keer.

Minstens één demonstrant raakte zwaargewond: een neus die scheef stond en 'bloedde als een biertap', vertelde hij me later.

De politiechef verklaarde later dat de anarchisten de politie belaagden. 'Een groot gedeelte kwam uit het buitenland', vervolgde hij, 'die wisten niet eens [...] waar de demonstratie voor was.' Wonderlijk, want ik had de anarchisten zelf gesproken, in mijn eigen taal. Iedereen kon zien waarvoor ze hier waren: op hun spandoeken stonden leuzen als 'Huisjesmelkers: functie elders', 'Geen hypotheek, maar wel in de ghetto voor 400 per week', 'Ik wil gewoon wonen, nu'.

De politie verklaarde dat er wapens waren gevonden. Maar toen ik een woordvoerder vroeg welke wapens, leerde ik dat onder de ruim honderd demonstranten op de brug, die allemaal gefouilleerd waren, welgeteld één mes was aangetroffen. Of liever gezegd: een mesje. Ik sprak de eigenaar later, hij liet een foto van het knipmes zien dat hij had meegenomen om onderweg zijn avocado te schillen.

Messengeweld was in Rotterdam een groot probleem – één op de vijf Rotterdamse jongeren heeft weleens een wapen op zak óf gebruikt, becijferde de Erasmus Universiteit – maar deze optocht was vermoedelijk de veiligste plek van de stad geweest, tot de politie het protest de kop indrukte.

Bijna een jaar later zou de Rotterdamse Rekenkamer in een ongemeen hard rapport concluderen dat het woonbeleid van de gemeente op drijfzand was gebaseerd. En ook dat de gemeente beter had moeten luisteren naar de noodsignalen vanuit de bevolking, zoals het protest van Recht op de stad. Maar dat signaal werd die zondagmiddag weggewuifd, of beter: weggeslagen.

Zelfs na die charges wilde de menigte echter niet wijken. De linie van de ME stond tegenover koppige demonstranten.

Het was Mustapha uit de Tweebosbuurt die de patstelling wist te doorbreken. Hij nam voor het eerst in zijn leven een megafoon in de hand. Hij vroeg de ME-linie om een stap terug te doen, dan zouden de demonstranten dat ook doen.

En zo geschiedde. Gejuich klonk onder de demonstranten toen de ME zich terugtrok.

Later sprak ik Edwin, Mustapha's buurtgenoot. Hij zei dat de optocht hem had doen denken aan de havenstakingen.

Je moest een grote hoop hebben, nietwaar? En er was een grote hoop gekomen.

28

ALTIJD AAN HET RENNEN

Een week na het woonprotest ging ik met mijn zoontjes naar de Coolsingel. De mensenmenigte was zo groot dat we nauwelijks bij de dranghekken konden komen. Het was de dag van de marathon, we wachtten op de doorkomst van Ahmed, de man die altijd aan het rennen was.

Altijd aan het rennen, letterlijk en figuurlijk: hij stond vroeg op, om vijf uur 's ochtends. Dan fietste hij vanuit Rotterdam-Zuid naar de andere kant van de rivier. Nog altijd werkte hij 's ochtends in de postsorteerfabriek, een kolos zonder ramen. Inmiddels was ook het restaurant wegbezuinigd, de kantine was er leeg op een snoepautomaat na. Vier uur lang, omringd door stapels kratten, ordende hij de post. En in de middag, weer vier uur, bracht hij post rond.

Na dat werk ging hij soms nog folders bezorgen. Nog steeds leek hij vaak maar één kapotte telefoon of fiets verwijderd van de armoede waaraan hij zich had ontworsteld.

Daarom rende hij: om dat wat hij achter zich had gelaten voor te blijven.

En na het werk rende hij door. Voor zichzelf. Met gemak rende hij dertig kilometer op zo'n avond. Ahmed stuurde me al maanden screenshots van hardloopapp Strava met kaartjes die me deden duizelen.

De marathon had me eerder nooit zo geboeid. Hardlopen leek me een opiaat van de prestatiemaatschappij, de marathon leek me de hoogmis. Ik slenterde liever.

Maar misschien moest ik toch maar weer eens gaan trainen. Niet voor de marathon, niet rennen, maar als voorbereiding op de storm die kwam. De prijzen van huizen, energie en supermarktproducten stegen snel, personeelstekorten zorgden voor chaos, in de wereldpolitiek leek alles op losse schroeven te staan. En dan waren er nog de echte stormen die de klimaatverandering met zich mee zou brengen. De grote ontwrichting hing in de lucht, het einde van de vanzelfsprekende weelde leek nabij.

Ahmed was veel beter getraind op het ongewisse. Voor hem was het leven altijd onzeker geweest, al vanaf het moment dat hij als kind naar Europa kwam. Hij had in vijfentwintig verschillende huizen gewoond. Afgelopen voorjaar was zijn moeder ziek geworden: ze kon niet de juiste medische hulp krijgen in haar eigen land, verkocht haar grond in Somaliland en was als medisch toerist (of was het gezondheidsvluchteling?) naar Turkije gegaan. Daar had ze corona opgelopen, was aan de complicaties overleden, zonder dat Ahmed bij haar had kunnen zijn.

Hij begroef haar in Ankara. In diezelfde tijd kwam het bericht dat zijn huis in de Tweebosbuurt definitief werd gesloopt.

Maar Ahmed rende door.

'*Life goes on homie*', citeerde hij 2Pac.

Hij was gevormd door tegenslagen. Hij wist dat het leven niet draait om het najagen van geluk of geld. En de beste stormvoorbereiding was niet het klaarzetten van een rugzak survivalspullen waarmee je het bos in kon rennen, maar het verzamelen van mensen om je heen. Een weefsel.

Die expertise, die naastenliefde, was misschien wel het meest aanwezig geweest in de volksbuurten die momenteel werden gesloopt. Waar mensen geen bezorgapp pakten als ze honger hadden, maar een maaltijd kregen van de buren.

Zelfs als Ahmed krap bij kas zat, deelde hij aan anderen uit. Hij stuurde geld naar familie die honger had, maar deed soms ook een blok kaas door de brievenbus van een vriend in Rotterdam.

Tijdens zijn postrondes stopte hij veel, sprak met iedereen, van rechts tot links.

Hij leek een zeer inefficiënte bezorger: altijd bezig om in zijn eentje het hele weefsel van de stad te willen repareren. Misschien had hij me daarom destijds wel aangespoord om mee te gaan rennen, omdat iedereen die vaardigheid kon gebruiken.

Op de Coolsingel zocht ik zijn gezicht in de deinende menigte. Nee, hardlopen zou ik niet gauw doen; toch was het schitterend om te zien: de saamhorigheid van zo veel rennende mensen, de benenwagen die bezit genomen had van het centrum, ik kon er eindelijk onbezorgd rondwandelen met de kinderen. Ik droomde een seconde dat al deze mensen in opstand waren gekomen tegen de doorstroom.

Na drie uur en negen minuten kwam hij over de finish. Een paar minuten later troffen we hem nahijgend bij een terrasje. Mijn zoontjes mochten de gouden plak vasthouden en keken vol bewondering naar de man die in hun ogen de snelste van de wereld was.

29

DE GEKANTELDE KUBUS

Het was winter geworden, ik staarde naar mijn laptop. Een plakkertje bovenaan mijn scherm zei tegen me: geen nieuwe avonturen meer, niet meer ronddwalen, zelfs niet online. Ik had alle verloven ingetrokken, had mijzelf een enkelband gegeven. Ik moest ook wel: de uitgever drong aan, de tijd raakte op, net als mijn geld. En ik had al zo veel tijd verloren. De school van de oudste was weken gesloten, toen de school openging was zijn juf ziek geweest en toen ze beter was, waren de kinderen zelf ziek geworden en uiteindelijk werd ook ik door ziekte geveld – nee, ik was niet geveld, want ik werkte door, ik dacht althans dat dat werken zou.

Ik keek naar buiten, door de kale takken van de platanen. In alle grijsheid fietste een roze kubus voorbij.

Ik dacht aan wat er een paar dagen eerder was gebeurd. Ik had de kinderen op bed gelegd, had nog geprobeerd een verhaal te vertellen, zoals ik altijd deed, maar mijn verbeeldingsspier leek stuk, het werd een onsamenhangend verhaal. Het duurde tergend lang voordat de jongens stopten met mokken.

Daarna was ik gefrustreerd met de laptop op schoot op de bank gaan zitten, om wat te schrijven aan een stuk voor de krant voor het slapengaan. Nog even de schoolapp checken. En toen las ik een bericht dat de school de dag erna wéér dicht zou zijn. En nam mijn lichaam het over. Mijn been begon te rellen, mijn been gaf een ferme trap tegen een doos lego, sproeide steentjes over de vloer. Ik schrok ervan, Rosanne ook. Gelukkig maar dat de kinderen sliepen. Ik kroop op de grond om steentjes te rapen, sporen te wissen, doorgaan alsof er niets was gebeurd.

Maar had Martin Luther King niet gezegd dat rellen altijd een oorzaak hadden?

Een lichaam is ook een stad. Er bestaat ook ongelijkheid binnen de mens: goede buurten, slechte buurten. Ons hoofd is vaak een penthouse, ons hart soms een verwaarloosd krot. Meester en slaaf – maar wie was uiteindelijk de baas?

Ik had me met mijn lichaam in de stad geworpen en de sensoren gaven nu alarmsignalen af. Mijn monnikskapspier was verkrampt, een ooglid trilde, een oor suisde. En toch was ik steeds doorgegaan.

De maanden ervoor had ik een Maasvlakte van mijn leven gemaakt: ik had alles van waarde uit mijn leven geweerd. Vriendschappen verwaarloosd, vergeten mijn zus te bellen die ziek was, gestopt met fietsen.

Ik focuste volledig op het boek. Maar dat werk schoot juist voor geen meter op. Mijn ogen leken stuk: overal zag ik vierkanten.

Vierkant waren de woontorens, vierkant was het computerscherm, vierkant waren de roze en groene rugtassen van de flitsbezorgers, vierkant de blokken in mijn agenda, vierkant de hokjes waarin ik mensen plaatste.

Slechts een dunne lijn scheidt de essayist – iemand die verbanden ziet – van een verwarde man – iemand die complotten ziet. Was ik over die lijn gegaan?

Zelfs mijn eigen hoofd was aan het verdozen. Ik leek hoekiger, zakelijker, rechtlijniger geworden. Ik beoordeelde vriendschappen vaker op nut. Ik stootte me ook steeds vaker aan mijn eigen gedachten, schoot steeds vaker uit mijn slof – tegen vreemden op e-scooters, tegen etters op internet, tegen naasten op de bank.

Misschien kwam het doordat deze winter zo lang leek te duren. Ik hunkerde naar zonlicht. Maar uit het raam, tussen de kale, natte takken van de platanen door, was alleen het warme geel van de kubuswoningen te zien. Ook weer vierkant.

En ik dacht: misschien kon die architect me eens uitleggen waarom we in vredesnaam in kubussen waren gaan wonen.

De kubuswoningen van Piet Blom waren aangelegd toen de container doorbrak. Het waren nu de beroemdste huizen van Rotterdam, ze stonden op koelkastmagneten en op ansichtkaarten:

geel-grijze, gekantelde kubussen op poten van beton. Een van de kubuswoningen was opengesteld voor het publiek, wist ik, maar nooit had ik de moeite genomen er een kijkje te nemen. Ik had vooral medelijden gehad met de mensen die er moesten wonen. Boekenkasten die omvielen, schilderijen die je niet op kon hangen: huizen waar je je hoofd aan stootte.

Maar toen ik wat verder zocht, kantelde mijn beeld.

Piet Blom (1934-1999) was niet bepaald een *starchitect*. Hij groeide op als zoon van een groenteboer, in de Amsterdamse volkswijk de Jordaan, waar de mensen dicht opeengepakt woonden en werkten. Hij was de enige van vier kinderen die verder mocht leren. Eerst voor timmerman, later voor architect.

Blom koesterde grote sympathie voor de provobeweging en voor krakers. Hij had een hekel aan de ernstige, hoekige flats die na de oorlog overal verschenen. Blom wilde vrolijke, speelse wijken ontwerpen. 'Tussen al zo veel godsgruwelijke nuchterheid moet plaats zijn voor uitbundig en luchthartig plezier', hield hij de Rotterdamse gemeenteraad eens voor.

En al helemaal had hij een hekel aan de moderne buitenwijken, met hun ruime huizen. Daar leefden de mensen niet, daar wóónden ze. Blom had een hekel aan dat woord 'wonen', vertelde hij eens in een interview, 'omdat het direct met een dak boven je hoofd wordt geassocieerd, terwijl wonen ook is: de buren, de buurt, de straat, de voorzieningen, de atmosfeer van een wijk'.

Dat 'wonen' was het tegenovergestelde van de volkswijk waar hij opgroeide. In de Jordaan leefde men dicht op elkaar, in kleine huizen. Je moest wel naar buiten. De chaos van de Jordaan was niet door één architect bedacht; het waren de mensen zelf die de buurt vormgaven. En ze woonden niet zozeer, ze leefden.

Blom in een ander interview: 'Mensen die vroeger op elkaars lip en op elkaars schoot zaten, wonen nu ineens in een gigantisch huis, hebben bankstellen waarop ze vijf meter uit elkaar zitten te praten. Je gaat ook niet meer weg, want als je een huis hebt is dat te duur. Je hoeft ook niet meer weg, want je hebt een televisie. Je hoeft niet te dansen want je hebt al een vrouw. Je hebt een koelkast waar je een fles jenever in zet, en dan hoef je ook niet meer naar de kroeg: er is een verschrikkelijke opgesloten toestand ontstaan. Ik haat de cultuur van het huis ook zo, omdat je daardoor je vrienden en vriendinnen niet meer mag opzoeken. Je mag zo langzamerhand niks meer van dat huis, het is een gevangenis geworden.'

Blom constateerde dat moderne huizen, met al hun luxe en ruimte, ons juist lieten verpieteren, opsloten. 'Omdat we wonen, zingen we niet meer.'

Ik moest denken aan de avondklok. Toen werden we opgesloten in onze eigen huizen, maar verrassend veel Nederlanders vonden dat niet erg. We wilden niet eens naar buiten: we hadden Netflix, Deliveroo; we hadden slimme deurbellen en social media. We hadden het grote gemak. En na de pandemie was op het megabillboard aan de gevel van een woontoren naast de Oude Haven het ene na het andere reclamedoek gehangen juist voor zulke gemakken, voor die binnenblijfservices: van flitsbezorgdiensten tot online casino's. Een voortzetting van de avondklok met andere middelen, nu afgedwongen door Big Tech.

Maar gemak diende de mens niet, gemak had ons kluizenaars gemaakt die hun eigen cel prezen.

Alles wat misging in dit land viel te vatten in één statistisch gegeven: terwijl de aanrijtijden van ambulances verslechterden, waren de bezorgtijden van een zak chips alleen maar korter geworden.

Ik voelde boosheid opkomen. Lezend over Blom kalmeerde ik weer. Eind jaren zeventig gunde Rotterdam hem de opdracht enkele honderden huizen te bouwen tussen de Oude Haven en de Laurenskerk. Ooit waren de middeleeuwse haven en kerk met elkaar verbonden, maar na de oorlog was er dwars door de stad een verkeersader aangelegd: de Blaak, die ondoorwaadbare zesbaansweg. Misschien was daardoor wel de ziel uit de economie verdwenen.

Blom wilde de twee weer samenbrengen. Een brug slaan. Hij deed uitvoerig archiefonderzoek naar wat voor de oorlog op deze plek had gestaan. En concludeerde dat juist dit stukje Rotterdam, rondom de Oude Haven, een van de levendigste volksbuurten van de stad was geweest. Het deed hem denken aan de Jordaan waar hij was opgegroeid. Blom wilde de essentie van zo'n volksbuurt terugbrengen: de hele buurt als je huis. Dan moest hij huizen ontwerpen waar mensen juist niet zouden gaan wonen, waar geen kans was op binnenvetten, op atomisering, maar waar mensen juist op elkaars lip zouden leven.

Bloms eurekamoment was gekomen toen hij op een winterdag over de Brabantse Peel wandelde en omhoogkeek naar de kale stammen en takken. Dat was het: hij zou bomen maken. Een wijk van boomhutten waar het zou 'ritselen' van de mensen. 'Een woningenwoud, dat haal je nooit uit een computer en ook niet uit de koppen van technisch deskundigen.' In Helmond experimenteerde hij op bescheiden schaal met de eerste kubuswoningen.

In Rotterdam bedacht hij dat het woud een brug van huizen en winkeltjes zou kunnen vormen. Niet over de rivier, zoals de Ponte Vecchio in Florence, maar over de autostroom. Een brug die het havengebied weer verbond met de oude kerk en de markt. Ik dacht aan een bekende nieuwsfoto van een snelweg in het Egyptische Caïro die dwars door een woonwijk was aangelegd, pal langs de balkons. In Rotterdam was het omgekeerde geschied: een wijk werd dwars over een zesbaansweg getrokken. Het wonen – leven – won van de eeuwige stroom.

De Rotterdamse kubuswoningen werden in 1984 opgeleverd. Daaromheen verscheen een wijk, ook door Blom bedacht, hoewel weinigen dat weten, met honderden sociale huurwoningen. Blom wilde ook grote letters met DO NOT BOMB op de daken zetten, om oorlogspiloten af te schrikken. De gemeente wees het idee af: niemand zou die tekst ooit lezen, dus was het zonde. Maar de volkshuisvesting werd mooi: 'Ik ga dat buurtje zo aandoenlijk maken dat de vlieger het niet over zijn hart kan krijgen om zijn bommen daar los te laten', zou Blom gezegd hebben.

Wat een tijd: mensen met weinig geld kregen waardige huizen. En de onpraktische kubuswoningen die ernaast verrezen waren koopwoningen, bedoeld voor mensen met een grotere portemonnee. Ze bleken meteen een toeristische trekpleister. Uiteraard kregen de bewoners veel vragen. 'Hoe zemen jullie de ramen of doen jullie dat nooit?' En: 'Waar zet je de bank neer?' Maar de kubussen waren niet bedacht om mensen op de bank te laten zitten.

Ik liep naar buiten, langs de kale bomen, ging een wenteltrappetje op. Nu bevond ik me in de schaduw van het woningenwoud. In de kubuswoningen woonden eigenzinnige mensen, kunstenaars vaak, en er waren merkwaardige winkeltjes gevestigd. Zoals een schaakstukkenmuseum en een boekwinkel annex computercodeleslokaal. Er zat ook een opvang voor ex-gedetineerden. En er was een altaar van planten en bloemen rondom een plaquette met de beeltenis van Piet Blom. Her en der op de muren hingen citaten van Blom zelf. Zoals: 'Liefde is het dak van de stad.'

Door collega's werd Blom later weleens weggezet als 'dorps' of 'truttig'. Zijn klasse zal daarbij een rol hebben gespeeld: hij was maar een simpele 'Piet', had niet in Delft gestudeerd.

Maar hij, en niet bijvoorbeeld Rem Koolhaas, leek me de architect van onze tijd, een geniale architect. Aan de Oude Haven, bij de geboorteplek van Rotterdam, bouwde hij scheve kubussen op palen. Die elegante kanteling maakte de efficiëntste vorm, de kubus, in één beweging onklaar. Maar voor wie er woonde, gingen er werelden open, boomhutten vol spelplezier en verrassingen: de kubuswoningen kieperden de mensen op straat.

Ik wandelde terug naar mijn schrijfhut, tikte het scherm wakker. De cursor knipperde er nog. Ik typte wat zinnen. Haalde ze weer weg. Keek op. En nu was het alsof die kubussen tegen me zeiden: ga dan, ga je hokje dan uit, kieper jezelf op straat.

Maar dat boek dan?

Fuck dat boek, zeiden de kubussen.

Ja, Rotterdam was de stad van altijd werken, maar ook de stad van je werk neerleggen.

En ik belde Ed, de havenwerker met de Elvis-tatoeage, die me jaren eerder had meegenomen naar de haven, met de sjorders mee. Ooit had hij me verteld dat er nog een havenbaantje was dat ik best aan zou kunnen: stackerdraaien op de Maasvlakte. Stalen sloten in containers draaien. Ik was uit nieuwsgierigheid eens een paar dagen met de stackerdraaiers meegelopen. Waarom zou ik het niet echt gaan doen? Havenwerk betaalde ook veel beter dan schrijven, daar hadden al die stakingen wel voor gezorgd.

Niet veel later fietste ik naar het kantoor van het uitzendbureau. Ik vertelde eerlijk dat ik schrijver was, dat ik Grieks en Latijn had gestudeerd, dat ik gek werd van de computer en wilde stackerdraaien, dit keer voor het echie.

De enige vraag waarbij ik een beetje loog was die of ik hoogtevrees had.

Het was een vlucht. Een wilde staking van mijn lijf tegen de tijd.

30

HET RAADSEL VAN DE STACKER-DRAAIER

Het wegstervende licht van de lage zon streek over het corduroy van de zeecontainers die zes hoog gestapeld lagen op het dek van de Kyoto Express. De romp van het schip was zwart met in witte letters de naam van de rederij: HAPAG-LLOYD. Elke letter zo hoog als een huis. Klein voelde ik me niet, wel wat nerveus.

Ik stond op kraan 59, op een platform dat was aangebracht tussen de giraffenpoten van het gevaarte, een meter of vijftien boven de kade. Ik bevond me op gelijke hoogte met het dek van het schip, zou zo aan boord kunnen springen. Zestig meter boven me bungelde de grijper van de kraan; beneden op de kade reden automatische wagentjes met containers op hun rug, ze zochten hun weg als mieren.

Op het platform, voor mijn neus, stond een houten tafel. Het leek een middeleeuws relikwie, de lompe structuur, het versplinterde en vermolmde hout. Er lagen een stalen moker op, een gebutste beitel en enkele tientallen stackers. Ik sorteerde ze alvast, legde ze in nette rijen, zodat ik niet mis zou grijpen als het werk begon.

De tafel was mijn nieuwe stabureau. Eerder die dag had ik een sms gekregen: 'Goedemiddag. U mag om 15:15 naar de MMS Delta. Werk ze!' Het was mijn eerste oproep als stackerdraaier. Een avonddienst. Ik rende bijna naar de oude Saab. Op de achterbank, tussen de kinderzitjes, lagen mijn werkjas, mijn helm, een veiligheidsbril en een paar werkschoenen met stalen neuzen. Het waren mijn persoonlijke beschermingsmiddelen, ik was verplicht ze altijd te dragen.

Onderweg op de snelweg had ik gekeken naar de hoeken van de containers op de vrachtwagens die ik inhaalde. In gedachten oefende ik de draaibewegingen.

Nu stond ik op de kraan in mijn felgele jas, die nog bijna vlekkeloos was, op wat olievegen na van de cursus die ik had gevolgd. Onder mijn jas droeg ik mijn wollen trui met hoody, het zou die nacht kunnen gaan vriezen. En al die mannen hier droegen hoody's. Ik had lenzen in gedaan, daarna had ik mijn veiligheidsbril opgezet. Als een container van het schip komt, was me tijdens de cursus ingeprent, kon er uit de hoekkasten soms een steentje vallen.

Het voelde opwindend en eng. Als de eerste dag autorijden zonder instructeur.

De taak van de stackerdraaier: stackers in en uit de hoekkasten van containers draaien. Elke zeecontainer heeft op de hoeken een kubusvormige uitsparing. In die hoekkasten passen gietijzeren koppelstukken, zogeheten stackers of twistlocks. Als die koppelstukken zijn geplaatst, kunnen containers als legoblokjes aan elkaar vastklikken.

Een robotwagentje brengt een container onder de poten van de brugkraan, de kraan tilt de container op, laat hem dan zakken boven het platform tussen zijn poten. Daar staan twee stackerdraaiers klaar. Als de container op ooghoogte hangt draaien ze, elk aan een kant, de sloten erin. Waarna de container omhooggaat en met een boogje naar het schip zweeft. Of omgekeerd: als containers gelost worden, moeten de sloten er juist uit.

Gerard, een vrolijke, forse man van tweeënzestig met een nieuwe heup, had me het vak geleerd. Hij was op zijn zestiende in de haven gaan werken, hij had moeten liegen over zijn leeftijd. Zijn ogen twinkelden permanent, alsof hij al een halve eeuw binnenpret had over het feit dat zijn leugentje nog steeds niet was ontdekt.

Ik had de tweedaagse cursus gevolgd met Youssef en Mohammed, twee tengere jongens uit Rotterdam-Zuid van begin twintig. Eerst hadden we het 'droog' op de grond geoefend, in het haventrainingscentrum. We kregen alle verschillende typen stackers en twistlocks in onze handen. We leerden wat papagaaienbekken zijn en wat ruimstackers, elk koppelstuk vroeg net een andere draaibeweging.

Daarna waren we naar de Maasvlakte gereden voor de praktijkles, onderweg had Gerard ons overhoord.

'Youssef, wat is de taak van een stackerdraaier?'

'De stackers in en uit de hoeken van containers draaien en de banaan dichtklappen, meneer.' ('De banaan', zo heette een geel klapmechanisme op de kadekraan.)

'Helemaal goed, *bro*. Mohammed, wat doe je als de container naar het stack gaat met de stackers er nog in?'

'Eh. Nummer van de robot onthouden?'

'Ja. En...?'

'En de kraanmeester waarschuwen.'

We hadden een uurtje geoefend op een echte kraan. Ik had de slag gauw te pakken. Soms gebeurde het dat ik een stacker niet meteen in de container kreeg gedraaid. Het was een soort 3D-puzzel, onder tijdsdruk. En die stackers wogen tussen de vijf en tien kilo.

Stackerdraaiers hoefden niet op het schip zelf te klauteren, zoals de sjorders, die aan boord met stalen stangen containers extra goed vastzetten. Alleen in heel zeldzame gevallen – als er op grote hoogte twistlocks moesten worden losgetrokken waar de sjorders niet bij konden – gingen stackerdraaiers 'gondelen'. Dan stapten ze in een smal, langwerpig hoogwerkersbakje, de gondel genaamd. De kraan hees het bakje een meter of zestig de lucht in, tot boven het schip. 'In Venetië moet je ervoor betalen', had Gerard op de cursus gegrapt. Gondelen hadden we niet geoefend.

Op de terugweg hadden we het gehad over de serie *Squid Game*, over Feyenoord en over Aboutaleb.

'Ik zeg je eerlijk, ik dacht eerst: wat gaan we nou krijgen, een Marokkaan als burgemeester van Rotterdam?' had Gerard gezegd. 'Als een Nederlander burgemeester was in Marokko, dan zou-ie worden vermoord, joh. Maar ik vind hem nu geweldig!'

Mohammed en Youssef haalden hun schouders op, ze waren juist geen fan van de burgemeester; maar nog erger was de koning van Marokko, vonden ze. 'Die is alleen maar aan het jetskiën.'

Mohammed had doodleuk verkondigd dat hij voor Ajax was. 'Stap maar uit de auto', had Gerard quasiboos gezegd. Maar Mohammed hield vol: Ajax speelde het beste voetbal van Europa. Gerard kon er wel om lachen.

De kraan kwam in beweging, ik voelde het platform schudden. Daar kwam de eerste container al naar beneden, een roodbruine doos van Maersk. Met een stacker in de hand wachtte ik tot de container zacht schommelend voor mijn neus hing. Ik draaide het koppelstuk in de hoekkast, pakte een nieuwe stacker en nam nu de andere hoek. Daarna stak ik mijn duim op naar mijn collega die aan de andere kant van de container stond, een minzame Irakees van in de vijftig. Sam heette hij, we vormden een duo. Aan weerszijden van het platform bevond zich een wachthuisje. Daar kon je schuilen als het regende of sneeuwde.

De kraanmeester bevond zich in een glazen hokje hoog boven ons. Maar de kraanmeester spraken we niet. De kraanmeester was God, we konden zijn gemoed aflezen aan de grofheid of juist de tederheid waarmee hij de containers voor onze neus liet zakken, elke twee minuten eentje.

En algauw raakte ik in een flow. Container daalde, sloten in gaten, duim omhoog. Container daalde, sloten in gaten, duim omhoog.

Af en toe kreeg ik een stacker niet meteen in de hoekkast gedraaid. Dan kwam Sam naar mijn kant gelopen en hielp hij me. Het was vooral belangrijk dat je goed rond bleef kijken, begreep ik. Heel soms gebeurde het dat een container van het schip kwam waar nog een sjorstang aan bungelde. De kraanmeester had dat niet altijd door, je kon zwaaien, maar ook dat zag hij niet altijd. Als hij de container verder liet zakken, raakte de stang het stalen platform, boog door onder het gewicht van de container – tot-ie losschoot. Op zo'n moment kon je je maar beter in je stalen huisje bevinden.

De tijd werd hier berekend in het ritme van de 'dozen'. Elke twee minuten een container: dertig dozen was een uur. Maar het stackeren werd vaak onderbroken. Containers die naar het ruim van het schip gingen, in plaats van naar het dek, hadden bijvoorbeeld geen extra zekeringen nodig. Als je wist hoe diep het ruim was, en wat het laadplan was, kon je uitrekenen hoelang die pauzes duurden.

'Effe een blasie van dertig dozen', zei Sam dan. Een blasie was een pauze. En dertig dozen waren zestig minuten nietsdoen op de kraan. Nieuwelingen waren er vaak verbaasd over, zei Sam tijdens zo'n blasie. 'Moeten we dan echt niets doen?'

Ik was ook verbaasd. Ik bevond me in het hart van de machine en mijn werk bestond voor een groot deel uit lummelen.

Sam had een fijne gouden ketting om zijn nek, met daaraan een kruis. Hij was baptist, vertelde hij, de ketting was zelfgemaakt. In Irak had hij als goudsmid gewerkt. Hij had een goedlopende juwelierswinkel, veel van zijn klanten waren rijke westerlingen uit de olie-industrie. Op zijn mobieltje liet hij foto's zien van zichzelf in de winkel, een kwarteeuw geleden. Hij droeg een stropdas. Toen kwam de oorlog, hij vluchtte naar Nederland. Nu draaide hij lompe smeedijzeren sloten in stalen dozen, maar leek heel gelukkig met zijn werk.

Het doden van de tijd bleek al snel de grootste uitdaging. De wanden van de stalen wachthuisjes waren volgekalkt met kreten. 'Zonder hasj geen toegang', 'kut kakkerlak'. Op de muren zaten handafdrukken van olie. Maar er waren ook prachtige wandtekeningen van fantasiewezens, permanent markers op metaal. Ik begon de grotschilderingen van Lascaux beter te begrijpen. Verveling baart schoonheid.

Sommige stackerdraaiers namen een klapstoeltje mee, zodat ze op het platform in de zon konden zitten. Anderen hadden weleens een barbecue meegenomen, waarop ze worstjes braadden. Dat mocht niet; maar wat niet mocht, gebeurde hier soms toch. Wie ging het controleren? Kilometers ver strekten de kale kades om ons heen.

Er was eens een jongen, hoorde ik, die zijn trompet had meegenomen, en tijdens een blasie ging spelen.

Als je het trof had je een klik met de andere stackerdraaier op het platform, vertelde Sam. Dan had je gedurende die acht uur op dat stalen dek een medemens als troost.

Je kon je afvragen waarom die stackerdraaiers nog bestonden. Op technische universiteiten in China en Europa hadden wetenschappers zich gebogen over dat raadsel: het stackeren was een simpele standaardhandeling die naar schatting wereldwijd elk jaar 2 miljard keer werd uitgevoerd, waarom waren er geen robots voor? Er waren zelfs al robotschepen. De onderzoekers publiceerden artikelen als 'Automizing the manual link in maritime supply chains? An analysis of twistlock handling automation in container terminals'. In die artikelen werd de mens de zwakste schakel genoemd, het ging over '*reducing the involvement of humans*' en '*eliminating human intervention*'.

Maar dat elimineren van de mens lukte maar niet. Een van de obstakels, dachten de wetenschappers: de wildgroei aan verschillende typen stackers. Een beetje zoals met telefoonstekkers van verschillende merken, maar dan minstens dertig varianten.

Er bestonden al wel zelflerende stackerrobots, zoals de RAM4000 PinSmart II: een machine met vier 'intelligente' robotarmen. Alleen liepen ook de slimste robots vaak vast. Er moest een universele stacker komen, adviseerden de wetenschappers. Pas toen ik zelf ging stackerdraaien, begreep ik dat zelfs dan die stackerrobots nog vast zouden lopen.

Regelmatig kreeg ik een stacker niet in of uit de hoekkast. Dat lag niet per se aan mijn onhandigheid; elke stacker had een unieke handtekening van butsen en krassen. De zee had op ze ingebeukt, stormen, de zwaartekracht. Ze waren gepokt, gemazeld, soms kromgebogen. Dat gold ook voor de containers zelf. Honderden had ik er die eerste dag voorbij zien komen, hun hoekkasten waren allemaal verweerd in unieke patronen van krassen, roestschilfers en soms zelfs deuken, alsof het staal boter was. Universele maten waren een fabeltje: ze waren allemaal anders, als je ze maar van dichtbij bekeek.

Eerst was ik bang voor de kromgebogen stackers: dat ik de haven onbedoeld plat zou leggen. Ja, dat had me ooit mooi geleken, maar hier durfde ik dat niet.

Inmiddels wist ik wat ik moest doen als er eentje vastzat. Ik pakte de hamer en sloeg met wat welgemikte klappen zo'n halsstarrige stacker los. Soms zat hij zo vast dat Sam en ik er geen beweging in kregen. Dan kwam er nog iemand bij, stonden we met zijn drieën te rammen. En als het dan nog niet lukte, haalden we onze schouders op. Dan ging de container naar de kade en kwam er iemand van de technische dienst.

Op den duur voelde ik steeds meer sympathie voor die koppige, kromme twistlocks. De buitenbeentjes temperden het ritme van de haven. En het was geen ramp als de boel even vastliep.

Ze deden me denken aan de mensen die ik de afgelopen jaren had ontmoet, de eigenwijze figuren die de doorstroom ophielden. De bewoners van de Tweebosbuurt bijvoorbeeld, die van geen wijken wilden weten, maar ook de rechters die zich hadden verzet tegen het computerdenken van de Belastingdienst. Alle mensen die waren weggelopen van werk dat niet goed was. Alle sta-in-de-wegs, alle misfits.

Of misschien gewoon: alle mensen. Ieder mens was wel ergens een misfit, omdat standaardmaten een fabeltje waren. Als zelfs de twistlocks, die in massa geproduceerd worden, volgens exacte ISO-criteria – als zelfs díé niet zomaar door een robot in een hoekkast geplaatst kunnen worden, hoe zouden we dan ooit mensen van vlees en bloed in hokjes kunnen stoppen?

Tegen acht uur 's avonds gingen we schaften. Want naast de blasies waren er ook nog echte pauzes. In het busje reden we over de kilometerslange kade naar de kantine. Ik koos voor een broodje bal, er waren ook halalbroodjes te koop. Met mijn dienblad liep ik langs een prikbord, er hing een A4'tje met een voor mij werkelijk onbegrijpelijke tekst.

CI-214 Dual Cycle Kaizen

Terugval % uitgevoerde Dual Cycle moves van 6.8% naar 2.8%.

Dit kost per week ongeveer -0,4 GMPH aan productiviteit.

Ook kost dit carrier productiviteit.

De taal van de efficiëntie. Dat woord *kaizen* herkende ik: dat was Japans, het betekende 'verandering ten goede, continue verbetering'. Het Japans van de Toyota-fabriek.

Even verderop in de kantine stond een bak met exemplaren van *De Volle Lading*, het strijdbare havenblaadje dat sinds de jaren tachtig al werd uitgegeven: twee in elkaar gevouwen kopietjes met antikapitalistische verhalen. Dit nummer vertelde over hoe de prijs voor het vervoeren van een container vanuit China naar Europa in één jaar tijd gestegen was van 2.000 dollar in 2020 naar 12.000 dollar een jaar later. En hoe een handjevol rederijen 'miljarden' extra winst pakten. 'De oplossing voor deze problemen werd steeds duidelijker: de grote bedrijven onteigenen [...], kortom een maatschappij waar de werkers de baas zijn.'

Misschien was het geen slecht teken dat de prijs van de container was geëxplodeerd, dacht ik. Als de hele boel in elkaar donderde, dat raderwerk van de logistieke revolutie. Net als met die kubuswoningen: de efficiëntie zou onklaar gemaakt worden. En dat kon juist tot vindingrijkheid en saamhorigheid leiden. Eerst zou alles duurder worden, paniek zou misschien uitbreken, maar algauw zouden mensen beseffen dat ze veel van de spullen helemaal niet nodig hadden. We zouden weer de waarde van alles kennen in plaats van alleen de prijs. Beseffen dat we elkaar meer nodig hadden dan de spullen.

Of was dat een wensgedachte?

Na de schaft was de zon al onder, we reden terug over een donkere terminal. Het busje zette Sam en mij weer af bij kraan 59. Ik liep de stalen trappen op, terug naar het platform. Het was al bijna lente, maar de lucht was nog ijzig. Misschien was de komende lente wel de laatste normale. Er was oproer in het land, er was een oorlog uitgebroken die nog maar het voorspel leek van een veel grotere oorlog. Stormen zouden de haven steeds vaker kunnen platleggen, de logistieke ketens knarsten en kraakten nu al.

Het ruim werd nu geladen. Blasie van twintig dozen. We hoefden niets te doen, alleen toe te kijken. Ik voelde het platform wiebelen. Links en rechts van me stonden ook reuzenkranen: van beide kanten en ook boven me vlogen nu containers met een boogje door de nacht. De kabels die ze tilden, vielen weg tegen de donkere hemel, zodat het leek of ze zweefden. En ik voelde me zelf ook zweven, als in een vierkant planetenstelsel.

Er hupte een zilvermeeuw voor mijn neus. Kopje schuin. Ik wierp een boterham toe. Ik bevond me op een steenworp van dat oude paradijs, van De Beer, ik kon de steenkoolbergen zien liggen. Ja, ik was nu medeplichtig aan het systeem van de haven. Maar niet meer of minder medeplichtig dan als ik, aan het andere einde van de toeleveringsketen, online boodschappen bestelde.

En ik voelde me niet meer machteloos: ik was juist ontsnapt. Hoewel ik nu fysiek werk deed, had mijn monnikskapspier zich juist ontspannen. Mijn lichaam gaf me gelijk. Ik betrapte mezelf erop dat ik was gaan fluiten.

Bij een opkomende maan maakte ik een selfie en stuurde die aan mijn geliefde.

Ik dacht aan de lichten in de torens van de stad, die nu ook moesten zijn aangefloept, aan die ene toren vanwaaruit ik vijf jaar eerder de stad had bekeken.

Met dat boek zou het vast goed komen, juist nu ik was gestopt met schrijven. Ik had alle straten van de stad doorkruist, ik had de ziel gezocht vanuit een kajak, vanaf een containerschip, had honderden mensen gesproken, een bibliotheek aan boeken gelezen.

Ik was altijd maar doorgegaan, blind doorgegaan: al die tijd had ik Rotterdam in mijn lijf gehad en ik had het zelf niet eens gezien.

Ik had de stad vierkant willen maken, maar ik was zelf vierkant geworden. Alsof alléén de wet van efficiëntie hier zou gelden. Maar er waren altijd nog mensen. En als je mens kon blijven op deze vlakte, dan overal.

In de dagen die volgden, deelde ik de kraan met de meest uiteenlopende figuren.

Een stille jongen met een gouden brilletje en een vlassnorretje die stiekem jointjes rookte.

Een opgewekte vrouwelijke kraanmachinist van net twintig (God was soms een vrouw).

Een zestiger genaamd Mankie die als hij de kraan op ging om de zoveel treden even moest pauzeren en die droomde van een leven in een camper.

Eén keer maakte ik zelfs een praatje met een Filipijnse zeeman op het schip, als buren vanaf hun balkons.

Mike Obiku, de Nigeriaanse cultheld van volksclub Feyenoord, die zichzelf onsterfelijk maakte met een doelpunt in de bekerfinale tegen aartsrivaal Ajax, sprak ik niet. Maar ook hij liep hier rond als stackerdraaier, had ik gehoord, en alleen al de gedachte dat ik met hem het platform deelde, gaf het werk extra glans.

Op mijn derde avonddienst durfde ik mijn eigen bril te dragen in plaats van de veiligheidsbril. Het voelde als een comingout, maar het viel niemand op, want iedereen was hier anders. En soms gingen we samen vliegen.

Gondelen.

Ik kneep mijn handen fijn op de reling van het bakje. De kraanmachinist tilde ons de lucht in, wij waren een tere container in de nacht. We stegen op boven de zee van rechthoeken. En opeens: de echte zee, de zilverzwarte vlakte. Mijn blik gleed over het water omhoog naar de sterrenhemel, hand op mijn helm.

Het enige dat ik zeker wist, was dat ik de mensen naast me helemaal niet kende, dat geen enkel verhaal hun echt recht deed; ik wist alleen zeker dat we nu samen door de lucht vlogen, dat we op reis waren, op elkaar aangewezen als astronauten in een ruimtestation.

Misschien zou de wereld ineenstorten. Misschien zou de tijd komen dat ook de laatste schakel werd geëlimineerd. Dan zouden er geen foute grappen meer klinken op deze vlakte, geen gebeden klinken op gebedsmatjes, geen trompet meer schallen – dan zou alleen het lied van de haven klinken en zou er iets ongelofelijks groots verloren zijn.

Tot die tijd waren wij er nog: mensen, inefficiënten.

Wat was onze taak? Mens zijn. De waardigheid hooghouden van die wonderlijke ronde wezens.

DANKWOORD EN VERANTWOORDING

Een warm woord van dank aan alle Rotterdammers die me de afgelopen jaren toelieten in hun straat, hun huis, hun hoofd. Sommigen liepen een eindje met me op; anderen voorzagen me van praktische hulp, tegenspraak of gewoon een praatje. Het is onmogelijk hier iedereen te noemen – enkelen wilden anoniem blijven – maar jullie allen hebben mijn blik gevormd.

Dank aan Ahmed Abdillahi, stadsgids par excellence; Ben Judah, die me de weg naar de haven vroeg; Ed van den Hoek, die er de weg kent; Katarina Jazbec, die poëzie zag in containers; Marcel, die zijn licht scheen op mijn eigen buurt; Zihni, ziener, Rotterdam-liefhebber; Jaco Benckhuijsen, die me het water op hielp; Vural Polat, die meelas.

Zonder het Letterenfonds, zonder de Bibliotheek Rotterdam en zonder sterke regionale dagbladverslaggeving zou dit boek niet hebben kunnen bestaan.

De kiem van dit boek ligt in de verhalen die ik vanaf februari 2019 schreef voor *De Correspondent*. Deze verhalen zijn terug te lezen op decorrespondent.nl/arjenvanveelen. Ik ben redacteuren Anna Vossers en HP van Stein Callenfels erkentelijk voor hun commentaar. Enkele delen van dit boek verschenen in geheel andere vorm in *De Groene Amsterdammer* en *NRC Handelsblad*.

De meedenkers van *De Correspondent* maakten dit boek mooier en beter. Leon Postma en Martijn van Dam van Momkai ontwierpen het omslag; Sharon Coone verzorgde de kaarten; Channa van Dijk en Edivania Lopes Duarte begeleidden de geboorte.

Maite Vermeulen en Maaike Goslinga lazen eerdere versies van dit boek mee. Hun grote kennis van de containerwereld (en van Rotterdam!) heeft dit boek aangescherpt. Riffy Bol behoedde me voor missers. Alle imperfecties komen vanzelfsprekend op mijn conto. Frank August zette deze pagina's; een levensketen van drukkers, magazijnmedewerkers en bezorgers hielpen ze de wereld in.

Een buiging voor de bezieling van Milou Klein Lankhorst. Haar vertrouwen in een 'kloek boek' was onontbeerlijk. Dank aan favoriete 'kwelgeest' Andreas Jonkers. Zijn voortvarendheid is ongeëvenaard, zijn hulp bij het hakken maakte een blok marmer ronder. Dank aan het alziend oog van Annelieke Tillema.

Zonder de vrolijke begeestering en de feilloze richtingaanwijzingen van Harminke Medendorp dwaalde ik nu nog rond in een uitdijend heelal.

De kaboutervrienden leerden me spelen. Rosanne bracht geloof, hoop, liefde en grappen.

BRONNEN

1 WAKKER WORDEN IN EEN WOLKENKRABBER

bijna een half miljoen Nederlanders vertrok

Marnix de Bruyne, 'Ze wilden ons gewoon kwijt', *De Groene Amsterdammer* (12 december 2018). Voor de geschiedenis van migratie naar Rotterdam, zie ook:

de nazaten van de Zeeuwen en Brabanders

P.J. Bouman en W.H. Bouman, *De groei van de grote werkstad. Een studie over de bevolking van Rotterdam*, Van Gorcum (1967).

de gouden windvaan van Hotel New York

'Het zeilschip dat bij de Holland Amerika Lijn hoort', Rijnmond (22 juni 2018).

die gemiddeld bijna acht jaar langer zouden leven

Rotterdammers die wonen rond metrostation Nesselande leven bijna acht jaar langer dan mensen rond metrostation Maashaven, aldus Lex Burdorf, hoogleraar Maatschappelijke Gezondheidszorg. Zie: 'Dit moet Rotterdam doen om haar inwoners gezonder te krijgen', *Erasmus Magazine* (26 april 2018).

2 HET DUIVENPLEINTJE

Nergens in het land was de grafiek zo steil omhooggegaan

'Woningprijzen stijgen nog steeds het hardst in Rotterdam', *Algemeen Dagblad* (27 mei 2021).

Eén derde van de woonvoorraad van Rotterdam bestond uit koopwoningen

Cody Hochstenbach, *Uitgewoond. Waarom het hoog tijd is voor een nieuwe woonpolitiek*, Das Mag (2022), p. 137.

4 WAT DE POSTBODE ZIET

de definitie van 'betaalbaar huis'

Jochem van Staalduine, 'Rotterdam jaagt armen de stad uit', *Trouw* (21 augustus 2019).

een interview met Wacquant

Wilfred van de Poll, 'Een achterbuurt is erger dan een getto', *Trouw* (1 februari 2014).

Liefst één op de vijf kinderen in Rotterdam groeide op in armoede

18 procent, om precies te zijn. Zie: Barbara van Straaten, 'Arm Rotterdam: De spijkerharde werkelijkheid', *Vers Beton* (16 juni 2014).

'langlopend ideologisch project'

Uitgewoond (2022), pp. 171-173.

5 DE HOOFDSTAD VAN HET HOKJESDENKEN

het discrimineren van arme mensen wettelijk toegestaan.

Uitgewoond (2022), pp. 133-136.

De wet was controversieel.

Zie onder andere Zihni Özdil, 'Het goede voornemen van Zihni Özdil: meer scheef wonen, minder scheef lullen!', *Vers Beton* (26 januari 2012).

de zogenoemde Leefbaarometer

Over het discriminatoire aspect, zie: Gwen van Eijk, 'Is het Rotterdamse sloopbeleid racistisch?', *Sargasso* (11 juni 2021).

vooral jongeren met een migratieachtergrond

Hasna El Maroudi, 'De rekening van de Rotterdamwet', *Vers Beton* (9 maart 2021).

De computer wees één op de tien huishoudens

Liza van Lonkhuyzen en Derk Stokmans, 'U gaat frauderen. Dat zegt de computer', *NRC* (11 mei 2018).

De definitie van kansrijk gezin

Matthieu Permentier, *Ontwikkelingen in de kansrijke wijken: een synthese*, Kenniswerkplaats Leefbare Wijken (2018).

hun buurten 'bakfietswijken'

'Extra inzet richten wij op díé wijken – de bakfietswijken – die de potentie hebben om verder uit te groeien tot populaire woongebieden [...]', aldus het collegeprogramma *#Kendoe* van Leefbaar Rotterdam, D66 en CDA (2014).

bijna 40 procent van de huizen werd verkocht als beleggingsobject

Zie onder andere Dylan van Bekkum, 'In Rotterdamse wijken komt tot helft van verkochte woningen in handen van beleggers', *de Volkskrant* (9 september 2021); Peter Groenendijk, 'Amsterdamse beleggers duiken massaal op in Rotterdam: "Ineens was de hele straat van een Amsterdammer"', *AD* (12 juni 2021).

De woningnood was nu nijpender dan in de jaren tachtig

Onderzoeker Matthijs Korevaar maakte een betaalbaarheidsindex die traceert hoe de loonontwikkeling zich verhoudt tot de huurontwikkeling voor een doorsnee woning. Voor een uur werken krijg je tegenwoordig minder 'huis' dan in 1979. Zie: Piet Eichholtz, Matthijs Korevaar en Thies Lindenthal, *500 Years of Housing Rents, Quality and Affordability* (2019).

7 DE HUIZENDIEF

'het zijn *the eighties* niet meer'

Voor de geschiedenis van de kraakbeweging in Rotterdam, zie onder andere Jaap

Rozema, 'Rotterdamse krakers zijn doeners', *Vers Beton* (13 september 2018) en het boek E.T.C. Dee, *Squatting the Grey City*, lulu.com (2018).

In de jaren zeventig hielpen Rotterdamse wethouders

Zie Patricia van Ulzen, *Dromen van een metropool. De creatieve klasse van Rotterdam, 1970-2000*, nai010 uitgevers (2007), p. 137.

Hotel New York was een poos gekraakt

'Jongeren bezetten HAL-gebouw uit protest tegen bouw dure flats', *NRC Handelsblad* (19 september 1988). De krant schreef: 'Als het aan het stadsbestuur ligt is wonen in het centrum en langs de Maas straks alleen nog weggelegd voor "de lui met de centen", vrezen de krakers.'

vochten bewoners in de Afrikaanderwijk met de politie

Zie onder andere Peter Groenendijk, '"Dit was altijd een bijzonder buurtje"', *AD* (21 april 2019). Voor de geschiedenis van de Afrikaanderwijk, zie ook het uitstekende *Afri. Leven in een migrantenwijk* (2009) van Jutta Chorus.

8 ZEELIEDEN GEZOCHT

90 procent van al onze spullen

Rose George, *Ninety Percent of Everything. Inside Shipping, the Invisible Industry That Puts Clothes on Your Back, Gas in Your Car, And Food on Your Plate*, Metropolitan Books (2013).

Het begon met de uitvinding van de stalen doos

Bart Kuipers, 'Ja, de container is uitvinding van de eeuw', *NRC Handelsblad* (11 oktober 2014).

een latere president die overzeese werkers *bagong bayani* noemde, moderne helden

Ella Parry-Davies, 'Modern Heroes, Modern Slaves? Listening to migrant domestic workers' everyday temporalities', *Anti-Trafficking Review*, issue 15 (2020), pp. 63-81.

In 1986 kende de wereldvloot in totaal 52.000 Filipijnse zeelieden

Liam Campling en Alejandro Colás, *Capitalism and the Sea*, Verso Books (2021), p. 154.

'Gevangenen met een salaris'

'*Many a seafarer tells me that his job is like being in prison with a salary*', aldus Rose George in 'All at Sea', *Slate* (1 december 2010).

Het minimumloon van een matroos

Zie onder andere 'Deal Reached on Higher Seafarer Wages', Offshore Energy (21 november 2018). Een doorsnee AB ('bekwaam matroos') op een containerschip dat met ITF-contracten werkt, verdient overigens algauw 1.600 tot 1.800 dollar per maand, inclusief overwerk.

Veel zeelieden kampten met gedachten aan zelfdoding

Rafael Y. Lefkowitz en Martin D. Slade, *Seafarer Mental Health Study. Final report*, ITF Seafarers' Trust en Yale University (oktober 2019).

een paar jaar later zou de winkel failliet gaan

Irene de Zwaan, 'In Botlek Stores konden zeelieden in Rotterdam terecht voor snacks, souvenirs en erotica: "Het is ten onder gegaan aan hebzucht"', *de Volkskrant* (9 augustus 2022).

9 DE GODVREEZENDE ZEEMAN

En al die tijd zagen ze de bomen nooit in bloei of het koren worden gemaaid

Jan van der Schee, 'Vissen in grootmoeders tijd', *Op 't Sluis* (periodiek van de Oudheidkamer Pernis) (2010).

11 EEN BOM ONDER DE STAD

door drie plafonds geboord, ook door een piano

Marcel Potters, 'Rotterdammer slaapt met een WOII-bom onder z'n bed', *AD* (9 oktober 2015).

méér Rotterdammers gedood door bommen van de Britten en Amerikanen

'Veel meer doden door bombardementen geallieerden Rotterdam in WOII', NOS (16 november 2018).

'A very successful attack indeed'

Dank aan Lennart van Oudheusden en Maarten van Riel voor het verschaffen van context bij dit bombardement. Zie ook Jac J. Baart en Lennart van Oudheusden, *Target Rotterdam. De geallieerde bombardementen op Rotterdam en omgeving, 1940-1945*, Boom uitgevers (2018).

'pittigste, eigenste, schilderachtigste wijk'

M.J. Brusse, *Het rosse leven en sterven van de Zandstraat*, W.L & J. Brusse's Uitgevers-Maatschappij (1912).

'Harde arbeid, de enige manier, waarop wij onze doden kunnen gedenken.'

'Aan-de-slag-monumenten Zaterdag onthuld', *Het Vrije Volk* (26 november 1945). Via: Susan Hogervorst en Patricia van Ulzen, *Rotterdam en het bombardement. 75 jaar herinneren en vergeten*, Boom uitgevers (2015).

Zelfs het schip van de Laurenskerk moest gesloopt

Wouter Vanstiphout, *Maak een stad. Rotterdam en de architectuur van J.H. van den Broek*, nai010 uitgevers (2005), p. 124.

'Een bijna onafgebroken proces van vernieling'

Willem van Ravesteyn, *Rotterdam in het begin der eeuw*, lezing voor genootschap Roterodamum (1950).

De stad had 'een eigen geheimzinnige bekoring'

Zie: 'Lelijk Rotterdam', *De Groene Amsterdammer* (9 januari 1937). Via: Michelle Provoost, 'Massa en weerstand', in: Martin Aarts (red.), *Vijftig jaar wederopbouw Rotterdam. Een geschiedenis van toekomstvisies*, nai010 uitgevers (1995).

Rotterdam moest een logistieke machine worden

Zie: Kees Schuyt en Ed Taverne, *1950. Welvaart in zwart-wit*, Sdu Uitgevers (2000).

'Wij mogen intusschen niet bij het verleden stilstaan'

J.L. van der Pauw, *Rotterdam in de Tweede Wereldoorlog*, Boom uitgevers (2006), p. 262.

***Het hart van Rotterdam*, zo heette de revue.**

Maak een stad. Rotterdam en de architectuur van J.H. van den Broek (2005), pp. 126-134.

Koolhaas zou tijdens de oorlog

Adriaan Venema, 'Over Thomas Leeflang, "De bioscoop in de oorlog"', *Maatstaf*, jaargang 38 (1990).

stadsbestuurders en het zakenleven zo innig verstrengeld

Paul van de Laar, *Stad van formaat. Geschiedenis van Rotterdam in de negentiende en twintigste eeuw*, Uitgeverij Wbooks (2000), p. 453.

'Ik heb tranen geboetseerd'

Rotterdam en het bombardement. 75 jaar herinneren en vergeten (2015), p. 77.

Poolse architecten hadden de bouwtekeningen

Uit: Ben Wilson, *Metropolis. De grootste uitvinding van de mens*, Spectrum (2020).

legde de stad Rotterdam méér haven- en industrieterreinen aan

Mr. dr. P. Lucas, *Overzicht van de bemoeiingen van het gemeentebestuur van Rotterdam met de totstandkoming van de haven en de industrieterreinen in Europoort (1957 t/m 1967)*, Gemeente-archief Rotterdam (1968).

méér kubieke meters aan historische panden

Rotterdam in de Tweede Wereldoorlog (2006), p. 441

verdwenen er netto 25.000 sociale huurwoningen in Rotterdam

Uitgewoond (2022), pp. 137-138. Over het gemeentelijke gentrificatiebeleid en de relatie tot het bombardement, zie ook Willem Schinkel, *Het geheugenverlies van Rotterdam*, Stichting herdenking 14 mei 1940 (2012).

De toren was niet voor iedereen toegankelijk

'Raadsvragen over opleidingsdiscriminatie bij huurwoningen OurDomain', *OPEN Rotterdam* (1 september 2021).

12 DE UITVINDERS VAN DE SAAMHORIGHEID

havenwerkers ook voor de moderne tijd 'een lichtbaken'

Evert Smit, *De syndicale onderstroom: stakingen in de Rotterdamse haven, 1889-2010*, proefschrift UvA, Vossiuspers (2013).

allemaal 37 gulden per week extra

Zie de aflevering van *Andere Tijden*: 'De haven plat. De Rotterdamse havenstaking in 1970' van 3 december 2011.

13 HET SENTIMENT VAN DE ZINKEN VUILNISEMMER

'De norm moet hoger! Niet meer met elkaar praten!'

Sylvana van den Braak en Simone Peek, 'In de loopgraven van de supermarktoorlog', *Investico /De Groene Amsterdammer* (7 maart 2018).

Afval was een recente uitvinding

Zie Susan Strasser, *Waste and Want. A Social History of Trash*, Metropolitan Books (1999). Voor de geschiedenis van de Rotterdamse vuilnisophaaldiensten, zie: Mark Harbers en Barbera Hoogsteden, *125 jaar werken aan een schoon Rotterdam*, Roteb (2001).

Kort na de oorlog bevatte huisvuil

'Afval van huishoudens per inwoner, 1950-2020', Compendium voor de Leefomgeving; 'Gemeentelijke afvalstoffen; hoeveelheden', CBS (14 juli 2022); *Samenstelling van het huishoudelijk restafval, sorteeranalyses 2020*, Rijkswaterstaat (1 maart 2021).

sinds de introductie van de wegwerpluier

'Episode #18: How Diaper Companies Doubled the Average Age of Potty Training', *The Everyday Environmentalist* (7 augustus 2020).

15 DE REVOLUTIE WAAR IK OP SCHOOL NIETS OVER HAD GELEERD

De Saudi Independence

Laleh Khalili geeft in *Sinews of War and Trade* (2020) de beknopte geschiedenis van dit staakschip (pp. 240-241). Overige details gebaseerd op krantenverslagen: 'Zeelui wacht geseling in Saoedi-Arabië, *de Volkskrant* (29 mei 1981); 'Staking Saoedisch schip. Ook rederij stapt naar de rechter', *de Volkskrant* (26 mei 1981); 'Staking aan boord van Saoedisch schip is niet rechtmatig', *NRC Handelsblad* (13 juni 1981). Nico Sannes stuurde me zijn in eigen beheer uitgegeven ooggetuigenverslag *Saudi Independence. De bittere zee.*

De Japanse Toyota-fabriek

De officiële beschrijving van de 'Toyota-methode' is te lezen in Jan Wijnand Hoek, Mariël Koopmans, Tim Wolput en Toshio Horikiri, *Lean productiesysteem. Hoe Toyota productie en logistiek succesvol maakt*, Boom uitgevers (2021). Een analyse van de (in)efficiëntie van de just-in-timeproductie is te vinden in Willem Schinkel, *De hamsteraar. Kritiek van het logistiek kapitalisme*, Boom uitgevers (2020), p. 186-194. Voor het onderzoek in de Britse autofabrieken, zie: Paul Stewart e.a., *We Sell our Time no More: Workers' Struggles against Lean Production in the British Car Industry*, Pluto Press (2009).

Efficiëntie veroorzaakt groei.

Sam Bliss, 'Jevons Paradox', *Uneven Earth* (16 juni 2020).

20 procent van de zeecontainers op schepen vervoert lucht

Marc Levinson, *The Box. How the Shipping Container Made the World Smaller and the World Economy Bigger*, Princeton University Press (2016), p. 364.

Elk megaschip was een blokkeerschip

Over de inefficiëntie van megaschepen en de machtspositie van allianties, zie deze uitstekende artikelen: Ties Joosten, 'De schaduwzijde van een megaschip', *Follow the Money* (6 september 2019); Maaike Goslinga en Maite Vermeulen, 'Ship happens. Waarom blokkeerschip Ever Given geen uitzondering was', *De Correspondent* (18 september 2021); Maaike Goslinga en Maite Vermeulen, 'De prijs van een container bepaalt de prijs van je dagelijks leven. Hij is nog nooit zo hoog geweest', *De Correspondent* (27 augustus 2021); Maaike Goslinga en Maite Vermeulen, 'Negen bedrijven bepalen de spelregels van de wereldeconomie. Grote kans dat je ze niet kent', *De Correspondent* (6 juni 2022).

17 DE VLAKTE VAN HET VIERKANTE DENKEN

'het lied van de haven'

'De haven zingt haar lied van den arbeid maar eindeloos voort', schrijft M.J. Brusse in 'Het werken in de haven', in: *Onder de menschen* (1924).

megagebouwen niet efficiënt

Ruth Saint en Francesco Pomponi, 'Cities and climate change: why low-rise buildings are the future – not skyscrapers', *The Conversation* (27 oktober 2021).

'bij Oceanriver moet je zijn, voor de goedkoopste Filipijn'

'Gyronzaak eindelijk voor de rechter', *Schuttevaer* (13 april 2016).

ook op bijvoorbeeld Rijncruises

Sylvana van den Braak en Simone Peek, 'De wereld achter die fijne Rijnreis blijkt helemaal niet zo fijn te zijn', *Trouw* (8 september 2018).

bijna alle werknemers in ons land een vast contract

'Was eind jaren zeventig ongeveer een op iedere vijf werknemers een flexwerker, anno 2020 is het aandeel van de flexwerkers gestegen tot veertig procent, wat de Nederlandse arbeidsmarkt tot een van de flexibelste ter wereld maakt' – Ewald Engelen in *Ontwaak! Kom uit uw neoliberale sluimer*, Athenaeum (2021), p. 83.

Containers waren uit zichzelf ook zeer ongeschikt

Richard J. Williams, 'The Sinister Brutality of Shipping Container Architecture', *The*

New York Times (14 augustus 2019); Kaley Overstreet, 'Shipping Container Architecture: Debunking the Design Trend of the Decade', *Arch Daily* (28 mei 2021).

18 DE STAD DER BLINDEN

We waren met de kinderen de stad uit gegaan

Zie mijn essay 'Dure huizen maken saaie mensen', *NRC* (26 mei 2021).

'Kampvuur Overschie'

Zie mijn essay 'Red het kampvuur van de moraalridders', *NRC* (26 september 2019).

Amazon had al een patent aangevraagd

Geoffrey A. Fowler, 'The doorbells have eyes: The privacy battle brewing over home security cameras', *The Washington Post* (31 januari 2019).

onderzoek naar de effecten van slimme deurbellen

Doortje Smithuijsen, 'Wat doet het met de buurt, al die camera's aan de gevels?', *de Volkskrant* (14 juni 2022).

onderzoek naar de effecten van het 'mengen'

Matthieu Permentier, *Dynamiek in de kansrijke wijken*, Kenniswerkplaats Leefbare Wijken (2018).

19 DE STERKE SCHOUDERS VAN NADIA

Minstens 5.600.

Marjolein Kooyman, 'Gescheiden, werkloos en depressief: het effect van de Toeslagenaffaire op Rotterdamse gedupeerden', *NRC* (3 november 2021).

herkomst van de slachtoffers

'Meeste toeslagenouders hebben migratieachtergrond, vaak met schulden', NOS (28 juni 2022).

hoe de Belastingdienst naar deze burgers keek

Esther Lammers, 'Niet alleen Toeslagen, ook Belastingdienst zelf controleerde extra bij dubbele nationaliteit', *Trouw* (26 januari 2022); Rik Rutten, 'Belastingdienst schatte frauderisico's in op basis van nationaliteit en uiterlijk', *NRC* (25 januari 2022); 'Werkwijze Belastingdienst in strijd met de wet en discriminerend', Autoriteit Persoonsgegevens (17 juli 2020); Pieter Klein, 'Belastingdienst geeft toe: toch sprake van etnisch profileren', *RTL Nieuws* (10 mei 2020); PricewaterhouseCoopers, *Onderzoek effecten FSV particulieren*, Rijksoverheid (22 december 2021); 'Belastingdienst controleerde mensen met tweede nationaliteit extra streng', NOS (11 mei 2020); 'Belastingdienst wist in 2019 al van etnisch profileren in toeslagenaffaire', NOS (13 juli 2022).

Incassobedrijven kochten tegenwoordig databases met schulden op

Niels Markus, 'Ahmed bracht tien jaar geleden twee dvd's te laat terug, nu zit hij diep in de schulden', *Trouw* (25 september 2019).

Ze benoemden migranten als de nietsnutten

Zie ook Sinan Çankaya, 'Ze bedoelden het wél zo – het racisme kan onmogelijk ontkend worden', *NRC* (27 mei 2022).

De alles-of-niets-benadering volgde niet uit de wettekst

Het rapport *Ongekend onrecht* (2020) van de Parlementaire ondervragingscommissie Kinderopvangtoeslag, p. 22: 'De "alles-of-niets" benadering volgt niet expliciet uit de wet of de parlementaire behandeling daarvan. De Belastingdienst/Toeslagen heeft in de uitvoering gekozen voor een "alles-of-niets" benadering, ondanks een advies van de landsadvocaat waarin een meer proportionele benadering werd bepleit.' Zie ook Jacob van de Beeten, 'Raad van state ontspringt de dans – ten onrechte! – in rapport van de Venetië commissie', *Nederland Rechtsstaat* (11 november 2021).

Nog veel eigenwijzer

Stéphane Alonso, 'Bestuursrechter had eigenwijzer moeten zijn in Toeslagenaffaire', *NRC* (8 oktober 2021).

20 DE DOOMSDAY DOOS

En dus gingen we oefenen met overleven

Zie mijn essay 'De bijna gretige gehoorzaamheid van nu is onrustbarend', *NRC* (26 maart 2020).

België en Duitsland, waar de paniek minder groot was

De hamsteraar. Kritiek van het logistiek kapitalisme (2020), p. 189.

De containerrederijen draaiden hun beste jaar in tijden

Charmaine Chua, 'The Ever Given and the Monstrosity of Maritime Capitalism', *Boston Review* (4 mei 2021).

21 HET STRAATPROTEST VAN DE AFVALRAPERS

Ik was het beu om alleen te observeren

Zie mijn essay 'De afvalraper is de held van onze tijd', *NRC* (24 februari 2021).

Ik diende al rapend zelfs de plasticindustrie

Ontleend aan Tamar Stelling, 'Briljant bedacht: hoe de plasticindustrie het idee verkoopt dat de burger z'n "eigen" plastic op moet ruimen, *De Correspondent* (7 september 2020).

'Hier hebben we een man die het afval'

Baudelaire, geciteerd door Walter Benjamin in *Baudelaire. Een dichter in het tijdperk van het hoog-kapitalisme* (vertaling Wim Notenboom), De Arbeiderspers (1979).

22 DE KAJAK EN HET CONTAINERSCHIP

Je moet zien wat het water ziet

'And one way – the original way - of looking at such façades is from a gondola: this way you can see what the water sees', schreef Joseph Brodsky in *Watermark. An essay on Venice* (1992).

23 SLAAPWEDSTRIJD IN EEN GRAANSILO

Met dank aan de gastvrije medewerkers van de Nico Adriaans Stichting, met name Siavash Montazeri en Corien de Gier. Deels gebaseerd op mijn essay 'Nachtasiel in de graansilo', *De Groene Amsterdammer* (6 januari 2021).

Ook de zogeheten 'niet-rechthebbenden'

Zie Lisa Westerveld en Marcel Vonk, 'Ieder mens heeft recht op een dak boven het hoofd', *Trouw* (18 mei 2021). Met dank aan Evert Vos en Ineke Bergsma van Stichting Ontmoeting voor het delen van hun kennis over dakloze Europese migranten.

Zelfredzaamheids-Matrix ®

Zie Jeroen van Bergeijk, 'Bestrijd corona, blijf thuis, zegt het kabinet. Maar hoe kun je thuisblijven als je geen thuis hebt?', *de Volkskrant* (24 december 2020). Over de bureaucratie in de daklozenzorg, zie: Michelle van Tongerloo, 'Ik werkte als dokter voor daklozen en zag: alleen een huis maakt ze beter', *De Correspondent* (12 september 2020).

Soms stroopten ze een vis of zelfs een meerkoet

Daan Koopen en Tenny Tenzer, 'Dakloos zonder toekomstperspectief: dit zijn de verhalen van arbeidsmigranten in Rotterdam', Rijnmond (21 augustus 2021).

de grootste groep bestond uit Midden- en Oost-Europese arbeidsmigranten

De meeste dakloze arbeidsmigranten komen uit Polen of Roemenië, zijn man en gemiddeld rond de veertig jaar oud, aldus *Onderzoek naar dakloze arbeidsmigranten uit Midden- en Oost-Europa: eerste resultaten*, Onderzoeksinstituut IVO (juli 2021). Zie ook de uitstekende reportages van Peter Groenendijk, onder andere 'Deze mensen "wonen" noodgedwongen in Rotterdams park: "Wij doen het werk dat jullie niet willen doen"', *AD* (11 juli 2021).

De wildgroei aan louche uitzendbureaus

Zie Emiel Woutersen, *Uitgebuit. Het verhaal van de Nederlandse werkvloer*, Atlas Contact (2019); Peter Groenendijk, 'Hoe uitzendbureaus Oost-Europeanen misbruiken: "Het zijn gewoon boeven"', *AD* (30 april 2022).

bestond bijna een kwart van de inwoners uit Europese arbeidsmigranten

Werken aan een menswaardig bestaan. Actieprogramma EU-arbeidsmigranten 2021-2025, Gemeente Rotterdam (13 april 2021).

heel duidelijke risicofactoren voor dakloosheid

Zie Barbara van Straaten, 'Dakloosheid overkomt niet iedereen', Onderzoeksinstituut IVO (maart 2020).

E33-meldingen verdubbeld

Martin Kuiper, 'Incidenten verwarde mensen verdubbeld', *NRC* (21 februari 2019).

Een doorsnee orderpicker liep liefst dertig kilometer op één dag

Jeroen van Bergeijk, *Binnen bij bol.com. Undercover bij de winkel van ons allemaal*, Querido Fosfor (2019), p. 77.

24 EEN MAN MET EEN DOOS OVER ZIJN HOOFD

De DeskCube, zo heette het ding

Zie mijn essay 'Doorbreek de eenzaamheid van het thuiswerken', *NRC* (26 november 2020).

Een '*hell hole*', zo noemde hij die moderne kantoren

Nikil Saval, 'The Cubicle You Call Hell Was Designed to Set You Free', *Wired* (23 april 2014).

denkers die me helder uitlegden dat ik niet efficiënter zou moeten gaan werken

Zie Oliver Burkeman, *4000 weken. Je tijd op aarde en hoe ermee om te gaan*, Maven Publishing (2021).

tot boven het niveau van voor de pandemie

Zie het TNO-rapport *De impact van de covid-19 crisis op werknemers. Stand van zaken na de eerste golf* (2020).

Joseph Ponthus [...] Heike Geißler

Seizoenarbeid las ik in de vertaling van Hannelore Roth, het citaat uit Joseph Ponthus' *Aan de lopende band. Aantekeningen uit de fabriek* is uit de vertaling van Floor Borsboom.

Onderzoekers werkten gemiddeld twaalf tot vijftien uur over

Ilse Josepha Lazaroms, 'Aan de universiteit mag een onderzoeker geen mens meer zijn', *De Correspondent* (18 augustus 2022).

de universiteit was de meest geflexibiliseerde sector in Nederland

Zie *Uitgebuit. Het verhaal van de Nederlandse werkvloer* (2019).

De klassenstrijd was veranderd in een strijd tegen onszelf

Zie Byung-Chul Han, 'Why revolution is impossible today', *Capitalism and the Death Drive*, Polity Press (2021).

25 STRAATPOLITIEK VAN JONGENS OP NIKES

de oproepen die waren rondgegaan op Telegram

Tonny van der Mee, 'Rellen via Telegram is laagdrempelig, hip en effectief: "Je kunt veel meer mensen mobiliseren"', *AD* (26 januari 2021).

op een doorsnee oudejaarsavond in Rotterdam

Stéphan Reket, 'Jaarwisseling levert Rotterdam een schadepost van tonnen op, ondanks vuurwerkverbod', *AD* (6 januari 2021).

gemiddeld werden er in Rotterdam vijf auto's vernield – per dag

Yvonne Keunen, 'Nergens is de kans dat een auto wordt vernield zo groot als in Rotterdam', *AD* (2 juni 2021).

Ook mensen met meer kennis van het recht dan ikzelf viel het op

Zie Paul Verspeek, 'Analyse: Bij de avondklokrellen in Rotterdam leek zelfs de rechter oververhit te reageren', Rijnmond (22 april 2021); Camil Driessen, 'De opvallende relschopper wordt snel en stevig gestraft', *NRC* (11 februari 2021).

Straatpolitiek

De term ontleen ik aan het boek *Straatpolitiek* (2017) van Femke Kaulingfreks.

'gevoel van onvrede onder mensen'

Maarten Albers, 'Sluimerende onvrede en gebrek aan sociale voorzieningen vormden voedingsbodem voor avondklokrellen', *de Volkskrant* (14 juli 2022).

26 HET KRIJSEN VAN EEN MEEUW BOVEN DE STAD

vergelijkbare kano's, maar dan met wilgentenen als ribben

Met dank aan Annemieke Verbaas (Universiteit Leiden) en Gary Nobles (Oxford Archaeology) voor hun uitleg over kano's uit de oudheid.

een verdwenen paradijs

Dank aan Gerard Ouweneel en Ed Buijsman voor het delen van hun kennis over De Beer.

elk jaar 175.000 zalmen

J.G. van der Made, *Oecologisch onderzoek Rijnmond*, Rijksinstituut voor Veldbiologisch Onderzoek ten behoeve van het Natuurbehoud (1968).

'Een landschap van onvergetelijke bekoring'

Jac. P. Thijsse in Niko Tinbergen e.a., *Het vogeleiland*, p. 8.

'Groen is het bloed der aarde', was zijn herhaalde waarschuwing

Een uitgebreide beschrijving van Korfmakers gedachtegoed gaf ik in *Rotterwad. Waarom we een eiland moeten laten gebeuren*, Essay Roterodamum (2022).

Ze leidden een nieuw milieubewustzijn in

Capitalism and the Sea (2021), p. 252.

27 JE MOET EEN GROTE HOOP HEBBEN

een brandbrief aan de gemeente

Zie 'VN-Speciale Rapporteurs: Woonbeleid Rotterdam schendt mensenrechten', Recht op de stad (18 juni 2021).

'Ik weiger te accepteren dat dat beeld van toepassing is op Rotterdam.'

'Aboutaleb ontkent mensenrechtenschending in Rotterdam', *Binnenlands Bestuur* (24 juni 2021).

de politie zette de documenten later online

Zie: https://www.politie.nl/woo/korpsstaf/2022-woonopstand-rotterdam.html.

29 DE GEKANTELDE KUBUS

Blom had een hekel aan dat woord 'wonen'

'De onvrede van architect Blom', *NRC Handelsblad* (3 maart 1984); 'Omdat we wonen, zingen we niet meer', *Trouw* (29 december 1984).

'Een woningenwoud, dat haal je nooit uit een computer'

'Het woningenwoud', *De Tijd* (19 mei 1973).

'Ik ga dat buurtje zo aandoenlijk maken'

Zie Jaap Hengeveld, *Het Rotterdam van Piet Blom. Nieuw leven aan de Oude Haven*, Hengeveld Publicaties (2010).